国家社科基金重大项目"构建全民共建共享的社会矛盾纠纷化解机制研究"（16ZDC029）阶段性成果

WHOSE ASSESSMENT
Survey on People's Assessment of China

谁的陪审？
人民陪审访谈录

主　编○廖永安　刘方勇
副主编○王　聪　陈道勇

中国人民大学出版社
·北京·

前　言

人民陪审员制度是中国特色社会主义司法制度的重要组成部分，是人民群众参与司法、监督司法的有效形式，是人民民主在司法领域的重要体现。改革、完善人民陪审员制度，充分发挥人民陪审员的作用，对于推进司法民主、促进司法公正、提高司法公信力具有重要意义。正因为如此，国家始终在不遗余力地改革和完善人民陪审员制度。然而，当前我国学术界缺乏对本国陪审制度持续性、精细化的系统研究，尤其是缺乏全面、系统的实证研究，导致对人民陪审员制度改革的理论支撑尚有不足；实务界尽管大力推行人民陪审员制度，但对制度实践中所暴露出的问题欠缺具有针对性和操作性的整体方案。在这一背景下，迫切需要到审判一线、到制度运行相关主体身边去了解真实、客观的人民陪审员制度的运行现状。

湘潭大学法学院人民陪审员制度研究团队多年来一直持续开展对人民陪审员制度的实证研究，本书的出版，就是其中一项重要成果。2011年，湘潭大学法学院"人民陪审员制度考察H省行"调研团队深入我国中部H省7个社会经济发展水平不同地区的基层法院、检察院、律师事务所、法律服务所、司法局、人大等单位开展实地调研，访谈了法官、人民陪审员、律师、检察官、司法行政人员、人大常委会领导等各类主体数百名，召开了7场人民陪审员座谈会，采集访谈录音4 000余分钟，在此基础上，整理出近50万字的访谈录初稿。通过后期整理、精简，遂成此书。

本书全面展示相关主体对人民陪审员制度的认知，系统考察了相关主体对全国人大常委会《关于完善人民陪审员制度的决定》贯彻执行情况，主要阐述了人民陪审员、法官、当事人、律师、公诉人等主体对制度实践最为直观的感受，涉及制度实践效果、制度设计理性、制度价值认同三个层面。首先，是关于对人民陪审员作用发挥的一般看法，主要包括人民陪审员参与审判、参与调解的作用，虽然司法实践中存在"陪衬员""编外法官"等称谓，存在"陪而不审""合而不议"的现象，但人民陪审员发挥实质性作用的情况也不在少数。其次，是关于对人民陪审员制度的基本认知，主要包括相关主体对人民陪审员制度的了解程度，对人民陪审员任职资格条件（年龄条件、道德水准要求、文化素质条件和法律专业素质）的基本看法，对人民陪审员职责定位的基本看法。最后，还考察了社会公众对推行人民陪审员制度的基本态度。全书分为四篇。第一篇：法官访谈篇，主要是对 L 市、A 县、F 县等多个人民法院院领导、庭室负责人、普通法官三类主体进行访谈；第二篇：人民陪审员访谈篇，主要是对 L 市、A 县、T 县等多个人民法院人民陪审员进行群体和个体访谈；第三篇：律师访谈篇，主要是对 X 县、Y 县、R 区等多个县区律师进行访谈；第四篇：其他主体访谈篇，主要是对 L 市、Y 县、R 区等多个县区公诉人、司法行政人员、人大常委会领导进行访谈。

本书通过对基层一线人民陪审员、法官、检察官、律师、司法行政人员、人大常委会领导等相关主体的个别访谈和集体座谈，充分展示了人民陪审员选任、参审、合议、管理等各环节的运行实况，反映了人民陪审员在审判、执行、化解矛盾纠纷方面的功能作用和面临的困境，揭示了人民陪审员自身及与人民陪审员相关的社会各群体对人民陪审员制度的评价和认知状况，旨在为学术界和实务界充分认识和反思现行人民陪审员制度提供来自第一线的第一手素材，为进一步开展人民陪审员制度的学术研究、探究新时期的人民陪审员制度的改革路径提供客观、翔实的基础素材。

本书具有理论和实践两个方面的价值：从理论上看，第一，人民陪审员制度具有司法民主、司法监督等诸多价值，这些价值的实现离不开相关主体的现实认知。为此，本书在对相关主体进行调研的基础上，提供鲜活的一手素材，有利于相关价值的落地生根。第二，人民陪审员制度是"舶来品"，制度理想与实践现实难免存在距离。本书通过再现一线的访谈资料，有利于实现制度理想与实践现实的有机结合。第三，面对我国陪审员制度所存在的问题，需要立足我国现实进行基础研究。本书开展的一线调研就是一项基础性工作，目的是为深入研究我国的陪审制度提供一手资料。从实践上看，开启于世纪之交的人民陪审员制度改革并没有取得预期效果，其重要原因之一就是这些改革举措并没有得到相关主体的认同。本书通过调研相关主体对人民陪审员制度的认知情况，为全国人大常委会、最高人民法院等单位进一步提出科学的人民陪审员制度改革完善方案、构建具有中国特色的陪审制度提供重要支撑。

本书是集体智慧与团队协作的结晶，也得到了很多人的帮助和关心，在付梓之际一并致谢。其中，除本书主编及副主编外，湘潭大学法学院博士研究生张庆霖、侯元贞、熊英灼以及硕士研究生吕宗澄、滕拓、谢蔚珍、李璇炜、王是知、周梁、唐双燕、章千慧、姜湛、曹晓霞、罗小玉等作为访谈人参与了调研访谈。他们与湘潭大学法学院硕士研究生王雪石子、彭倩、李琛璨、伍飞辉、陈逸飞、聂莹子、张莹、吴宇琦等，还将4 000余分钟的访谈录音整理成近50万字的文字初稿。在本书编写过程中，湘潭大学法学院讲师黄艳好提出了多项建设性意见，湘潭大学法学院博士研究生赵毅宇、蒋凤鸣、陈建华、段明以及硕士研究生陈海涛等协助进行了编写工作，为本书的出版作出了重要贡献。湘潭大学法学院硕士研究生苏若男以及本科生张悦、孙露、杨倩文、夏梓秋、于莹莹、梁琳、梅枫、周爱青、陈美丽、熊依婷、陈澍萱、周慧雅等协助校对了本书文稿。此外，本书也得到了湖南省教育厅的大力支持，是湖南省教育厅创新平台项目"我国人民陪审员制度改革之再改革"（12K053）成果。

  本书定位于一本供理论界和实务界参考的工具书，也是供我国专家学者深入开展人民陪审员制度研究的一本资料汇编。尽管团队成员竭尽所能进行整理与修改，但是文字重复啰唆、矛盾以及口语化等问题难以避免，敬请各位读者批评与指正。

廖永安
2018 年 2 月

目 录

第一篇 法官访谈篇 ··· 1

一、对院领导的访谈 ······································· 1
（一）对 L 市人民法院周副院长的访谈 ················· 1
（二）对 L 市人民法院赵组长（纪检组长）的访谈 ······· 7
（三）对 L 市人民法院刘副院长的访谈 ················ 12
（四）对 L 市人民法院高副院长的访谈 ················ 15
（五）对 L 市人民法院肖副院长的访谈 ················ 20
（六）对 A 县人民法院李副院长的访谈 ················ 25
（七）对 A 县人民法院瞿副院长的访谈 ················ 30
（八）对 A 县人民法院邓副院长的访谈 ················ 34
（九）对 F 县人民法院丁主任的访谈 ·················· 36
（十）对 F 县人民法院李副院长的访谈 ················ 45

二、对庭室负责人的访谈 ································· 51
（一）对 L 市人民法院审监庭钱副庭长的访谈 ·········· 51
（二）对 L 市人民法院刑事庭谭副庭长的访谈 ·········· 55
（三）对 A 县人民法院政工室肖副主任的访谈 ·········· 57
（四）对 T 县人民法院立案庭何庭长的访谈 ············ 67
（五）对 T 县人民法院行政庭陈庭长的访谈 ············ 68
（六）对 F 县人民法院政工室田主任的访谈 ············ 71
（七）对 F 县人民法院民二庭李庭长的访谈 ············ 81
（八）对 Y 县人民法院政工室李主任、王主任的访谈 ······ 86
（九）对 X 县人民法院政工室李主任的访谈 ············ 95
（十）对 R 区人民法院民二庭周庭长的访谈 ············ 98

三、对普通法官的访谈 ··································· 103
（一）对 L 市人民法院赖法官的访谈 ················· 103

（二）对 L 市人民法院陶法官的访谈 …………………… 105
　　（三）对 A 县人民法院某人民法庭姚法官的访谈 ………… 108
　　（四）对 T 县人民法院汪法官的访谈 …………………… 110
　　（五）对 T 县人民法院刑事庭何法官的访谈 ……………… 113
　　（六）对 T 县人民法院王法官的访谈 …………………… 116
　　（七）对 F 县人民法院民一庭胡法官的访谈 ……………… 119
　　（八）对 R 区人民法院刑事庭丁法官的访谈 ……………… 128
　　（九）对 R 区人民法院行政庭姜法官、齐法官的访谈 …… 132
　　（十）对 R 区人民法院杨法官的访谈 …………………… 135

第二篇　人民陪审员访谈篇 ……………………………………… 138
　一、群体访谈 …………………………………………………… 138
　　（一）L 市人民法院人民陪审员座谈会 …………………… 138
　　（二）A 县人民法院人民陪审员座谈会 …………………… 151
　　（三）T 县人民法院人民陪审员座谈会 …………………… 160
　　（四）F 县人民法院人民陪审员座谈会 …………………… 166
　　（五）X 县人民法院人民陪审员座谈会 …………………… 176
　　（六）Y 县人民法院人民陪审员座谈会 …………………… 179
　　（七）R 区人民法院人民陪审员座谈会 …………………… 188
　二、个体访谈 …………………………………………………… 197
　　（一）对 L 市人民法院高人民陪审员的访谈 ……………… 197
　　（二）对 T 县人民法院陆人民陪审员的访谈 ……………… 201
　　（三）对 T 县人民法院黄人民陪审员的访谈 ……………… 203
　　（四）对 T 县人民法院娄人民陪审员的访谈 ……………… 206

第三篇　律师访谈篇 …………………………………………… 209
　　（一）对 X 县某法律服务所郭主任的访谈 ………………… 209
　　（二）对 X 县某律所柳主任的访谈 ……………………… 211
　　（三）对 Y 县邓律师的访谈 ……………………………… 213
　　（四）对 R 区某律师事务所张律师的访谈 ………………… 215
　　（五）对 R 区某律所周副主任的访谈 …………………… 219
　　（六）对 R 区段律师的访谈 ……………………………… 222
　　（七）对 R 区某律师事务所 C 市分所戴律师的访谈 ……… 224

第四篇　其他主体访谈篇 …………………………………………… 229
　一、对公诉人的访谈 ……………………………………………… 229
　　（一）对 Y 县人民检察院李副检察长的访谈 ………………… 229
　　（二）对 R 区人民检察院公诉科戴科长的访谈 ……………… 231
　二、对司法行政人员的访谈 ……………………………………… 234
　　（一）对 L 市司法局周主任的访谈 …………………………… 234
　　（二）对 T 县司法局邹主任的访谈 …………………………… 237
　三、对人大常委会主管领导的访谈 ……………………………… 240
　　（一）对 A 县人大常委会内司委韩主任的访谈 ……………… 240
　　（二）对 X 县人大内司委杨主任的访谈 ……………………… 242
　　（三）对 Y 县人大内司委曾主任的访谈 ……………………… 246
　　（四）对 R 区人大伍主任的访谈 ……………………………… 251

第一篇 法官访谈篇

一、对院领导的访谈

(一) 对 L 市人民法院周副院长的访谈

【"(人民陪审员)发表意见,你不要管自己讲得对不对,就凭自己的良心和认识,你认为这个案子该怎么处理就怎么讲,我们要的就是你们凭良心讲出来的意见。"】

访谈人:请问,除现有的法律规定以外,贵院还会考虑其他哪些因素来确定陪审员的名额,比如经费保障力度、补充审判法官数量不足等?

周副院长:第一个是我们法官员额的因素。我们 L 市法院实施人民陪审员制度在本地区算做得比较好的,其中一个直接的驱使因素是我们审判人员不足。L 市法院采用普通程序和简易程序审理的案件数量比例相当,虽然我们提倡简易程序,但是很多案件还是要适用普通程序,加之一些简易程序的案件转为普通程序,因此,我们现在案件非常多。比如,一个民事法官每年要审一百多起甚至两百起案件,所以法官的工作压力很大,如果还要抽时间帮助其他法官"陪"审的话,确实精力不够。此外,因为我们是法官职业化改革的一个试点单位,法官员额数量的确定,要经上级法院批准,所以,我们不能随意扩大员额。在法官员额相对较紧的情况下,我们就要考虑人民陪审员配置的数量。

第二个因素就是案件数,案件数与一个地方的人口和辖区并不完全成正比,它还与经济发展和地方民风等因素相关。我们 L 市是一个交界地,不仅是两省交界的地方,还是地区交界的地方,比如跟 Z 市、X 市交界。这个地方经济比较活跃,流动人口也比较多,交通较为发达,民风也比较强悍。L 市是出了名的闹革命的地方,当时秋收起义就是在这里发生的。也就是说,L 市作为全省人口第一的大市,又是经济活跃的百强市,再加上刚刚我说的民风强悍，就导致各种纠纷和冲突特别多，案件数量也就特别多，这也会影响到人民陪审员配备的数量。这是第二个因素。

第三个因素源于民众参与司法的理念。过去有一种错误认识，民众参与司法应当让那些懂法律的民众或者对司法工作稍微有点了解的人来参加陪审。但是现在，这种认识在改变，至少我个人认为是在改变。我作为一名法律人审理一个民事案件（我是审理民事案件的，就只讲民事案件，刑事案件我认为也是一样的），我有我的意见。但是作为一个民众，他不懂法律，特别是在不懂专业法律的情况下，他可以有他的意见，即使这种意见不一定正确。有的案件如果完全依法处理，不管这种法是良法还是恶法，也不见得是好事。比如，一个村庄发生一起案件，经依法处理，判决结果令老百姓都不满意，或者百分之九十的老百姓不满意，我认为这个案子不是办得很好。相反，如果一个案子，不完全按法律规定处理，而是像我们平常说的打擦边球，却使百分之九十的民众满意，这不能说案子办得不好。

访谈人：就是要参考民意？

周副院长：是的。我的意思就是，要把民众这种意愿纳入专业法律人的思维中加以考虑。在合议案子的时候，民众参与司法的理念也促使我们人民陪审员制度的完善。另外我们还要考虑人民陪审员层次的多元化，男女的比例，人大代表、政协委员、基层组织、普通民众、下岗职工的比例等。

访谈人：在名额的具体分配上，是否会按照本地区的具体行政区划做相应的调整？是否会使社会各界、各阶层都有一定的比例？

周副院长：基本上会有，我们在决定陪审员名额的时候也会考虑这些因素，特别是我们的基层法庭，要考虑人民陪审员履职的方便。比如，东区的一个陪审员，如果因为西区法庭的陪审员数量少甚至没有，而要跑去西区陪审，这就很不方便。所以，我们肯定要保证每个行政区划都有一定比例的人民陪审员，既方便他们履职，也方便我们法院工作。

访谈人：有的地方陪审员中有公职身份的比较多，不知道贵院是否存在这种情况？如果有的话，是不是会对陪审员的代表性和广泛性产生一定影响？

周副院长：据我了解，我院的公职人员应该不多，也许在其他法院情况会不同。在我们L市法院，公职人员担任陪审员的情况是存在的，但并非你们所说的比例很大。我们的公职人员限于地方政府的人员、妇联的人员，或者一些基层调解组织的人员，比如乡政府的调解员、城区范围内一些相关单位的法制工作人员，比如法规科或法制办。我们在确定陪审员名额的时候也会考虑吸纳一定数量的公职人员，比如说妇联的同志，她们都很想来参加陪审，以维护妇女权益。

访谈人：确实，贵院给我们的陪审员名单上，妇联的比较多。

周副院长：但是别的部门的公职人员就比较少，或者说基本上没有。原因在于：第一，有的部门的人员是不能兼任人民陪审员的；第二，为了保障陪审员具有广泛的代表性。地方的人大代表和政协委员并非都是公职人员，他们的身份可能是农民，且多数是农民。农村选的人大代表或许就是一个普通的农民、企业家，或者是基层组织的调解员、村支部书记、村委会主任等。他们的身份不是公职人员，虽然乡政府也会发一定补助给村上的任职人员，但是这只是一种补助，并不是我们认为的公职人员领取的报酬。

访谈人：L市法院把陪审员固定配置到各个业务庭，这会不会导致所谓的道德风险？当事人或者当事人的律师，会不会去找陪审员说情，由此影响到案件的公正性？

周副院长：这个问题不能说完全没有，我们遇到过当事人前来打听谁担任陪审员的情况。当事人找陪审员说情、做工作，甚至如你所想的行贿行为，这种可能性不能够完全排除，任何制度都是有弊端、有漏洞的。我认为这个影响不大。在我们L市法院，虽然我们的陪审员是相对固定到每一个业务庭室的，但是这个范围仍然比较大。比如，我们民一庭和民二庭的陪审员就有十几个，每次陪审的时候随机抽取，也在一定程度上避免了这个问题，这是第一点。第二点就是，我们的保密工作做得还是比较好的。我们一般是在开庭前三天通知当事人合议庭的组成人员，且陪审员的其他资料并不是完整地提供给当事人的。再者，在合议庭合议案件时，我们主要强调的是监督合议庭的审判活动，如果审判长发现陪审员的意见特别偏袒，审判长就有权把案件提交给审判委员会。我们有各种监督机制，我们的法官、庭室负责人、审判长发现人民陪审员有不正常的现象，比如与当事人有不正当接触，或者发表倾向性特别明显的意见而没有正当理由时，甚至可以提请纪检监察处理以及政工部门监督，主要是政工部门的监督。我们对陪审员也建立了考核机制，一旦发现与当事人有不正常接触，违反纪律规定的，可以提请人大免去其职务。所以，回答你这个问题应该这么讲，这种漏洞不是没有，但是，我们已经把它降到最低程度了。同时，把人民陪审员配备到各个业务庭，也只是暂时而非永久的做法。我们各个业务庭之所以要这样做的原因是，便于和陪审员联系，把十几个陪审员固定到业务庭之后，法官与陪审员的联系就更密切，更加方便了，比如召集他们开座谈会，听取他们对案件的处理意见以及对我们庭工作的意见等。同时，相对固定的安排也发挥了他们自身的优势，有的陪审员擅长于陪审民事案件，有的擅长于陪审刑事案件。如果不采用相对固定的方式，70个陪审员全部实行随机抽样，那么可能导致同一个陪审员今天陪审刑事案件，明天陪审民事案件，今天跑西区，明天跑东区。对陪审员自身来讲，这是很不方便的；同时，不利于提高陪审员的业务素质，也不利于同法院的信息沟通。

访谈人：刚才您说的陪审员有其他的违纪违规情况，最严重的就是免除职务，那除此以外，还有没有其他追究责任的方式？

周副院长：如果发生了犯罪的情形，比如收受贿赂的数额达到一定程度，我们可以提请司法机关处理。如果其身份是政协委员，我们可以向政协委员会建议，免除其政协委员的资格；如果是公职人员，可以向有关部门建议对其进行纪律处分。所以，惩处措施是很多的。我们法院对人民陪审员采用松散型的管理模式，与司法局一起管理，最严厉的措施应该就是提请人大对其免职。

访谈人：按照现有的规定，陪审员与法官行使同样的职权，您认为陪审员能胜任吗？

周副院长：陪审制度在现实当中实施得不是很理想，可以这么讲，这是全国的通病。

一个原因来自陪审员本身，他认为自己是一个门外汉，在对专业法律问题发表意见时，有一种畏缩感。我觉得这是最主要的。我们有些庭室开陪审员工作会议时邀请我参加，当时陪审员都很困惑，很多都问我一个同样的问题："我们陪审员应该怎样去陪审？我们又不是很懂法律问题。"我当时的回答是："发表意见，你不要管自己讲得对不对，就凭自己的良心和认识，你认为这个案子该怎么处理就怎么讲，我们要的就是你们凭良心讲出来的意见。"我之所以这么说，就是因为现在陪审员普遍都很畏缩，不愿履行职责。这主要是他们的认识不够，认为自己仅仅是协助法院处理案件，甚至还有的陪审员只是想赚点钱。像一些在城区没有工作的人，还有下岗职工，陪审一个月也可以拿到一两千块钱。

第二个原因就是，保障机制没有跟上。经费是个很大的问题，政府如果给予人民陪审员充足的经费，发放补助比较到位，那么，会提高其履职积极性。一个人履行职责的状况跟其享受的待遇有关，待遇如果跟不上，那么履职上也会大打折扣。另外，法院对人民陪审员进行培训和召开会议都要钱，这个钱也不是个小数目。比如我们每年要开一次人民陪审员会议，要去租会场，因为我们是跟司法协助人员一起开，还要邀请乡镇领导、市里的领导来参加，开会期间，还要发一定的补助给他们，这个费用算起来是很惊人的，一次会议要花费十几万。现在，各级部门的经费都有点紧张。我们了解的情况是，在 H 省的财政收入里，我们排第二，而第一的财政收入比我们多一倍多。我们陪审员比他们多很多，案件也比他们多很多，可是，我们陪审员的经费却只有 22 万，他们有 70 万。所以，保障机制也是一个很重要的原因。现实当中，陪审员的履职情况不是很理想，我认为主要就是以上两个原因。

访谈人：有时候会经常出现陪审员找借口不参加审判，而有时候却会出现陪审专业户，您是如何看待这种现象的？

周副院长：这种现象早就存在了。一个要从我们自身找原因，其中最主要的原因就是，我们业务庭的办案人员与陪审员的沟通不够。还有就是，具体办案中，关于陪审员的选择，没有落实随机抽样制度，如果落实了，就可以避免陪审专业户出现。第二个就是，存在法官个人喜好的问题，某个人民陪审员积极负责，配合法官工作，法官则倾向于选择他。因为我们有些庭室没有实行随机抽取制度，而向上级汇报的时候，一般都会说采用了随机抽样的方式，这就是现实当中制度实施不到位的状况。第三个就是人民陪审员自身的问题。他们有的人主观上把人民陪审员当作一个头衔、一种象征，甚至认为，既然已经有了这个头衔，而实际去陪审又很麻烦，并且坐在那儿也没他们什么事情，所以，去不去陪审也都无所谓，去了还得耽误自己的事情，特别是某些人大代表、企业家，这些人本身事情就比较多，这是其中的一种情况。还有的陪审员，自己主动与法院沟通的意识不强，他们也没有把自己当成人民法院的陪审员，不主动与我们法院联系。再者就是，某陪审员两次被我们随机抽到来参加陪审，但都因为有事不能来，或者迟到，或者出现上述讲到的一些问题，业务庭因此对他不满意。这种现象存在，我们也在寻求改变，我每次到业务庭开会，就经常说"两员"的问题，一个是人民陪审员，一个是司法协助员，要积极发挥他们的作用，加强法院与他们的沟通，这是一个很重要的举措。只有这样，才能形成良性互动，而不是恶性循环。

访谈人：您如何评价人民陪审员制度在贵院的实践效果，您认为达到了预期的效果吗？如果有需要改革的地方，您觉得要从哪些方面进行完善？

周副院长：它的积极作用我刚才都提到了。归纳起来，一是吸收民众参与司法，法院在听取了民众的司法意见后，能更加深入地了解社情民意，这是最主要的意义。二是缓解了我们法院审判力量不足的现状。L市作为一个拥有139万人口的大市，按照规定比例，法院要配备四百多名法官。但是，目前我们法院在职在编的大概是一百五六十人，加上临聘人员也才两百多人，审判力量严重不足。陪审员能够在一定程度上缓解办案人员不足的压力。第三个积极意义是有利于案件的公正处理。首先，多方意见对案件的决定能起多方作用，使判决结果更加合理。其次，可以监督法官的审判活动。如果法官的审案方式和判决结果很不正常，有的人民陪审员可基于其身份的特殊性（如人大、妇联、基层组织等身份），直接行使监督权，对其加以监督。

　　至于需要完善的地方，首先，要解决其"陪而不审"的问题。导致陪而不审的原因是多方面的，我已经分析过了，就不再重复，主要是从那几个方面去各个击破。其次，要加强对陪审员的经费和制度保障力度。在这方面，L市做得很好，人大对我们实施这项制度给予了相当的支持。但是，我了解到其他地方不是这样的。人民陪审员由人大负责任命，以法院为主进行管理，司法局负责协助管理。但是，据我了解，司法局基本上都没有履行协助管理的职责。它履行的职责无非就是会同法院签署文件，然后，在法院选任、考察人民陪审员时派一个人来，如果我们没有邀请，司法局那边也就没有这种主动意识。我原来在司法局任职过，后来进的法院。人大出台《关于完善人民陪审员制度的决定》的时候，我刚好在司法局，所以，据我所知，L市的情况还算非常好的。我在司法局的时候，法院也经常主动跟我们联系，法院也像是我的一个娘家，所以，我很愿意配合。但我想，如果在别的地方，司法局的作用根本就无法发挥，完全只是签个文件的作用。所以，我觉得这也是制度保障的问题，或者可以说是制度不合理之处。如果有人通过调研把这个制度加以完善，甚至提升到更高的程度——出台一部法律，也不是不可能的。虽然西方国家是判例法国家，但是，他们的陪审团制度是比较完善的。罪与非罪就是由陪审团来决定的，也可以说，就是由一群"门外汉"来认定。这种制度，初听起来很荒唐，但是，在我们法律人看来，会觉得有可取之处，多数人认为你犯罪了，那么你就是犯罪了。我们国家把社会危害性定为犯罪的唯一标准并不是很科学。在我看来，西方国家的陪审团制度有一定的科学性。

　　其次，我觉得要加强宣传。陪审制在我们国家虽然实施很多年了，但是，真正谈及陪审员的地位、意义及其作用的发挥程度，到今天还仅仅是我们法院系统内部和陪审员自己知道，社会各界并不是很清楚。在老百姓看来，包括当事人来打官司，他不会重视陪审员，只会重视法官。至于有什么意见或者说情，还是只想倾诉给法官而不会针对陪审员。也许我的理解不是很恰当，但也只是为了说明普通老百姓对陪审制度以及陪审员作用的发挥还不是很了解。这就需要我们的大力宣传，宣传国家法律关于陪审员工作的性质、地位和重要性。我们国家跟国外不同，我国的陪审员是相对固定的，国外的是大范围随机抽取的。两种制度各有利弊，因此，在制度有利的前提下，就更要凸显其好处，这就需要我们的大力宣传。

（二）对 L 市人民法院赵组长（纪检组长）的访谈

【"人民陪审员制度在目前这个社会状况和体制下，其意义和功能不能过分地被拔高……人民陪审员制度的功能，第一个，是给人民群众参与司法活动提供了机会；第二个，是为社会分享审判权力开辟了途径；第三个，实践的意义，就是支持道德、法律、伦理糅合处理问题。"】

访谈人：我们想了解一下陪审制的运行概况。

赵组长：我们 L 市对陪审制的操作，自 2005 年《关于完善人民陪审员制度的决定》实施后，司法行政机关基本上没有过多介入，只是联合发布了相关文件。选任、考察、提请人大任命都是法院去操作，感觉陪审工作都是法院的事情，只是考察才由法院与司法行政机关联合进行，但司法行政部门基本上没参与这个事，这是制度的操作问题。这种状况的形成，好像是因为司法行政机关对人民陪审员制度持无所谓的态度。L 市第一批人民陪审员的选任，是按照《关于完善人民陪审员制度的决定》中的有关规定操作的。

访谈人：在自己申请担任人民陪审员的人中，很多都是司法调解员，还有一些是学校的法制校长，这些人主要是从事有关法律工作的民众，人民陪审员的代表性是不是不够广泛呢？

赵组长：具体操作中，人民陪审员的选任有两种方式，一个是个人申请，通过基层组织确认身份，一个是组织推荐。实际上，我们两种方式都有。应该说，我院人民陪审员的广泛性和代表性还是有的。如工、青、妇等，基本上是组织推荐的，包括一些医院的医生，他们都具有代表性。但是，要说第一批陪审员很广泛，这很难说。第二批应该不存在这个问题。第二批我没有直接参与，选了 70 人，以组织推荐为主，上级要求陪审员人数不少于在职法官人数的二分之一，我们选任陪审员时考虑了各个地域与行业的因素，应该说每个行业、每个乡镇都有代表。

访谈人：人民陪审员被选定以后到法院参审，这个流程又是怎么样的？

【赵组长：法院几大审判，陪审辐射面在城区的几个办事处，这几个办事处到院机关参与审判方便些，这些地方的陪审员分了几个组，包括刑事、民事，现在还有行政，法院审判需要时主要是在这几个组里选。】

访谈人：那在人民法庭是怎么样的呢？

赵组长：法庭也是在辖区几个乡镇里面挑选。但现在实践中的最大问题，也是《关于完善人民陪审员制度的决定》中不便操作的一个问题，就是随机抽选。随机抽取的方式在农村基本难以实现，因为抽选以后，有时候陪审员有事来不了。再说，也要考虑方便的问题。我们现在只有五个法庭，有的乡镇距离法庭太远，随机抽到某个陪审员，而法院八九点钟开庭，陪审员来不了，不比城区，一个电话打了去，马上就来，这是制度上的问题。

访谈人：那是不是会出现有一部分陪审员很少审案子，有一部分陪审员经常参加陪审呢？

赵组长：这种现象是存在的。人民陪审员制度在实施中，存在什么问题呢？再就业或者说第二职业的问题，这应该不是《关于完善人民陪审员制度的决定》的应有本意，但现实中有这种现象存在。

访谈人：经常不来的陪审员会被免除陪审员职务？

赵组长：实际上也有。因为第一批18名，第二批70名，任期届满后第一批只留了10名，有8名没有留任。

访谈人：这8名没有被留下，主要是什么原因？

赵组长：主要还是因自己工作和陪审之间发生了矛盾。

访谈人：那法院会不会与陪审员的所在单位（如教师所在学校）联络沟通？

赵组长：最初的时候有沟通，就是在选任的时候会跟单位沟通一下，已经选好后就会告知该单位，某某已经人大常委会任命为人民陪审员，以后工作上可能会有耽误，请多支持。但往后就不可能经常去沟通，因为与本职工作毕竟有些矛盾。

访谈人：请问在培训、考核、审判管理（人事管理）三方面工作的情况如何？

赵组长：第一批人民陪审员好像是由省高级人民法院组织了一星期培

训。第二批我估计没有培训，因为人员太多了，至少省高级人民法院没有组织培训，我院也没有组织培训。

访谈人：培训主要是什么内容？由谁来进行培训？法官还是学校教授？

赵组长：主要是程序法方面的培训。由法官进行实务方面的培训。

访谈人：那培训有没有考核合不合格？

赵组长：应该有。

访谈人：如果没有参加培训直接上岗，他可以胜任这个工作吗？

赵组长：他不一定懂法律，定案的思维靠他的社会良知和道德标准。如果大家都从事法律工作，可能大家的思维都固定了，相互之间不太可能互补。

访谈人：即便经过培训，陪审员相对于法官来说，仍然是门外汉，对于法律专业知识，肯定还是掌握不了。

赵组长：实际上，立法的初衷主要就是这样。在法院长期工作的书记员、执行员，都是不具备审判资格的人，他们的法律知识肯定比陪审员丰富。这些人都不能参审，陪审员参审应该是道德、法律、伦理糅合的问题。

访谈人：那他怎样发挥他独特的作用和优势？具体表现在合议阶段吗？

赵组长：优势在于陪审员的社会知识与法官专业知识互相结合，在合议阶段陪审员发挥一定作用。我在法院也已经工作几十年了，在法院工作时间长了，思维相对固定，陪审员的参与，可能引导你的思维发生一些变化，对案件的处理有一些影响。

访谈人：那专职的陪审员会产生什么弊端呢？

赵组长：我刚才说了，现在有些人将陪审员演变成了第二职业，或者是再就业。如果是这样的演变，陪审员就没有什么意义了，他的思维也会慢慢发生变化。有那么一个担心，就好像案件处理的思路基本上与法官吻合了。人民陪审员制度在目前这个社会状况和体制下，其意义和功能不能过分地被拔高。我原来从事政工工作，看了网上有些文章，把人民陪审员的意义写那么十几条，实际上有时候，你一方面拔高人民陪审员制度，另一方面也就贬低了法官，这个不客观，不实际。所以，我认为人民陪审员制度的功能，第一个，是给人民群众参与司法活动提供了机会；第二个，是为社会分享审判权力开辟了途径；第三个，实践的意义，就是支持道德、法律、伦理糅合处理问题。所以，我认为，三个方面的功能是实实在在的。你要说有利于司法公开，有利于什么司法廉洁，等等，不好说，监督法官等有些东西是学者在想当然，不一定正确。

访谈人：合议过程中法官会对陪审员进行法律方面的指引吗？

赵组长：首先，一般的合议案件，承办法官要介绍案情，因为仅仅通过庭审，有些东西不可能完完全全反映出来，可能有些案件的背景在庭审中没有反映出来，如果法官了解了，他在合议时，会向合议庭做情况介绍。其次，承办法官会将案件的事实与法律的规定相结合，并就法律适用问题阐明他的观点。但是，由于陪审员法律专业知识还有些缺陷，依附性观点比较多，一般都同意审判长、审判员的意见。但是有些陪审员从个人专业角度出发提出意见对于法官处理特殊案件是有帮助的，有些虽然不是用法言法语来解释的。作为社会的公民，陪审员以自己的良知认为这个案件应该怎么解决，从这个角度来发表意见是可取的，法条上可能没有。

访谈人：在审判之外，据说法院会请陪审员参与到诉前调解、诉后执行中去，请问陪审员在这些领域参与到什么程度？您怎么看待这些问题？

赵组长：陪审员参与调解是没有问题的。有时候利用本地资源和本辖区熟人身份有利于调解。在执行阶段，我们邀请陪审员进入到对执行异议的审查，这个也是我们在全国率先开展的，当时《人民法院报》也推广了我们的做法。参与执行是综合性的东西，我们聘请了十个执行监督员，有人大代表、政协委员，好像也有人民陪审员，邀请他们一起去参加执行，见证法院执行的程序，我觉得还是有好处的。我们可以将人民陪审员的功能、作用放大一些。因为我们选任的人民陪审员在地方有一定的知名度，就如同当地的公众人物一样，有一定的威信，同时，他们也热爱法律这项工作。

访谈人：市法院的人民陪审员有一帮一、一带一，法官和陪审员互动的模式，这个纳入陪审员培训中去了吗？

赵组长：我2009年就退二线了，这应该是后来搞的，主要是提升陪审员素质和业务知识的一个举措。那个时候，我们院里还搞老同志带新同志，一带一的方式，建立师徒关系。我估计是这样子的。

访谈人：对陪审员的考核是怎么开展的？

赵组长：真正说，在落实《关于完善人民陪审员制度的决定》过程中的最大问题是管理问题。陪审员管理，是最不好处理的问题，也就是说，人民陪审员在履行职务的时候，享受了权利，跟审判员是一样的，但是，这个《决定》没有确定他的义务。法院实行错案追究制度，办了一个错案之后，作为陪审员肯定有责任，这种情况下，你怎么追究？这个问题现在还没有解决的办法。另外，人民陪审员很多是在职干部、职工，他跟单位请假说去陪审，但实际没有到法院来，出现这些管理漏洞问题，或者在法院审案子时，陪审员不严格履行职务，这都怎么解决？原来我有一个想法，对于在职的陪审员，还是有一些把握，就是法院与其所在单位建立一个沟通的渠道，法院将人民陪审员在法院履职的情况反映到其所在单位，他在法院的表现，应该纳入其所在单位的年度考核。但这在制度上和操作方面，还有些问题。

访谈人：当事人是否可以直接选择陪审员？

赵组长：《关于完善人民陪审员制度的决定》中规定当事人可以申请陪审员参审，要求组成合议庭的方式，但不应该具体确定哪个陪审员。因为陪审员履职时，同样要适用回避制度。

访谈人：现在有法官提到，要三审时才适用陪审，您怎么看？

赵组长：这涉及整个司法制度改革的问题，三审也好，二审也好，与人民陪审员制度没有很大的牵连，现在审判监督程序实际上就是变相的三审。

访谈人：在管理方面，能不能把人民陪审员交给其他单位单独进行管理？

赵组长：那有些困难，单独管理还是可以，但要独立法院之外。

访谈人：在美国，有专门的陪审员管理委员会，专门负责陪审员的选任，然后再跟法院沟通，确定名额等。

赵组长：我觉得意义不大，作用差不多。政工部门只负责选任，如何使用还是审判庭决定，政工部门要了解履职状况，都要到业务庭室去了解，有些麻烦。

访谈人：那庭里面会有一个反馈吗？

赵组长：没有。

访谈人：考核呢？

赵组长：主要从案件质量等方面来考核，如上诉率等。你要说其他的，如陪审员是否迟到，具体表现怎么样，本身考核的东西也是很抽象的，法院也不给他发工资。

访谈人：就量化指标来说，有人民陪审员参审的案件与没有陪审员参审的案件相比，案件质量上有什么不同？

赵组长：没有什么不同。因为案件质量的决定因素还是在于法院法官，法官对案件要负责，有责任追究。从制度层面来说，陪审员制度确实是挺好的，但就其实质方面来说，将来如果你们从事司法实际工作以后将更有体会。

访谈人：您觉得在目前情况下，陪审制度还有必要继续存在下去吗？

赵组长：我个人不反对，也不是很支持。陪审的功能、作用不突出，这也反映了我个人的心态。再说，现在人民陪审员制度在整个社会还没有被共同认知，只是人大常委会任命一下，要真正搞好，只依靠法院一家实际操作是不行的。

（三）对 L 市人民法院刘副院长的访谈

【"人民陪审员参与审判，是一种荣耀。人民踊跃参加，把它看得比较重。"】

访谈人：请您谈谈对人民陪审员制度的看法。

刘副院长：人民陪审员制度与西方国家的陪审团制度相比，实质上是有严格区别的。人民陪审员制度实行这么多年来，经历了几个阶段：在20世纪80年代，《刑法》《刑事诉讼法》刚实施后的一段时间是比较重视人民陪审员制度的。那时候的人民陪审员是通过人大选举产生的，由乡镇、街道等辖区内素质比较高的同志来担任，比较负责，也发挥了比较好的作用。从我个人的经历来讲，我那时在检察院当公诉人，当时的人民陪审员责任心很强，敢于充分地发表自己的意见，并且人员相对比较固定。相对固定使他不断地熟悉专业知识。他们（人民陪审员）的职业荣誉感比较强，参与国家管理和审判活动是他们主要的事情，责任心也强。到了90年代，人民陪审员制度相对淡化了。人民法院做了一些改革，强调审判长、主审法官的作用，加上人民陪审员的保障、培训等机制不完善，特别是随着80年代那一批老的人民陪审员年纪的增大，出现了一些断层现象，在20世纪90年代到2000年这个阶段，人民陪审员制度名存实亡了。

2000年以后，随着国家对人民陪审员制度的重视，出现了新的局面。随着全国人大常委会《关于完善人民陪审员制度的决定》出台，人民法院从上至下进行了一些重大改革。首先，陪审员大幅增加。原来人民陪审员只确定的几个人，现在要求按法官的比例来配备，一下增加到六七十个人。其次，保障机制逐步完善。如陪审员选任要经过严格筛选，由人大常委会任命；交通费、误工费等列入财政预算，有了明确规定，待遇也还不低。如果真的按这个标准执行，一天一百多块钱，比法官一天的工资还要高。由于这些制度的完善和保障，人民陪审员制度达到了新的历史高度。随着国家经济的发展，老百姓的法律意识、参政意识都增强了。温饱问题解决了，人民参与社会管理和民主法治的意识就自然地增强了。人民陪审员参与审判，是一种荣耀。人民踊跃参加，把它看得比较重。另外，随着陪审员数量的增加，基本上能覆盖审判执行的所有程序。就L市的特色来说，我们把人民陪审员用到执行当中，得到最高人民法院的肯定。原来主要是法院机关、法庭联手，现在是每个法庭都安排了陪审员，且人民陪审员参审的比例比原来增加了很多。首先，人数的绝对增加使得选择更多。原来就是几个人，安排工作也难，现在基本上都能够安排人参加。其次，法官的工作量增加，人民陪审员参与办案确实能缓解法官的压力。如果办案使用人民陪审员的话，能缓解这个压力。最后，社会监督的需要。公众的监督诉求对法院审理案件的质量要求越来越高。法院工作对老百姓公开透明，大量使用民众选出来的人民陪审员参加审理，人民陪审员代表民众参与，对当事人服判有一定效果，促进了人民法院的公信力提高。

　　人民陪审员制度实际运行中还存在一些不利因素。第一，参审不均衡，陪审员相对专业化。这个制度就是要非法律专业人士带着普通民众的心态评判案件，不要求是专业化的。实际上真正参审的，往往集中在比较热爱法律、时间相对较宽裕、整体素质相对较高、法律知识相对较多的人群中。其他普通民众，不是很愿意来参加，参审就慢慢地集中到少数的人民陪审员身上，以至于有的陪审员参审的案件多达几百件，有的一件也没有参与。第二，随机抽取没有严格执行。随机抽取可能在审理一些特殊案件中做到了。随机抽取是我们实行陪审员制度的初衷，实际执行起来有一定的难度。在有些国家中，一个公民只要没有被剥夺政治权利，就有陪审的义务，这是一种法律义务。我们的民众还达不到这个素质，实行随机抽取，被抽到的人民陪审员一句"我有事来不了"就落空了，执行上是有欠缺的。第三，陪审员没有充分发挥应有的作用。陪审员享有与法官同等的权利，但由于陪审员综合素质的问题，很多不敢充分发表他们的意见，只有少数陪审员能够发表并能够坚持自己的意见，多数甚至是绝大多数陪审员都是以法官的意见为准，失去了陪审员制度真正的意义。

　　访谈人：如何看待某些集团、企业、公司的老板担任人民陪审员又不参与审理案件的现象？

　　刘副院长：目前，我们法院这个现象还不明显。其实一些企业老板，赚了钱之后，想更多地争取一些社会荣誉和地位，当不上人大代表就搞个人民陪审员头衔，好像多一个光环一样，或许对他的生意有帮助。我们在选任人民陪审员时很严格。人选的确定应该考虑各个层面，如公务员、妇联、共青团、工会代表、人民团体组织、教师、人大代表、基层村委等，企业界的比例不是很高。主要考虑的是地域上的代表性和职业群体的分布性。不是说你有钱，你是当老板的，你就有资格。必须由基层组织推选，人民法院和司法局进行考察、监督。

访谈人：据了解，L市司法局在人民陪审员选任之后就不怎么管了，人民陪审员的选任、管理大部分由人民法院承担，是否不妥？

刘副院长：这种现象是客观存在的，人民陪审员是人民法院在用，司法局没有司法权，很多工作都没有司法的强制性保障。理论上，司法行政围绕司法基础工作做一些辅助，实际上，由于与它实际利益没有多大的关系，工作管理肯定到不了位。对于我们来说，我们主动做了些工作。每年开人民陪审员的专题会议时，邀请司法局的人参加，邀司法局一起管理。原来人数相对比较少的时候，我们邀请人民陪审员参加我们的年终总结会议，尽量让他们融入人民法院的管理当中来。关于如何加强人民陪审员的管理考核工作，我们人民法院正在逐步地完善这些考察、考核制度，现在确实不是很到位。

访谈人：目前，有没有考核机制或者退出机制？

刘副院长：这些应该都有。具体是我们政工室来管这个事情。有明显的违法行为，或者是一年之内，人民法院通知几次你不来参审，就会取消陪审员资格。一次有事，两次三次，一年没有参审一个案子，通知你来你也不来的话，选举你的人大代表就会有异议了。不履行或不正当履行职责，就要适用退出机制。

访谈人：陪审员任期五年一届，为什么要五年一届？

刘副院长：我估计这个跟基层的法院、人大的换届是相对应的。人大的任期也是五年，也是任期制。人民陪审员的选任与人大换届同步进行。

访谈人：任期制会不会影响退出机制的运行？

刘副院长：如果人民陪审员不正当履行职责的话，我认为可以提前解除这个职务，与任期制没有关系。

访谈人：据调查，有部分群众对人民陪审员制度几乎是闻所未闻。他们对人民陪审员几乎不怎么关心，您怎么看？

刘副院长：这个问题应该说，中国的民众，不单是对人民陪审员没有兴趣，对与他们无关的，或者没有直接关联，没有影响到他们直接权利行使的事情，他们可能都不太感兴趣。这是我国法治进程中一个最大的障碍。很多民众的法律意识淡薄，"事不关己，高高挂起"，这是普通老百姓一种普遍的心态。他们认为，我这一辈子，又不犯罪，又没有惹官司，没有涉及他们的利益，只有当案件涉及他们或亲人的时候，他们才能关注一下。所以说，这是一种普遍的心理。这个跟过去的普法教育也是有关系的。普法搞了很多，但是效果不是很明显。搞了比不搞要好，但是效果并没有预期的好。

访谈人：实践中是不是更加需要专家型的陪审员，比如医师、建筑师、工程师等？

刘副院长：这个是更加需要。随着各学科和领域的专业性越来越强，案件涉及的专业范围越来越广。法官不是全能的，关于一些专业性的问题，如果能由专业陪审员帮助审理的话，更有利于我们公正地处理案件。就算没有这方面的专业陪审员，我们也要请专家咨询。我们L市相对于那些省会城市、大城市，资源要少一些，对此还不是很到位。这应该是以后的一个重点。人民陪审员除了带着民众最朴实的情感来参与审理之外，如果还能有专业陪审员对专业问题进行解释，可能更有利于法院的审判工作，更有利于案件处理的公正性。

访谈人：哪些人民陪审员在合议中更会坚持己见，甚至会坚持将案件提交审判委员会讨论处理？

刘副院长：这要看谁综合素质高一点，有的是对法律更加了解一些，还有的是性格因素。现在有的人民陪审员责任意识不强。人民陪审员有权利投上神圣的一票，那么这一票怎么判，我站出来就是要承担责任的。实际上这就跟我们相应的内部责任追究机制有关，合议庭成员包括法官、陪审员，该不该追究？怎么追究？如果追究他的责任会不会影响他参与的积极性？本来基本上是按义务劳动来参与，如果还追究其责任并且陪审员还要承担这么大的风险，这就会影响整个制度的实施。但如果不追究，按法律规定来说，如果合议庭的意见一致的话，那就不需要提交审判委员会。除非发现重要错误，可以提出来，提请审判委员会。一般而言，我们法官与合议庭有权力做出判决，如果不需要承担责任，那我们犯了错怎么办？这个问题值得思考。

（四）对L市人民法院高副院长的访谈

【"人民陪审员应该说是有广泛的代表性，各行各业的人参与进来，企业代表也能进来，关键是进来以后的管理问题。"】

访谈人：请问人民法院对人民陪审员的选任一般会提出哪些要求，考虑哪些因素？

高副院长：据我了解，选任的时候一个是要考虑到各种成分，比以前要复杂，以前主要是退休干部，现在不仅有退休干部（退休干部占的比例相对还是比较大），还有以前乡镇领导退下来的，另外还有一些在单位里从事过相关工作的优秀的工作人员。此外，还有一些人大代表、政协委员之类的被选任进来，但是他们进来，说实话就是一个摆设，因为他们中那些做生意的根本就没有时间来陪审。像我们法院有六七十个陪审员，这些人也占了一定的比例。他们跟法院接触比较多，走得近，他们多是靠人际关系来当人民陪审员的。还有一些就是教师，教师有一些是公办的，还有一些是纯粹的农民，应该说以前有，但现在已经基本上没有了（以前是刑事案件比较多，有一些村委会主任、村支书来当人民陪审员，但是现在他们慢慢地退出了）。还有一些就是在职的干部，像城管之类的干部，交通之类的干部，还有妇联的干部，等等。因为现在都有一个比例要求的。

我们现在成立了一个少年审判庭，涉及未成年人案件的审理，都是放在这个综合审判庭来审。像刑事案件那一块的，还有涉及交通事故、人身损害赔偿的，未成年人作为原告来起诉的，还有关于保护未成年人合法权益的，这一块就要求妇联和党委的人作为少年审判庭的陪审员，效果比较好。总的来说，陪审员的主要成分比以前要广泛多了，这也是一种进步。以前我在检察院做公诉人的时候，陪审案件最多的就是刑事案件，民事和行政案件是基本上不用陪审的。现在对于我分管的行政审判，上面有一些要求，陪审员的参审率也要达到一定的要求，但是行政案件的陪审，基本上也没有很好地发挥作用。

从陪审员退出角度来看，有一种是自然退出，自然退出就是到期后不再做。还有一种是非自然退出，非自然退出相对来说比较少，比如有些人出了某些差错、泄露审判机密等而被检举揭发，这是非自然退出。还有一种是自己不想再当了，因为做这个没什么报酬，以前是陪审一个案件10块钱，是由政府财政把关的。所以我刚才讲到的企业老总那一块，有一些人就是想得到一个陪审员名分，事实上是不履行职责的，这个群体还是比较大的。按这些案件比例加起来，我们L市法院需要的陪审员是85到90个，而我们真正在职的具有审判资格的法官也只有70个，人民陪审员比法官还多，就是这种情况。

访谈人：以前的村干部、农民渐渐开始退出，是否因为学历要求太高？

高副院长：农民要谋生，经常来陪审，家里面的事情解决不了，担任人民陪审员没有稳定的生活保障。

访谈人：现在参审一次的补助有多少？

高副院长：以前是 10 块，现在也不多。

访谈人：像企业老板担任人民陪审员，所占的比重不太高吧？

高副院长：企业老板占的比重不高，但是也会有一些。

访谈人：为什么农民不来参选，而企业老总却愿意担任陪审员？

高副院长：有些人现在就是把人大代表、政协委员的身份都作为一种政治资本和荣誉。现在人民陪审员这种身份也是这样。人民陪审员本来是审判制度里面的一种审判机制，为了保证公正审理案件的，如果成为一种谋取权力、荣誉的工具，则会是一种危险的倾向。

访谈人：这个深层次的原因是什么呢？

高副院长：企业老板在生意上难免遇到官司，他如果当了陪审员，跟法院的关系就好了，打官司尤其是本地官司胜算就高了，真正的原因就在这里。

访谈人：人民陪审员选任机制是不是还存在这种漏洞？

高副院长：人民陪审员应该说是有广泛的代表性，各行各业的人参与进来，企业代表也能进来，关键是进来以后的管理问题。应该说，在退出机制上应当完善，有些人没精力参审，比如一年之内任何案件都没有参审的就不适合担任陪审员，就应该让他退出。

访谈人：现在还没有这样一种退出机制？

高副院长：没有。

访谈人：L 市法院有 70 个陪审员，经常来参审的多不多？

高副院长：经常不来参审的情况应该是有的，70 个陪审员分布在各行各业，法院里面有一块，法庭里面也分布了一些。法庭那一块，基本上是不参审的。真正参审率比较高的是刑事案件，一年有八百件左右的刑事案件，真正具有审判资格的法官就只有八九个人。2010 年的民事案件参审率比较高，案件也多。行政案件不多，主要是我审的，就按照上面的要求做了。

访谈人：上面是怎么样要求的呢？

高副院长：人民陪审员的参审率有要达到百分之几十的严格比例要求，没有达到这个比例，上级法院在年终绩效考核时就会扣分，因为会影响法院在全省的排名。

访谈人：如果没有比例要求，很多案子是否没必要让人民陪审员参审？

高副院长：现在行政案件多涉及行政法规，专业性很强，不是专业的陪审员，人再多也是摆设。

访谈人：行政案件有没有专家陪审员来参审？

高副院长：本来选任时有这些要求，不单是行政案件，其他诸如建设工程质量、交通事故案件等，应该请相关领域专家来。目前我发现专家型人民陪审员还是个空白。

访谈人：法院在选任陪审员时是不是可以提出这样的要求？

高副院长：我提出了这种建议，陪审员应该注意让专业领域的人员来担任。例如我们有个关于装避雷针的案件，每一个厂都要装防雷设施，结果装了以后还是遭雷劈掉了。这本来是防雷事件，却当成防雷设施问题处理，一审时没有专业的陪审员，结果越审越偏。如果有这方面的专家来参审，可以在事实认定上把关。法律适用上，则由法官把关。事实认定清楚了，法律适用准确了，就错不了。如果把这两者抛开的话，在事实认定错误的前提下，怎么适用法律也都是错的。但是，目前在专家陪审员这方面是个空白。

访谈人：普通陪审员也好，专家型陪审员也好，在和法官共同审理案件时，两者都能够做到平等行使职权吗？

高副院长：一般来说争议都不大，意见比较一致，就没什么问题。其实，我们发现理论跟实践有很大的区别。有些案件，尤其是一些敏感案件，不是陪审员能够做主的，很多案件陪审员还只是一个摆设。

访谈人：那陪审员通过什么形式发挥作用？

高副院长：这些人民陪审员选过来以后，和法官组成合议庭审理案件，并实行少数服从多数的原则。每个案件领导都把关是不可能的，真的遇到意见不一致的情形，就报给庭长，由庭长把关形成统一意见，或者说由审判长征求合议庭的意见，实行少数服从多数。仍然统一不了，那就提交审判委员会。有些案件争议和分歧比较大，双方当事人律师的影响力也比较大，按照规定，法官是不可以私下跟双方律师接触的，现实生活中则是经常接触，把观点灌输给你，然后请吃饭。

访谈人：那就是说，陪审员比起法官来，更容易被"公关"？

高副院长：应该不能这么说，现在陪审员制度处于一种起步阶段，不可能左右法官判案。

访谈人：那还会"公关"法官吗？

高副院长："公关"法官比"公关"陪审员有用多了。

访谈人：那陪审员是不是同法官行使同等的权力？

高副院长：关键是他（陪审员）那一票含金量到底有多高。

访谈人：庭审过程中，法官会不会就有关法律问题对陪审员进行提示？

高副院长：庭审中及庭审前，有些行政案件法官就涉及的相关法律问题会跟陪审员解释，在庭审阶段安排他发问，或者在质证过程中由他来组织一部分。行政案件比较少，一个月也就四五件，所以陪审员还是发挥了一些作用，不是作为一个摆设。现阶段的行政案件相对不是很复杂，案件来了以后法官通知陪审员陪审，法官将原告的起诉状、证据材料、被告被诉行政行为是什么以及为什么作出这样的行政行为，让陪审员对案件有一个基本的了解，并将相关的法律熟悉一下。一般案件对陪审员的要求都很纯粹，他看了以后就可以判断行政机关的这个行为有没有道理。一方面可以看行政机关是不是不作为；另一方面可以从事实或法律上去看这个案件，陪审员是发挥了作用的。其中有个案件比较复杂，原告在某派出所门口开了个小茶楼，来打麻将的一场收100元茶水费，后来派出所与茶楼产生矛盾，查处了茶楼，罚款25万。原告起诉到法院，派出所辩称是以赌博罪追究其刑事责任，不是行政案件。陪审员认为，25万罚款已经上缴国库，不就是行政处罚吗？如果是追究刑事责任，也应该是经法院审判后上缴国库。后来我们采取折中办法进行调解，要陪审员做原告工作，法官做被告工作，被告答应退还罚款后，原告撤诉。哪知原告撤诉后，被告却不退钱，原告就上访。陪审员在当中做了很多工作，但最终结果也不一定尽如人意。民商事案件太多，且立审分离，立案时就把开庭的日期给排了，给原被告15天的举证期限，比如今天7月13号，如果今天起诉，到7月29号满了15天以后，就给你安排到8月1号开庭。立案庭排了庭以后，案子再转到民商事审判庭。这样，开庭之前法官对案子都不了解，更别说陪审员了。

访谈人：这样的好处是不会出现先入为主的情况，但它可能导致陪审员在陪审过程中一头雾水。

高副院长：毕竟普通案件虽然比较多，但类型比较单一，像家庭纠纷、工程质量等，不会有很多新类型。复杂的知识产权等案件，基层好像还没出现过。如果陪审员能够专门固定陪审一类案件，一两年下来后，就变成一个熟练的陪审员了。

访谈人：这样的话，人民陪审员还能靠老百姓的常识来作判断吗？

高副院长：陪审员本来就是按照常理来判断案件。像美国的陪审员，就只凭你的感觉，你们认为有没有道理，来补充法官一些纯专业知识的不足。我们的陪审员是帮助法官审案件，成了一批廉价的、不要法院发工资的法官。我觉得真正发挥作用的是这一块。

访谈人：为什么会这样呢？

高副院长：我对这个了解也不深。我认为外国的陪审员是从公民里面选的，不是固定的，审了这个案件以后不再审另外的案件，真正地发挥了作用。他们纯粹根据常识来认定事实，不附带感情地对事实进行判定。如果固定下来，两个人专门审这类案子，时间一久，不专业最后也成专业了，这是和外国的陪审制度完全不同的。要按外国这种办法，在公民里随机抽，只要满足基本条件，拥有选举权和被选举权就可以了，当前这种陪审方式在我国是行不通的。

访谈人：人民陪审员除了参与审判外，还参与执行、调解，您怎么看？

高副院长：这个也很难说，我们现在的情况就是想学别人又学不像。人民陪审员参与执行、调解是没办法的。

（五）对 L 市人民法院肖副院长的访谈

【"在现今社会里，人们希望在法院里听到法院之外的声音，这样才能够保障他们的权益。"】

访谈人：请您谈谈贵院人民陪审员选任、参审、管理以及培训等基本情况。

肖副院长：严格来说，L 市人民法院的陪审员制度经历了两个阶段。其中，第一个阶段是以前传承下来最原始的形式，它的选任、使用和参审，没有一些相关的制度规范，人民陪审员对自己的职责和身份也不是很明确。乡镇的人大主席团对陪审员可能有一个选任的程序，法院对陪审员的选任、参审、业务培训等工作做得很少。后来，到了 20 世纪 90 年代，我们甚至不知道法院内部有几个人民陪审员。记得那时候我在法庭，他们说谁是人民陪审员，我们就把谁请过来，所以这种情况不是很规范，总觉得陪审员好像没有任期。这是第一个阶段。后来，省高级人民法院出台了一个关于加强人民陪审员工作的文件，我们根据本院的具体情况，加强了这方面的工作。我们严格根据程序，先由各个乡镇、单位推荐人选，再由我们和司法局组成考察组，对他们的代表性以及他们的职业素质进行实地考察。我们确定人选后，向人大提名，由 L 市人大常委会来任命。陪审员有一定的任期，三到五年。人大任命了 18 名人民陪审员，这是第二个阶段的开始。我们对陪审员进行了相关培训，培训方式有很多种，一是集中学习，二是组织他们旁听庭审，目的是让他们对法院有一个更直观的认识。与第一个阶段相比，通过选任、考察、培训，陪审员的职业精神和敬业精神有很大的提升。在选任的过程中，我们不能单纯停留在公务员、农民的身上，而是要充分考虑各个阶层和身份的代表性，通过选任确定的18名人民陪审员具有很广泛的代表性。在现有的条件下，我们陪审员的工作有很多没有落实到位。原因很多，比如有些人具备相关的素质，但是对工作没有热心；有些人对陪审工作有热心，但与陪审工作不相适应。通过严格的选任程序和人大常委会的任命，人民陪审员也会觉得这是一种社会地位的体现，荣誉感和责任感也油然而生，因为他们觉得陪审员的称号也不是轻易得来的。我们每年对这18名陪审员进行考核，选择优秀的进行表彰，从考核和表彰上来规范和鼓励他们的陪审工作。

访谈人：陪审员是平民身份，他们在审判中如果存在违规情况，如何进行责任追究？

肖副院长：陪审员参加的是合议制，肯定是由法院的正式法官担任审判长，不管是一名还是两名陪审员组成合议庭，在案件的具体判决上，我们都会充分尊重他们的意见。但是，在合议的时候，毕竟他们的法律知识有限，看问题的角度不同，有些处理意见是不符合法律规定的。法官站在法律的角度考虑问题，向他们进行转述并加以说服。若不能说服，合议庭意见不一致，那就考虑提交审判委员会。实际上，整个案件是由合议庭来负责，而不是由个人。另外，当前陪审员的参审，只停留在庭前阅卷、参审和合议上，其他流程，陪审员是不参与的。

访谈人：贵院对陪审员是采用什么样的管理模式，是集中由法院管理，还是固定配置到庭室或合议庭？

肖副院长：我们综合采用了这两种模式。院里成立了专门的陪审员办公室进行管理，选任、培训和考核工作主要由政工室负责。这18名陪审员任期届满后，其中有8名由于各种原因（或者是调出L市，或者是自己不胜任、不热心），最终退出了这个队伍，而其中10名申请继续担任。同时，在上届届满后，我们继续通过原来的方式选任了60名陪审员，现在总人数已经达到了70名。我们L市有140万人口，基本上根据各个辖区的人口比例来确定陪审员人数。后来选任的60名，是考虑到辖区和身份的代表性。我们L市有37个乡镇，每一个乡镇都有一到两名陪审员，具体是一名还是两名，则根据实际情况安排。虽然有的乡镇人数少些，但是符合条件的陪审员人选多些，可能就选任两个。因此，这也不是完全严格地根据辖区人口分配的。L市辖区面积比较大，根据乡镇分配，每个乡镇有两名，下面辖区有五个法庭，如果某辖区有五个乡镇，那么就有十个陪审员被划分到当地法庭。除了这种模式，还有一种特殊情况，我们机关有行政审判庭和刑事审判庭等，因此，也会选择相对比较固定的陪审员，划分到各个庭。对陪审员的陪审安排采取随机抽取的方式，存在一个具体的问题，就目前的状况而言，法院随机指定一个陪审员，但是有些陪审员不能来，很大程度上是由于工作的原因，如果我们继续随机抽取，可能还是不能来。然而，严格按照法律的规定，我们必须提前三天告诉当事人合议庭的组成人员，同时又要告诉陪审员。因此，在70个陪审员之间随机抽取就很复杂了。我们通知了当事人和陪审员，陪审员一两天后又告诉法院不能来了，这样实际操作很困难。而我们采用相对固定同时再随机抽取的方式，则符合实际。

访谈人：按照现有的规定，人民陪审员与法官拥有同等的职权，您认为人民陪审员能够胜任吗？

肖副院长：这个问题不好回答。第一，从现实和整体而言，陪审员不能完全胜任，整个制度设计上有缺陷。第二，从胜任角度说，法官也不能百分之百胜任其工作。有一些陪审员热心这份工作，加上有一定的基础，这个基础不一定指他很精通法律，可以指有一定的社会经验，他可以从另一个视角考虑问题，让法官听到不同的声音。从这个方面而言，人民陪审员制度达到了它的目的，也可以实现一定的价值。有人说，陪审员陪而不审、审而不议，只是形式上配合法院的工作。对此，我们法院也考虑了很多措施。一是扩大陪审员参审案件范围，从原来的刑事案件和民事案件扩大到行政案件和执行。这里的执行不是指参与执行，而是指当事人对执行有异议，法院需要进行裁判时，要求人民陪审员参加。二是扩展工作宽度。我们主张人民陪审员庭审前阅卷，加强对案卷的了解，提前设计问题，从而更好地参与案件的审理过程，也防止庭审中法官唱独角戏的局面出现。庭审的两个阶段之一是调解阶段，在民事案件的调解中，人民陪审员可以充分发挥他们的特长，尤其是刑事案件，未成年人犯罪比较多，陪审员可以做工作。在民事案件的法庭调查阶段，我们鼓励陪审员发言、提问、组织质证，让他们慢慢参与这方面的工作，这只能是政策层面上的引导，具体的实际操作还是要看陪审员的态度。陪审员配合得好，就会慢慢进入这种工作状态，否则就很难说了。

访谈人：不少地方越来越多的陪审员参与到了审前调解和审后的执行程序当中，有人认为这是人民陪审员职能的异化，请问您是如何看待这个问题的？

肖副院长：按照我们目前的状况来说，人民陪审员的工作职责貌似过界了，从现实情况而言，应该一分为二地看待。一方面，我们其实应该倡导他履行法官的职能；而从公众的角度来说，可能认为是过了。"过"只能是一种导向。我们要引导他往高处走。高度也有一个原则，即使他走到了最高点，也只是履行应该履行的职责，毕竟参审是有一定限度的。从目前的状况而言，我们还是引导他们往这个方向发展，不能单纯说他们职能过了，因为他们现在履行的工作职能与法律上的要求相差甚远。

访谈人：据您了解，适用陪审审理的案件和不适用陪审审理的案件相比，当事人的满意度或者说服判息诉率会不会有所不同？

肖副院长：严格地说，不会有什么不同，调解率和服判息诉率不会因为陪审员的参审而变得很高。当然，这是我个人的感觉。不管是通过哪个法院的具体统计得出的数据，即使有调解率的高低之分，但这也只是正常的高低，并不是因为陪审员参审案件所导致的。案件的服判息诉率高，人们可能会感觉是陪审员的调解工作所致，陪审员的观点比我们法院更容易让当事人接受。但实际上，双方当事人的争议不会因为调解而改变。我在民事庭工作了十几年，当涉及自己真正利益的时候，当事人不会因为法官和陪审员的劝导而改变自己的意思。真正的调解，只是达成暂时的妥协，一方不仅牺牲了自己的利益，还要心服口服地签字。从法官的角度而言，我们希望他们调解，这样可以节省更多资源。我们的原则是调解优先，调判结合，按照原则开展工作。我们倡导调解，法院也希望当事人调解，但这样调解牺牲的就是法制的健全。

访谈人：有的地方出现了陪审员经常缺席审判的现象（即一些陪审员接到开庭通知后，找种种理由缺席审判）；同时又出现了陪审专业户的现象（即一个陪审员一年可能参审几十甚至几百起案件），请问本地区是否有这些现象？

肖副院长：缺席参审的陪审员应该没有，实际操作中，我们没有按照随机抽取的方式，所以这种情况不会出现。从制度层面上讲，我们要求70个陪审员每年都参审案件。但是，他们毕竟不是我们法院的人，我们也不好从制度上给予他们纪律上的约束。陪审员的参审率有两个指标：一是所有案件中陪审员参审的比例，二是每个陪审员是否百分之百地参审了案件。法院通过这两个指标开展工作，希望减少陪审员的职业化。

访谈人：将陪审员固定安排到审判庭或者合议庭，会不会产生道德上的风险？当事人或者当事人的律师通过做陪审员工作，曲线达到自己的诉讼目的？

肖副院长：应该不大可能。（具体案件中）哪个陪审员参审最终还是由法院确定的，当事人即使想从这个角度入手，他也很难知道具体是哪个陪审员参审。这种问题，我们不该在这里探讨，我们还是要相信制度以及我们选择的人。至于说这个制度没有漏洞是不可能的。

访谈人：根据有关规定，陪审员的管理涉及人大、法院、司法局三家，请问三家的沟通和协调情况怎么样？是不是会存在互相推诿或者在权责分配上不确定的情况？

肖副院长：你说的推诿现象不存在。在制度层面上，人大只有任命的职责，法院司法局是考察人选的职责。实际上，陪审员也不是职业法官，所以，我个人觉得他们的管理应该由司法局负责。只是法院在开庭的时候，根据司法局或者人大的相关的制度，会通知他来，庭审的时候如果法官剥夺了他的权利，陪审员只需要跟人大和司法局反映就可以。可是，目前人民陪审员的人事管理是缺位的。法院想管，司法局会说我们管多了，我们站在权力的边缘不好把握，但不管也不行。确定这种制度后，随机抽取的方式就可以实际操作。我们也只能引导他们向某个方向发展，我们只能管好法院自己的人，毕竟陪审员不是我们法院的人。

访谈人：法院积极推行人民陪审员制度，与法院绩效考核有关联吗？

肖副院长：这肯定是有关联的。首先，上级法院要求这样考核。另外，在现今社会里，人们希望在法院里听到法院之外的声音，这样才能够保障他们的权益。实际上，他们的这种想法是否能达到目的，这又另当别论了。

访谈人：制度的设想与实际运作有多大的距离？

肖副院长：我们现在强调陪审员的参审率，其实我们考虑的是，人民陪审员参审的案件应该比专业法官组成合议庭审理的案件服判息诉率要高，调解率也高。现代社会倡导引入多元化纠纷解决机制，其实就是要法院之外的人享有一定的司法权力。但是，我们又要做到疑人不用、用人不疑，树立司法的权威，但引入的又是一个新的可疑元素，又要成立多元化纠纷解决机制，这样，我们的司法权威反而在慢慢丧失。人民陪审员行使司法职权，当当事人怀疑陪审员的职责时，我们的制度还能引入谁？难道要引入双方当事人吗？再引入也还是会怀疑。最关键的不是引入谁的问题，而是要形成一种制度，只能通过司法程序而改变，至于不停地引入，再引入，也不会改变这种局面。

访谈人：您认为，陪审员制度在实际运行中还遇到过什么困难？

肖副院长：实际困难就是这样，你提到的各种问题，我们法院都有。你要求参审率和均衡度，但我们又不能采用随机抽取的机制，采用这种机制也不一定能达到均衡度。从制度层面上要求参审率，我们可以达到，但是我们不一定能达到参审率所要求达到的目的。总之，我们可以达到这个指标，但是不一定能达到这项制度的目的。

（六）对A县人民法院李副院长的访谈

【"舆论中反复讲陪审员陪而不审，我认为这个讲法是有问题的。陪审员的问题并不是陪而不审，而是陪审员不知道如何去审……如果强调陪审员必须参审，那至少要达到专业水平，不专业怎么发表意见？所以这是个矛盾……陪审员制度设计的初衷是赋予陪审员参审权，而不是审判权。"】

访谈人：A县法院在人民陪审员的选任、管理等方面有哪些特点？

李副院长：我们法院的陪审员有四十多人。县城案件多，陪审员参审占了百分之八十的比例；乡村基层案件比较少，大概每位法官平均配有一到两个陪审员。大量的陪审员分配在刑事审判庭、行政审判庭及民事审判一庭。人民法庭配置的陪审员不多，因为普通程序案件本来就不多，只占案件总数的百分之三十左右，另外百分之七十是简易程序案件。

陪审员中，党政机关干部比例较大。根据2009年的统计数据显示，其中机关干部占了37%，村干部7%，教师14%，医生14%，企业界人士10%，事业单位人员10%。关于选任的标准，首先考虑政治素质，以利于审判中保持公正；其次是文化素质，要求大专以上文化水平；再次是出于我们法院的内心想法，即为法院职工中没有工作的家属解决工作问题，这就是我们有三个陪审员是法院职工家属的原因。

舆论中反复讲陪审员陪而不审，我认为这个讲法是有问题的。陪审员的问题并不是陪而不审，而是陪审员不知道如何去审，我认为我们的陪审员既"陪"了又"审"了。上级要求陪审案件要达到一定的比例，这是绩效考核的要求，所以每个庭都有自己的措施去完成指标。据2009年的调查显示，陪审员中没参加过陪审的只有两个，陪审次数多的陪审员一年达到七十多件，少的至少也有两件以上。为什么说"审"了，因为他们只要来法院，组成合议庭，开庭审理了案件，就履行了他的法律职责。我们省高级人民法院培训陪审员的时候讲到了陪审员的三大任务：参审、监督、提供专业和技术方面的意见。所以，我们具体选用陪审员的时候也注意到了这几点。陪审员参审的案件主要集中在医疗纠纷、校园侵权损害赔偿纠纷、未成年人犯罪案件以及街道、乡村中的人身伤害方面。在这些案件中陪审员不仅能够提供专业意见，而且做调解工作得心应手。陪审员制度设计的初衷是赋予陪审员参审权,而不是审判权。如果要获得审判权必须有严格的法律规定,需要对法律法规有充分的了解,需要通过司法考试、两院考试,需要经过人大任命。而陪审员没有这些要求。陪审员只要经过社会推荐、法院审查、人大任命就可以了。再一个就是审判中的权力,案件从立案到执行,权力都是属于法官,而不是陪审员,只是在事实认定的时候才分权给陪审员。陪审员无法组织庭审,无法撰写裁判文书,所以陪审员只有参审权没有审判权。法律规定陪审员与审判员同权,仅仅指发表意见的同权,仅仅是在合议的时候拥有一票否决权。所以我认为陪而不审是理论上的误区,从实务上讲,陪审员既"陪"又"审"了。陪审员权利的定位只是参审。既然如此,如果陪审员不来陪审,才能说是陪而不审。

另外,我认为陪审员制度在管理过程中还存在一些问题:第一,法院对陪审员没有管理权。陪审员是"业余的",有自己的工作。法院如果安排了该陪审员来陪审,他有自己的事情而不能来,增加了法院临时变更陪审员的困难。第二,审判员在合议中不希望陪审员的意见左右审判员的判断,因为在最后追责的时候是追究审判员的责任。

访谈人:这是个问题。现在虽然说要对陪审员追责,但不能落实到位。

李副院长:我认为陪审员的作用在于解决法院人力不足的问题。

访谈人:A县法院存在案多人少的情况吗?

李副院长:我们案多人少的矛盾不是很突出,但还是存在。我们法院有82个审判员,真正在审判岗位的只有三十几个,其余都在其他的岗位。我们原来派了两批审判员到深圳学习,通过比较,发现我们的案件数量少多了,所以我们的审判员回来后都不再抱怨案件多。我们这里一名审判员一年审理的案件最多也就五十几件。

访谈人:按照您说的,三十多个法官,一年总共1 700到1 800个案件,平均下来,每个人五六十个案件,是这样吗?

李副院长:是的。审判员的意图就是用人民陪审员解决人少的问题。即使是由审判员组成的合议庭,主审法官也希望自己能够主导案件走向,主导案件进程和结果,其他审判员不发表意见。既然这样,合议庭除审判长外,干脆不用审判员,既好驾驭又节省了人力。所以由人民陪审员组成合议庭也有这方面的原因,由法官驾驭案件的审判。

访谈人:也就是说,主审法官更愿意挑选自己熟悉的、能驾驭的人民陪审员参审案件,不一定要求他敢于发表意见,提出问题。

李副院长:是的。有的人民陪审员只是为了拿30块钱的陪审费用,一个月参加陪审次数多的也能拿到一千多块钱。这样我们的家属作为人民陪审员，每个月收入可以达到法院普通职工的工资水平。为了完成参审率的考核，有的案件不需要组成合议庭也组成了合议庭，有的案件形式上是合议庭，但实质上不是，人民陪审员只要在合议笔录上签个名，可以不来参加。在具体案件中如何确定哪个人民陪审员参审的问题，这由庭里报告给政工室，然后政工室抽签确定陪审员。抽到了不能来就出现更换（人民陪审员）的问题。

我国的人民陪审员制度如果实施到位，确实能起到一些作用。第一，缓解案多人少的矛盾。第二，人民陪审员参审的案件大部分能够结案息讼，有的人民陪审员素质比较高，对当事人做调解工作相当成功。而我们的法官只讲法，很多道理跟当事人讲不清楚。第三，人民陪审员参审有助于案件的公正透明，有助于向社会宣讲法律，通过第三人来宣讲法律，效果还是很好的。但是，还有一些其他方面的问题，主要是陪审员的管理问题，这很容易导致新的司法腐败。首先，在人民陪审员名单公布以后，人民陪审员很容易接触到一方当事人，也很容易形成对当事人的印象，容易先入为主。其次，人民陪审员可能成为法官与当事人之间说情的中介，因为人民陪审员跟法官比较熟。人民陪审员只需要当事人提供一点利益就可能被收买，比如吃顿饭或者一条烟。这个问题要引起注意。

关于怎样发挥人民陪审员的作用，我有以下几点建议：第一，从制度上给予人民陪审员权力，分担法官的压力，特别是基层法院法官的压力。但从制度上考虑，现阶段又无法实现。第二，人民陪审员的管理权要归属于人大，不能是法院。地方人大可以制定一定的规则，比如考虑把人民陪审员参与陪审的案件数作为其需要完成的工作量。而且一旦发现了人民陪审员有受贿行贿的行为，人大可以直接启动罢免程序，免除其人民陪审员职务。第三，降低人民陪审员中干部的比例，提高基层人员、教师这类陪审员的比例。基层人民陪审员，比如村主任、村支书，他们对法院的宣传，对公共执法的宣传作用很大。教师在对未成年人的教育和做学生工作方面很有优势。第四，严格限定人民陪审员参审的案件范围。简易程序的案件不需要陪审员，这是明文规定的；有些案件，比如借贷纠纷，也不需要，因为该类纠纷法律关系明确。人民陪审员参审的案件应该集中在未成年人案件、行政案件、农村发生的人身损害赔偿案件中，因为人民陪审员有利于做调解工作。我认为专业方面的案件，比如医疗纠纷的案件不需要人民陪审员参审，因为牵涉到医疗纠纷，如果请一个医生来参审，就是自己人帮自己人。所以，人民陪审员陪审的案件范围要严格限定。

访谈人：您认为专业人民陪审员往往与某一方争议主体存在共同利益，其陪审的公正性反倒会受到质疑吗？

李副院长：是的。整体上来看，现在的人民陪审员制度还是达到了基本的效果，制度还是个好制度。陪审员不能发表意见，在法律方面他们没有发表意见的基础，对自身的法律知识没有底。他们持一种"大家都说了我就不说了"的心态。

访谈人：A县法院陪审员现在的管理权，是归法院还是人大呢？司法局是否参与管理？

李副院长：都归属人大，司法局并不参与。人民陪审员由人大任命。培训经费和其他补助等经费预算，也由人大决定。选任办法中就没有规定司法局参与（选任），所以由单位推荐，人民法院认为可以就报人大任命。

访谈人：现行规范规定了司法局和法院联合进行选任，有的地方虽然司法局参与度有限，但还是参与了联合发布选任人民陪审员的公告，然后联合考察。A县司法局完全没有介入陪审员选任？

李副院长：没有，法律没有硬性规定，再说司法局也不想介入，没有积极性。

访谈人：您觉得人民陪审员最合适的定位是什么？

李副院长：按照最高法院的要求：第一就是参与审判，从不同的角度分析案情，法官听取业外人士的意见，丰富思维判断；第二就是对法官的监督。我的观点跟这个差不多。一是参与审判，目的是司法公开，司法透明；二是对法官的执业行为进行监督和约束。

访谈人：人民陪审员的监督能够到位吗？

李副院长：实际上不能。他们不是对法官职业行为的监督，而是对其职业行为的过程进行公开，让社会上的人员看到审判是公开的，是公正的。法律也没有赋予陪审员监督的权利。对法官的职业行为监督权只是赋予了检察院和人大。人民群众的监督是舆论监督，通过一定的方式将法官的职业行为反映出来。陪审员对法官的监督是不可能的。

访谈人：人民陪审员的培训工作开展得如何，短期培训对提高其参审能力有多大的帮助？

李副院长：培训有两种方式。第一种是上级人民法院组织的培训，刚任命时的岗前培训，还有中途的短期培训；第二种方式是人民法院为他们提供资料。这两种方式，基本不起作用。培训没有实质的作用，只是让陪审员稍微熟悉业务，对审判技能无多大的提高。我认为选任的条件要提高，至少他们要对审案、法律有兴趣。很多老百姓对法律政策的了解比较快；进行适当的法律知识考试还是有必要的；对培训的力度要加强，时间要长，且每年都要进行培训。

访谈人：那每年的培训成本会非常大。再者，人民陪审员一般都有自己的工作，能保证陪审员有那么多时间来培训吗？

李副院长：这个没办法，人大要实行这个制度，就要投入成本。我之前提过，如果交由人大管理，经费和时间人大都会考虑。国家法治建设，投入是应该的。对陪审员培训，每年进行一个月或者半个月也是必要的。

访谈人：这是否会偏离平民化的目标？

李副院长：那也不要把人民陪审员制度的定位定得太高，能实现前面两个价值目标就可以了。如果强调陪审员必须参审，那至少要达到专业水平，不专业怎么发表意见？所以这是个矛盾。如果要走大众化路线，参审就可以了，只要人民陪审员了解审判的程序，告知当事人是按法律程序走的，案件处理是公正的就可以了。

访谈人：大众化的目标，在实践中实现得怎么样？

李副院长：实际上，提高审判大众化是不正确的，大众化应该放到司法调解方面，审判是很正规的，要求很强的专业性。但我们现在的调解都是突破了法律的界限。

我举个简单的例子，我们省信用社和银行的案件，最后的调解就是要银行放弃利息。此外，农村打架引起的赔偿案件，最后就是要原告降低赔偿数额。我们调解有个经典说法：多得不如现得。比如赔偿一万块钱，他愿意拿出五千块钱就可以了，要再多，他不拿，你就执行不了。这是个地方性规则了。所以，我认为凡是起诉到法院去，依法该赔多少就多少。因此，我认为，调解要放到立案之前。人民陪审员走精英化道路到底对不对，如果到法院来的话，我认为就必须要精英化。至于平民化和精英化的巧妙结合，我们的文化决定了不可能实现。

访谈人：假如分权给人民陪审员，我们怎么分？

李副院长：假如分权，也可以走平民化路线。按照美国的模式，法官和陪审团划分职能。法官进行法律认定，陪审团进行事实认定，人民陪审团认为不构成犯罪，法官就要服从。如果我们也要扩大陪审员的作用，人民陪审员在合议庭中的人数要增加，人民陪审员人数要多于法官，至少多一个，能影响裁判的结果就可以了。

访谈人：用平民陪审员人数优势弥补陪审员法律专业知识的不足，法官要跟陪审员职能分开，这比较接近英美陪审团的模式。假如要分权，您认为在现实条件下有无可能性？

李副院长：不现实。

访谈人：有种观点认为体制不变化，不能从根本上解决问题。如果有条件的话，可以使人民陪审员在某种程度上发挥替代性的功能，采纳老百姓提出的意见，排除更多的干扰，缓解法官压力。

李副院长：对，人民陪审员制度肯定有用，只是不能解决根本问题。老百姓不反对这个制度，乐意接受。所以说现在总提审判权是不对的。法律明确规定，法官有权对证据进行审查，具有事实上的认定权；人民陪审员不应该有审判权，审判权是一个过程，立案和审查，人民陪审员都做不了。人民陪审员仅有投票权。

访谈人：A县的人民陪审员是否参与执行？在现阶段，法院的执行普遍困难，吸收人民陪审员进入执行程序是否有助于裁判的执行呢？

李副院长：A县人民陪审员没有参与执行，不过我建议执行裁定可以让人民陪审员参与进来。但是执行过程中，人民陪审员以什么样的身份，如何参与，发挥什么样的作用，如何帮助开展执行工作，至今都未确定。如果人民陪审员参与执行，那么他的定位就变成司法协助员了。目前，人民陪审员参与执行还是不合适。

（七）对A县人民法院瞿副院长的访谈

【"人民陪审员除了要求热忱度、个人素质、文化水平、社会工作经验、综合能力以外，还应进一步提高法律水平，朝着精英化、高素质化发展。"】

访谈人：瞿院长，您好！我们知道您分管刑事审判工作，请您介绍一下人民陪审员参与刑事审判的一些具体做法。

瞿副院长：我们本地区实施陪审制还是比较早的，2005年起就开始实施，当时我还是政工室主任。那时我们聘了8个人民陪审员，都是来自于社会各界的精英，有妇联的、教育单位的、文化局的、医疗卫生行业的，还有建设专家及乡镇企业的人员等；整个陪审员队伍的职务都比较高，县委副书记都担任过陪审员；大多人民陪审员都有法律大专或者本科文凭，参与的热情比较高。后来人民陪审员的队伍越来越壮大。去年要参照审判人员2∶1的比例配置人民陪审员，2个审判员配置一个人民陪审员，现在增至四十多个人民陪审员。人民陪审员的范围扩大到我们的村支书、村上的村委主任，其他各行各业的都有。在刑事审判这一领域，人民陪审的适用确实还是比较多的。除了简易程序的案件外，基本上都会叫人民陪审员陪审案件。因为法官资源还是有限的,也便于人民陪审员参与监督,另外也可以减缓人力不足的压力,有利于节约审判资源和降低审判的成本。除此之外,他们参与热情比较高,有利于提高案件审理的效率。另外陪审员可以协助做一些工作。特别是刑事附带民事的案件都比较复杂,比如赔偿案件、伤害案件、交通事故案件、故意毁坏公司财产案件等。还有些专业的案件,比如以前人民医院的院长,作为人民陪审员,热情很高,在有些牵涉到伤害的案件中,对证据的审查都能发表不错的意见。总之,人民陪审员制度很好,它的作用就是节约了司法资源,增加了案件的透明度,还可以向人民群众做解释说明,宣传相关的法律知识,同时协助做一些调解工作。

访谈人:刑事案件里,如何启动陪审程序?

瞿副院长:(当事人主动)申请的很少,一般由法院自己决定。有的是按照随机抽取来决定人民陪审员,有的则是比较固定的。

访谈人:法院决定启动陪审程序一般是基于什么样的考虑呢?

瞿副院长:有参审率的考虑。比如说我们在刑事审判这一领域,在未成年人犯罪案件中,我们尽量邀请来自妇联法律部、学校、工会、教育局等单位的人民陪审员参审;像非法行医的案件,我们就邀请来自医院、卫生局的领导。在我的印象中,妇幼保健院的院长和县人民医院的院长都是我们的人民陪审员。陪审的案件还是要有一定的针对性。有的小区里的案件,我们就邀请居委会的领导参与,以便于他们管理、教育。我2008年以前在政工室工作,任命人民陪审员的工作由我向人大、政法委汇报,并请求给予相关经费支持,人民陪审员一天陪审的补助是50块钱。有的案件还不要一天,只要来参加一次就是50块钱。经费补助并不多,但是也还能过得去。对人民陪审员的标准,我们还是要求有一定的文化素质,一般要求大专以上文凭,还有就是综合素质比较高,当地威望比较高。要是从居委会、村委会中选人的话,我们就是选那些当地德高望重的,业务熟悉的,群众公信力高的。

访谈人:林业审判的案件也可以使用人民陪审员吗?

瞿副院长:林业审判的案件我们也有,不过适用简易程序的比较多。这样的案件总的来说比较少,每年就几件。

访谈人:陪审员是怎么选定的呢?是由政工室来统一调配还是随机选择?还是说你们也根据实际情况来调整?

瞿副院长:每个审判员都有人民陪审员名单,政工室打印了40多份名单,上面备有联系电话、工作单位等具体信息,根据案件的性质他们自己去决定。比如说未成年案件的审判就倾向于选妇联和教育单位的人民陪审员。有的案件法官自己决定陪审员，有的则根据案件的需要随机抽取。下面有些乡镇的人民陪审员来到县城需要三四个小时，人民法庭为了方便他们工作，一般在他们当地的辖区配3~4个或4~5个人民陪审员，根据案件需要在这中间确定陪审员。随机抽选只能限定在一定范围内。辖区内的人民陪审员是经当地的村委会或居委会等单位的领导推荐、报名，他们本人也要写申请报告、递交简历等资料然后由人民法院审查，再由政工室起草文件报人大任命的。

有四十多个陪审员，每一个行业都有几个。有的时候由法官直接确定人选，告诉政工室。这两年一般都是由政工室统一调配的。法官写一个报告给政工室，然后政工室再通知陪审员过来。也有这样的要求，比如有的案件是和侵害妇女利益相关的，那他们与政工室衔接，通知妇联的陪审员过来。

访谈人：据您观察，陪审员在参与刑事审判的过程中发挥了什么样的作用？

瞿副院长：2008年11月到2009年5月我在深圳工作，当时我认为陪审员作用不大。它那边的人民陪审员还没有我们这边做得认真。他们的人民陪审员大多是单位上的家属以及退休的教师。我们这边选任陪审员都是很认真的。他们也发挥了一定的作用：第一个是缓解原先工作的压力；第二个是协助我们做一些工作；第三个是提高了案件的公正性、透明性、公开性，在法制宣传方面发挥一定的作用。非常专业的陪审员在特定领域可以提出独特见解。精通法律知识的人民陪审员只是个别的。他们大多不是专业的，没有熟练的法律知识，在案件的审理过程中无法把每一个案件吃透，在案件的处理方面很难有独特的见解，不可能左右法官的意见，一般很难提出很实用的独特的处理案件的意见。

访谈人：陪审员在这几个方面的作用，能不能实现我们制度推行的价值目标？人民陪审员今后的改革方向是怎样的？

瞿副院长：这不可能一下子实现。我认为需要一个长期的过程，我们现在应该还处于初步的实行阶段，人民陪审员要精英化、高标准化，还是需要有一定的过程，慢慢地这个目标应该是可以实现的。我认为人民陪审员除了要求热忱度、个人素质、文化水平、社会工作经验、综合能力以外，还应进一步提高法律水平，朝着精英化、高素质化发展。

访谈人：您觉得精英化是一个追求的目标吗？

瞿副院长：对，综合能力的提高还真是一个目标。但是我现在感觉，社会经济越发展，法院承担的任务越重，工作强度越大。我们走到现在，我们的案件，民事也好，刑事也好，各种社会矛盾呈现出多发和上升的趋势，案件越来越难办，工作的压力也越来越大。假如说人民陪审员与我们能够互动，和我们一起解决问题，这就是我们追求的目标。

访谈人：刑事庭现在大概有多少个在岗法官？一年审判的刑事案件大概有多少？

瞿副院长：在岗的有9个工作人员，其中有2名书记员、7名法官。每年要办300～400个案件。因为A县是人口大县，有100万人。平均1名法官就要审理50多个案件。可能判处三年以上有期徒刑的案件都要走普通程序，普通程序的案件大概占了40%～50%。

访谈人：案件数量和人员的比例影响人民陪审员制度的适用吗？

瞿副院长：我们虽然有9个人，但是有2个已经59岁了，还有2个58岁，好像年轻人只有4个人。正、副庭长和两个书记员是50岁以下的，其余的都是老同志，而且不懂电脑，任务重了也干不了。我们工作人员的年龄老化也是一个问题。但是这种案多人少的情况也并没影响到人民陪审员制度的适用。毕竟现在的人民陪审员还没有成为审判的中坚力量。

访谈人：审判人员紧缺的话会不会要人民陪审员凑数？

瞿副院长：人民陪审员多少还是可以缓解一些工作压力的。

访谈人：从法官的角度来说，是否愿意陪审员来参审？

瞿副院长：现在是欢迎的。我们的审判都是允许群众旁听的，都是公开的。暂时还没有遇见坚持自己意见的陪审员。有的案件比较复杂，有的案件包含几个法律关系，有的案件介于罪与非罪、此罪与彼罪之间，当人民陪审员没有达到精英化水平的时候，他们是提不出意见的。当法律关系比较复杂，法官拿不下案件的时候，他们就会把案件拿过来与我探讨一下。

访谈人：这几年，是否出现有些陪审员陪审的案件数目特别多的情形？

瞿副院长：个别的有。因为有的人民陪审员是担任局长、副局长职务的，他们总是没有时间，所以相对来说其他陪审员陪审案件数量就多一些。

访谈人：这几年中，有没有出现陪审员因为经常不来而被免职的情况？

瞿副院长：被免职的情况至今没有。陪审员即使没有参加陪审也还是参加了其他活动，比如培训。我们法院一年两次的座谈会，人民陪审员都还是来参加了。有个别的人民陪审员要辞职，即在连任的时候提出因为自己工作任务重，工作精力有限。需要连任的人民陪审员，我们按照程序考察其工作任务，再报人大审议通过。

（八）对A县人民法院邓副院长的访谈

【"法院案多人少，审判力量不足，人民陪审员确实能够帮助我们人民法院解决一些困难。"】

访谈人：邓副院长，我们想了解A县人民陪审员制度运行的有关情况。

邓副院长：对于人民陪审员制度，我本人没认真思考。在20世纪80年代末90年代初的时候，我们法院执行这项制度还不正规，近期"二五"改革纲要把人民陪审员制度作为人民法院改革的重点，我们明显感觉从上到下对这项工作越来越重视。我们法院近两年对人民陪审员的选任、培训、参审等一系列工作都抓得很实、很真。第一，选任工作。我们有一个硬性规定，人民陪审员数量必须达到在职法官数量的50%。我们去年选任了接近40名人民陪审员，他们来自于不同行业，选任范围很广，有普通群众、公务员、人大代表、街道办事处干部、政协委员、大学生村官等。第二，人民陪审员参审率已经纳入我们法院内部综合测评体系，参审率要求达到一个指标，现在人民陪审员参审率不断提高。第三，对人民陪审员的培训也越来越正规。前年省高级人民法院开会表彰优秀陪审员，我们法院也有人民陪审员被表彰。第四，人民陪审员的热情很高。以前认为法院审判很神秘，人民陪审员的参与有助于老百姓了解法院。第五，政府在财政这块对陪审支持力度也在增大。

当然存在的问题也不少。第一，很多时候陪审工作流于形式，没有真正发挥人民陪审员参审的实际作用。因为法院的考核指标，要求参审率达到50%，所以有些时候某些人民陪审员并不到场，只是挂个名字。第二，人民陪审员陪而不审，起不到实际作用。我们国家的人民陪审员制度和国外的陪审制度不同，我们的陪审员通常只是根据常理，陪而不审，纯粹同意审判长的意见，就完成工作了。第三，法院这块培训力度不大。选择一个优秀的人民陪审员，要加强政治理论和法律素质的培养。其实人民陪审员也希望得到培训，他们也觉得培训工作很有意义，但在培训规模、经费等方面确实存在实际困难。第四，财政支持薄弱。我们A县是国家级贫困县，转移支付力度比较大，县级财政对我们的投入逐年减少。他们觉得上面给了我们这么多钱，县里就不再给这么多钱，去年是三百来万，加上我们的罚金、诉讼费等收入。规范诉讼费收费以后，我们的诉讼费收入从一百多万减少至几十万，最多就五十万。财政的支持力度也太小，没有钱不好开展工作。

访谈人：一般一个法庭有多少个人民陪审员？

邓副院长：两到三个。

访谈人：政工室来确定人民陪审员？

邓副院长：由审判业务庭来考虑。比如医疗纠纷案件，肯定是选择医院方面的人民陪审员；其他案件，根据专业和工作性质选择人民陪审员。我不知道政工部门怎么管理的。

访谈人：如果法院有几个比较满意的人选，会不会提前通知他们，让他们来报名参选人民陪审员？还是说群众看了公告，自觉自愿报名？

邓副院长：有好几个人都是自己主动报名。我们还是会选择当地有社会影响力的人，考虑他们的社会地位和工作是否方便，没有从普通老百姓中去选。至于法庭这块，考虑谁适合当陪审员，先提出人选，由政工室对这个人进行考核。这些人一般是村干部、人大代表、政协委员、政府公务员。一般都是法院物色好了这些人选，然后再由政工室去考察。法庭推荐的人发挥作用要大些，特别是在基层法庭，比如农村相邻纠纷、邻里纠纷，威信高、德行高的村干部作为陪审员确实能起到比较好的作用。影响力比较大的人民陪审员，老百姓愿意听他们的。有些人并不是陪审员，但是基层法庭会邀请当地的村干部参与案件调解工作。

访谈人：选择人民陪审员参与陪审，主要基于什么原因？

邓副院长：原因是多方面的。选择人民陪审员参与案件，是最高人民法院"二五"改革纲要的内容，应付考核、达到指标这个因素确实很重要。另外在实际审判中，陪审员确实起到了一些作用，主要是民事案件比如劳动争议（劳动争议案件很多，因为我们 A 县矿山比较多）。还有人民医院的院长就是我们的人民陪审员，可以给我们解释医学上的问题。我们 A 县地理条件比较差，留不住人（法官），调出去的人员又很多，所以很多案件只能叫陪审员参与审判，即使陪而不审，也能减轻我们工作压力。

访谈人：陪而不审的原因是什么，要如何改进？

邓副院长：一方面确实是人民陪审员自身素质低，不能够发挥很好的作用。不久前任命了两个法院工作人员的家属作为陪审员，主要是解决他们工作的问题。有时候每个案件都要他们陪审，这是一种明显的照顾，他们作为陪审员就不能发挥很好的作用了。合议庭挂人民陪审员的名字，肯定陪而不审。很多当事人对合议庭也不了解，只关心审判结果。

访谈人：陪审员本身素质不高？

邓副院长：确实素质跟不上。我们法官自身都觉得力不从心，难以适应现在的需要。审判环境越来越复杂，老百姓要求越来越高。

访谈人：根据我们的观察，哪怕是三个法官组成合议庭审判，也主要由承办法官主导，也存在"陪而不审"的问题。

邓副院长：现在还是存在。高级法院可能好点。基层法院工作量大，凑数的心态也存在。人民陪审员以及其他法官并没有考虑自身在合议庭中发挥的作用。

访谈人：那我们到底应该怎样定位人民陪审员？是否还有存在的必要？

邓副院长：人大有个决定，是关于人民法院加强人民陪审员工作的。其实我们在 20 世纪 50 年代就有这个制度，实际作用也比较大，要不然最高法院也不会下大力气，去推动这项工作。相比法官，人民陪审员和老百姓是同一个身份，很多人民陪审员是县人大代表、社区书记，地方影响力比较大，能够利用影响力迅速解决案件。同时法院案多人少，审判力量不足，人民陪审员确实能够帮助我们人民法院解决一些困难。

（九）对 F 县人民法院丁主任的访谈

【"人民陪审员既是审判员，又是宣传员，同时还是监督员。"】

访谈人：在人民陪审员选任方面，F 县人民法院是怎样选任的？人民法院与人大、司法局之间的关系是如何处理的？

丁主任：我们这里的人民陪审员基本上是人大代表、政协委员。一般来说，人大、政协的领导都会给我们推荐人选。同时，我们也会结合辖区的实际需要进行选择，而且不能太集中在某个辖区，就是要注意地域性的布局和分配。一般来说，某一区域我们要求配一个人民陪审员，人大就会帮我们在这个区域推荐一个。人大给我们推荐以后，我们觉得这个人热衷陪审，能支持并配合我们法院工作，我们就提交他的基本情况，提请人大任命，同时在任命之前法院会对候选陪审员进行培训。

访谈人：这期间会考察吗？是如何考察的呢？

丁主任：我们法院会去了解候选人民陪审员的基本情况，并结合人大、政协的推荐意见。

访谈人：去考察的时候只有人民法院的工作人员吗？

丁主任：对。

访谈人：那么人大审核的时候只是书面审核吗？

丁主任：人大没有人过来，是书面审议。由人大先推荐，然后我们进行考核，当然这并不是非常严格的考核，因为这些人大家都认识，只是了解一下，考核之后形成材料上报到人大，人大再任命。

访谈人：这里选任人民陪审员不是公开向全社会进行的，而只是法院根据需要直接向人大、政协提要求，是吗？

丁主任：对，不是针对全社会公开进行选任的。

访谈人：选任人民陪审员，上级有没有要求公开，或者说可以一对一地等额推荐？

丁主任：人民陪审员的管理和上级的规定也不是那么吻合。上级规定不具体，像人民陪审员的管理就是全国各地情形各异。

访谈人：您刚才说的好多人民陪审员都是人大代表或政协委员。人大代表行使的是立法权，或者说是一种监督权，监督"一府两院"，和"一府两院"是监督与被监督关系，而现在他又成了人民法院的管理对象，或者说发补助、用经费的对象。一个司法的监督者参与到司法中来，会不会在角色上有一些冲突？

丁主任：这种现象也可以说是中国特色，但是从理论上来说是不行的。立法权和司法权由同一个主体掌握着，这个不行。然而在实践中，人大代表有一定的代表性，尤其是在我们基层；如果在最高人民法院肯定是不行的，是全国人大代表，既参与立法机关的立法工作，又参与司法机关的司法工作，那肯定是不行的。但在我们基层，我们请人大代表是有客观原因的。说实在话，如果某个人大代表是农村的，那他至少在他那个片区是非常有威信的。只有请这些人，法院的一些工作才能够得到很好的落实，这是一个方面。另一个方面，如果他不是农村代表，他是政府干部或者是（乡镇）人大主席，那也有一些现实的优势。对于当人大主席的，我们一般主要考虑：一个是他很有威信；同时年纪也偏大一点，阅历、资历都比较丰富；再者，人大主席比书记、乡长还是清闲一点，比较有时间，我们通知他来参审，一般都会来。综上，虽然说在理论上有点冲突，但是就实务而言，我们基层法院请人大代表、政协委员对我们法院工作的开展还是比较有利的。同时一定程度上也有助于在老百姓当中提高人民法院的公信力。请人大代表做我们的人民陪审员还有一点比较好的地方就是，因为人民法院的工作很多都是评判和解决平等主体之间的权利与利益纠纷，而这些纠纷往往并不是一目了然的。像公安也好，检察院也好，他们从事的工作是打击犯罪，一目了然，如偷、扒、抢劫等。我该怎么搞就怎么搞，社会会有一个很直观的评判标尺。但是民事纠纷却没有这样一个很直观的评判标尺，这就要求既要了解案情，又要懂法律，才能理解法院的工作。相对来说，人大代表、政协委员具备这些素质；同时我们请人大代表、政协委员当我们的人民陪审员，也能让他们对法院的工作有一个更深的了解，那么他们在社会上，特别是在"两会"的时候就可以宣传法院的工作。而且能够让人大代表知道法院的工作情况，知道陪审员的弱势、工作难度或者说困难，也许他们能够更及时将这些情况反映给人大，使得人大可以作出更好的决策，这对立法上的制度完善等方面反而会更有帮助。我倒是觉得它的好处反而多于我们理论上的难题，特别是我们基层，我们感觉好处多一些。因为说实在话，人民法院工作需要人理解，通过他们在人大领导面前帮我们呼吁和表达我们的一些实际困难，在群众当中帮我们解释一些法律疑问，帮我们宣传人民法院的工作情况，我们的工作可能会好做一些。所以我们说，人民陪审员既是审判员，又是宣传员，同时还是监督员。

　　访谈人：我们昨天在贵法院召开人民陪审员座谈会时，其中有个人大代表，他讲得很深刻，并且他也很重视这个宣传。关于选任，假如有的公民（普通老百姓）对人民陪审员工作感兴趣，他能主动申请吗？目前有没有这个渠道，以后会开放这个渠道吗？

　　丁主任：从目前来说还没有这个渠道，这个我们也是很慎重的，因为一方面没有这些规定，我们也不敢去突破这个制度框架去遴选人民陪审员。另一方面，你向社会公开接受报名然后审核，说实在话，我认为这没有代表性。虽然他很热衷这项工作，也有一定的法律知识，但是他没有代表性，所以目前来说，我们还是不会放开渠道，我认为只有人大代表、政协委员才具备很强的代表性。

　　访谈人：刚才说到地域代表性，我还想请问一下，像F县少数民族比较多，除了考虑地域性之外，还要不要考虑民族代表性？

　　丁主任：我们考虑地域的同时也兼顾民族代表性。因为少数民族只有两个区，大的就是腊尔山区和山江区。我们一方面考虑片区，同时也考虑这边的少数民族代表性，但是因为这边的土家族基本上"汉化"了，说实在话，我们当时没考虑到土家族有多少，汉族有多少，苗族有多少。

　　访谈人：选任时不会仔细区分民族情况？

　　丁主任：对，不仔细分。因为在我们这里虽然民族还是这么分，但是土家族基本"汉化"了，苗族这边我们必须要考虑，不考虑的话，语言就无法沟通。

访谈人：按照规定，选任工作、管理工作、培训工作以及其他一系列的后续工作都应该由法院和司法局合作，但是前些天我们去了司法局调研，司法局跟我们反馈的意见是他们没有涉足过这个领域，为什么现在还是法院一家负责这些工作？您觉得以后会不会和司法局共同管理并负责这项工作呢？

丁主任：共同管理是最好的，我国的人民陪审员制度也有要求，但是真正要发挥陪审员的作用，这个涉及部门之间的配合，能够配合好，当然是更加好啦。

访谈人：司法局一直到现在都没有介入吗？

丁主任：没介入。

访谈人：您觉得人民陪审员应该发挥哪些作用，如果作用没有发挥出来，是由于哪些原因造成的？

丁主任：我感觉从目前来说，人民陪审员发挥了一定的作用，但是没有充分发挥。原因之一是陪审员自身的素质和法律知识还比较欠缺，并且只有比较负责的人民陪审员可能看一下案件材料，不负责的就不看案件材料，一开庭他就坐上去，说实在话，就相当于充个数，陪而不审，这种情况是存在的；再一个就是整个管理比较松散，感觉像是以前的半农半兵，闲时是农民，战时就是战士，还是不常态化，也比较难，涉及经费问题，经费保障不到位，法院需要的时候提前两三天打个电话，感觉对他们的管理不太规范；此外，很多人没有自己独特的见解，这与他们的责任心、自身素养和法律知识也是有关系的。陪审时能够提出自己独特观点的比较少，基本上与法官的意见不会出入太大，或者基本上保持一致。不仅是人民陪审员，就连我们法官也要考虑社会效果和党委、政府的中心工作，这是中国社会体制的需要。

访谈人：法官未必能够完全按照自己的意志去审判，是吗？

丁主任：不能够完全按照自己的意志、法律精神去开展工作，这个也是不容易的。关于陪审员的作用，上级的规定也很明确，即陪审员参审，参加合议庭审案的时候要履行审判员的职责，包括对案件的事实、证据认定。你比如说审判的时候，法官哪些地方没有问到的，都要补充一下。要履行好审判员的基本职责，除了负有上述基本职责外，他还负有解释和给当事人做工作的职责。我觉得这些方面平时发挥得不是很好，当然有时候我们为了化解这些矛盾会主动请他们出面。我们不请他们，他们不会主动介入。

访谈人：他们一般不会主动发问，主动提出自己的不同意见吗？

丁主任：他们一般不主动。一般是人民法院请他们发表一些个人见解，他们也许还会说一点。

访谈人：昨天有一位陪审员说陪审员应当参与到执行当中去，像"执行难"，要是陪审员参与到执行中来，给被执行人做一些工作，也许这个执行就会到位一些，就顺利一些，您觉得这个可行吗？

丁主任：这个当然可行，因为我们法院执行应该是一种综合治理。不只是人民陪审员，一般我们执行的时候，相关的职能部门、有关基层组织的负责人，我们都请他们参加，并且一些重大案子，我们也请人大代表、政协委员，包括检察院，这样有利于开展工作。但是将其作为陪审员的一项常规工作还是有问题，一个是他们不可能有这个精力配合我们下去做工作，另外一个方面，经费也保障不了。

访谈人：这个也要涉及经费问题？

丁主任：是的，因为下去你要住、要吃，还要补助。他来了你要招待他。如果经费不保障了，他们不一定愿意跟我们去执行案子。这一方面是责任心问题，另一方面是经费问题。

访谈人：您的意思是，可行是可行，也有它的好处，但是还是有现实难度。

丁主任：这个好处还是有，但是这个肯定不能全面铺开。我们只是有选择性的，那些比较难的，那些有点影响的，我们会主动邀请这些陪审员，当然更侧重请人大代表、人大领导甚至包括人大的副主任，有些还不一定是我们的陪审员，他们有时候也到现场监督我们的执行，我们也便于做工作，同时也看我们法院在工作中是否合法，便于及时纠正。

访谈人：你们请人大一起来参与执行，他们都做些什么工作呢？

丁主任：一般来说邀请人大来监督的案子，一是影响比较大，二是难度非常大。对于这类案件在强制执行之前，我们往往会邀请人大的，特别是下面乡镇的，我们会邀请当地的政府或者是人大代表或者现任人大领导带队，我们先去做大量的工作，在我们强制执行的时候，他们主要是做监督、督促工作。因为要强制执行，我们一般是先做了大量的调解工作，做了但拿不下我们再去强制执行。人大主要是为了监督，在恰当的时机、恰当的时候他们也会主动去做些工作，两种作用都有。

访谈人：您刚才还说目前陪审员自身的法律素养还存在很大的局限性，通过培训可以提高吗？

丁主任：我们原来培训过，现在集中培训在我们中级人民法院进行。

今年我们也组织培训了一次，但只培训了一个人。全市统一组织的，我们院就选了一名人民陪审员上去参加培训。但是我说实在话，因为通过培训这个手段来提高也还是很难的，培训也只是让他知道个程序，知道个大概，并不是了解法律精神。要了解法律知识还是平时自己要多学，最好这个人本身就是学过法律的。说培训只是好听，要想对法律有很深的了解，那还是要靠自己平时自学，培训十天、一个月、两个月，还有上年纪了，要求他在那里认认真真地看书是不可能的。比如说休息几天，再上课，感觉回来又忘了，基本上只知道个程序和应该履行什么职责，但是真正的法律知识是学不到的。再说培训当中讲的内容和实际的案子还是有很大差别的，不像你们是全日制学习的，理论上肯定没问题，陪审员只靠那一两个月的培训，不可能有很大的收获。从根本上说，就是整个国民素质还有待提高。

访谈人：人民法院会不会请陪审员进行庭审观摩？

丁主任：我觉得这也是一个方面，可以让他们了解如何驾驭整个庭审的场面，让他们知道怎么做恰当，这样他知道整个程序，这个我们上级也有要求，实际当中我们也是这样做的，但是由于场地不允许，全部旁听我们没有做到，我们还是安排了部分陪审员来旁听，因为上级也有要求，这个要作为我们的考核指标。人大代表、政协委员也旁听我们的庭审活动，这个我们还是有安排的，我们分期分批安排他们来旁听我们的庭审。

访谈人：上级是要求人大代表、政协委员来旁听，但不一定是人民陪审员，是吗？

丁主任：是的，但是假如他是我们的人民陪审员，我们是必须要请的。

访谈人：您刚才提到培训其实对提高他们的法律素养起不到多大的作用，我这里一直有一个疑问，你看美国的陪审团制度，陪审员就是一名普通老百姓，也不培训，也不管理，他们以普通公民的知识、情理、当地的风俗习惯等来判这个人到底是有罪还是没罪，12位人民陪审员说了算。如果陪审员判决被告有罪，法官再进行量刑或者法律适用。在我们国家要求人民陪审员和法官承担同等的职责，您觉得人民陪审员到底要不要这么多的法律知识，或者说人民陪审员来参审到底是用情和理来审还是用法律知识来审，您怎么看这个问题？

丁主任：我感觉这个问题说起来就比较复杂，说到美国或者西方其他国家的陪审团制度，由于他们的国民素质本身就比较高，西方民众就可能容易服从陪审团。但是我们这里的老百姓，一方面他可能不是很了解法律,另一方面还是一个综合素质的问题。我们刚参加工作的时候或者现在刚参加工作的年轻人,就很难理性地看待一个纠纷、一个问题,为什么这么说呢?这边哭哭啼啼向你说自己怎么怎么样,你就容易感到很气愤,觉得他受到委屈,受到冤枉了,然后再听一下那边的意见,那边也很委屈,就没办法了。这个还是要靠法律去评判,当然这个情、理、法都要兼顾。在具体案件当中,情、理、法发生冲突时,我们只能尊重法律同时考虑社会效果。我们还是认为,如果人民陪审员参加审理,很大程度上,还是偏向情和理,但最终我们还是要依法去化解纠纷,纯粹地靠理有时候站不住脚啊。现在的老百姓虽然说国民素质不怎么样,但法律素质还是变强了,如果你这个事情站不住脚,在法律上说不过去,他是不会放过你的,他要上诉,上诉完了他上访,他就认个死理,现在老百姓普遍存在这种心理,所以说现在法官工作压力也特别大。

访谈人:除了法律素养方面,这个经费保障您也反复提到了,经费是如何保障的呢?

丁主任:经费方面主要是因为当地的财政每年核算的时候就比较少,只有一万多元,但是到了年底往往要增加到五万或者六万。

访谈人:说到管理,尤其在后期的工作当中,比如说有没有一个考核机制,考核完之后有没有一个奖励或者惩处机制?

丁主任:这个现在没有。人民陪审员参加陪审,我们就是给点补助。

访谈人:就是给点补助?

丁主任:是的。

访谈人:奖励措施好像还有模范、先进陪审员之类的荣誉?

丁主任:这个上级有,我们自己没有设这个奖项,但是上级如果要求推荐优秀陪审员,我们都往上报。

访谈人:往上报了之后,上面还要选,是吗?

丁主任:肯定首先要报材料,如果一个县是一个,那我们县肯定就是一个。推选优秀并给予奖励,那是上级有这个精神。但是作为我们这一级,我们只是要他们参审案件,并给他们发点补助,年底和年初的时候召开座谈会,向他们汇报工作,他们提点建议,之后给他们买点小礼品,就这样,其他时候一般我们很少组织陪审员座谈。

访谈人:刚才还想到一个问题,有没有陪审员退出机制?F县总共有23名陪审员,而据我们查档案了解到,只有10名左右能够经常参审,可能还有10名陪审员是从来没参审过,这些没有来参加过审判的,比如说一年叫过他两三次、三四次或者更多次都没来,或者不叫他来的,有没有一个退出机制，让这些人退出人民陪审员的队伍？

丁主任：机制上没有这样的规定，因为这需要去罢免人民陪审员，让人感觉不太好。既然他很忙，或者有其他事情，那我们就通知其他的人民陪审员参加审判，没有完善的退出机制，如果他岗位变了，或者说他不是人大代表了，没这么有代表性了，我们就可以提请人大把他免掉。

访谈人：我们了解到去年还是前年，贵院有17个陪审员，后来变成了14个，那么这三个主要是什么原因离开这个队伍的？

丁主任：因为退休了，自然退出，不是特殊原因。

访谈人：我们之所以选F县法院进行调研还有一个理由就是，你们F县法院在2006年的时候，曾经被评为H省"人民陪审员工作先进单位"，您是否知道当时被评选上是因为有哪些特色和优势？

丁主任：当时主要是人民陪审员参审案件的量比较大，参审率比较高。

访谈人：当时的参审率能够达到多少呢？

丁主任：我忘记了。

访谈人：现在这两年的参审率能够达到多少呢？

丁主任：这个我也说不准。

访谈人：上级有要求吗？

丁主任：上级有个要求。当时是百分之三十还是五十。

访谈人：都能超过上级的要求？

丁主任：那肯定超过上级的要求，但是具体指标我忘记了，2006年我们被评为先进主要是因为我们参审率比较高。

访谈人：在您眼里到底有多少个陪审员能够做好自己的工作，履行自己的职责？

丁主任：这个说实在话，因为我没有具体办案，所以我就不太清楚。我只是宏观上知道一些，具体的细节我不是很清楚。有个龙姓陪审员对法院工作非常支持，他很喜欢人民陪审员这个职业，他随叫随到，并且他来得非常早。他原来当过司法员，当过下面乡镇的书记，当过人大主席，他对法院的工作一直非常支持。

访谈人：那他是一个很称职的陪审员吗？

丁主任：非常称职。

访谈人：比如说发问，合议庭当中发表意见，他有做到吗？

丁主任：这个他有。

访谈人：有没有一些参审比较多的人民陪审员，包括他，因为与另外两个审判员之间的意见不一致，而将案件提交到审判委员会的案例？

丁主任：也有，还是有不同的意见。

访谈人：在理论上人民陪审员要与法官行使同等的权力，但是在昨天的座谈会中，很多的人民陪审员都说他们发挥作用主要是在调解上。当然这也是因为人民陪审员自身的素养不够高，但是这样的话，所谓的平等权力体现在哪些方面呢？

丁主任：同等的职责，这个我们只能给条件，给政策，给他们这个机会，因为他们自身原因不能发挥我们没办法。假如说在审案子的时候，主审法官审完了，问陪审员："你看你还有什么要问吗？"我们会征求他意见的，如果他说没有了，那么这个和我们审判员履行同等职责、享有同等权利的作用就没发挥出来。他不去询问，我们问完了，他没问什么，基本上这个程序就走完了。所以刚才你说得很对，他们的工作还是在大量地参与调解，但是他是有审判员的权力的，只是因为能力在庭审上体现不了，这还是归结于他的素质。法官在庭审过程中是否有疏漏，他看不到，他们感觉法官基本上问完了，他就没有什么好问的了，在庭审上，他就没有发挥这个权力。但是在庭审上我们都是给予他这些机会的。

访谈人：你们给人民陪审员提供了充分参与的机会，只是他们自身没有发挥出自己的作用？

丁主任：对，是他们自己没有发挥，是这样的。

访谈人：人民陪审员能不能充分发挥作用，并且发挥和法官一样的作用？您觉得这只是一种设想还是可以通过以后的改革予以实现的？

丁主任：我感觉中国的国情比较特殊，说来话长。应该让人民陪审员发挥非常大的作用，能够与西方的陪审团一样地发挥作用，但中国有中国的特色，中国有中国的国情。你看现在我们审案子，不仅要尊重法律精神，还要考虑社会效果，同时还要考虑党委政府的中心工作，有很多前提。至于说人民陪审员的意见，也许他从理上、从情上考虑得比较多，但是党委政府的中心工作或者是其他一些因素他们就不会考虑了，这势必与党委政府难以保持一致。我认为这还是需要一个过程，别说人民陪审员不能够发挥左右法官、影响案子结论的作用，有些案子我们也要向党委汇报，你搞不了。有些案子你要考虑社会效果，考虑社会效果要在尊重法律的前提下，这个幅度怎么去把握？有些你既要考虑法律，又要考虑社会效果。有些案子你纯粹地按照书本去办是办不出来的。那么到我们这里来，特别是到基层法院来办案子，你肯定是办不了的，那是矛盾冲突，举步维艰。必须有点法律知识，有点办案经验，有点协调能力才能化解矛盾。所以我感觉人民陪审员要真正发挥作用，有效参与审判还有一个很长的过程。

访谈人：这也是我们一个困惑已久的问题。

丁主任：你们还在学校，感觉司法是独立的，但是你这个在实践中行不通。一方面老百姓只认死理，实际上我们感觉他有点受委屈了，但是证据上支持不了他，他就会有很大意见，这个时候我们怎么办？另一方面你这样你就得罪了当地有关领导，很麻烦的。你想我们在执行过程当中，因为法院的工作特别难，刑事庭每年的案件不多，只有一百多件，占不了百分之二十，大量的工作就是民商事案件和执行案件，这两类案件占到百分之七十到百分之八十，这些就涉及一些单位，涉及地区的财政。所以我觉得你说我们法院的工作要达到公信，基于中国现在的国情，法官处于一个非常尴尬的地位。

（十）对F县人民法院李副院长的访谈

【"对人民陪审员真正地有要求了，一方面他要进入法官的角色，另一方面他又不能丢掉其业务的专业性……人大任命以后，人民陪审员的职责就和法官同等，如何履行好这种职责，要加强业务素质、政治素质，这两个素质要提高就必须要培训，如果不培训，就跟不上，就不符合人民陪审员的要求"】

访谈人：我们主要想了解人民陪审员制度在F县法院的运行情况，您可以给我们做个介绍吗？

李副院长：这个问题我们政工室主任比较了解。上级有要求，我们就陆陆续续开始开展这项工作了。一开始开展这项工作主要是对人民陪审员进行挑选。根据要求从人大代表、政协委员中间，还有社区和一些具备相关专业知识的人员中挑选，比如说医院、妇联等单位。第一批是17个人，根据上级要求，后来又增加了20多人。上级的要求也是人民陪审员要人大任命，法院进行培训，经过一系列的工作之后陪审员就上岗。基于法庭的人员不足，我们就要求人民陪审员尽量参加陪审。

访谈人：请您谈谈近几年人民陪审员制度的具体运行情况？

李副院长：人民陪审员参加陪审不是很多。

访谈人：参审率还不是很高？

李副院长：对。

访谈人：但是我们听说刑事庭的参审率达到了40%以上，远远超出了上级订的30%的指标。今年上半年的报表显示,参审率达到了80%多。

李副院长:80%啊?

访谈人:是不是民事、刑事这样的庭室参审率会高些?

李副院长:刑事的多一些,那个比率你们就以审管办那边统计的为准。

访谈人:好的。刚才您说有个选任程序,您可以给我们具体介绍一下吗?第一步怎么开始的?

李副院长:我们根据推荐表中的要求通知人大、政协,或者刚才讲的一些涉及专业知识的相关部门,请他们进行推荐,推荐之后我们再进行审查。

访谈人:这个表是选任通告还是什么表?

李副院长:这个表,就是人民陪审员的推荐表。

访谈人:法院需要什么样的人民陪审员就去相关单位选拔,不是对社会公开选拔的?

李副院长:不是的。

访谈人:选任的第一步是发一个报名表,主要是他们自己报名还是单位推荐呢?

李副院长:单位推荐。

访谈人:必须单位推荐吗?对于符合选任条件又主动报名选任陪审员的普通市民,是否接受其为陪审员呢?有没有这样的情况?

李副院长:这个还没有。

访谈人:还没有这种报名的程序?

李副院长:还没有。

访谈人:推荐以后你们是怎么考察的呢?

李副院长:考察主要是根据相关单位推荐的意见,以及对这个人的评价,结合我们的需要,然后再到相关单位去了解情况。

访谈人:是去相关单位开个座谈会,还是找被推荐者个人了解情况,找其他人了解情况呢?

李副院长:找单位了解情况。

访谈人:找单位的同事之类的?

李副院长:对。

访谈人:推荐是等额的还是差额的?

李副院长:这个就没有具体规定。

访谈人:司法局是否会参与这个考察活动呢?

李副院长：司法局没有参加。

访谈人：考察结束了以后就请人大审议？

李副院长：对，报请人大审议任命。

访谈人：有人民陪审员证书吗？

李副院长：最开始好像是有一个聘任书。

访谈人：F县人民法院是怎么对人民陪审员进行管理的？

李副院长：管理由政工室负责。

访谈人：统一都是由政工室负责？

李副院长：对。管理一般都是根据上级的要求，还有上岗培训。我们县里基本上没组织过培训，省里面好像组织过一次，是对比较优秀的人民陪审员培训。

访谈人：也就是说不是每个人民陪审员都要经过培训才上岗的？

李副院长：第一批上岗是进行培训了，第二批增选的没有培训，但是中途省里面组织了一次还是两次培训，比较优秀的人民陪审员去培训了。

访谈人：据了解，好像只有龙某参加过省里的培训？

李副院长：他参加了一次，后面还有一个张某。

访谈人：为什么只有两个？

李副院长：这个是省里组织的。

访谈人：县里不组织培训吗？

李副院长：县里还没有专门组织过，就是地区、州里组织。

访谈人：州里组织的培训，陪审员都能去参加培训吗？

李副院长：第一批好像都参加了，我也搞不清楚到底是不是培训了。上级是要求上岗培训，我不清楚他们后来是否又组织了培训。

访谈人：F县人民法院有没有制定对陪审员奖惩机制呢？

李副院长：没有系统的，零碎的有，比如对参加办案。办案时候陪审员毕竟不是专业的，他还有相应的工作，办案之后每办一件案子补贴几十块钱。

访谈人：听说是每案30块钱。这是我们调研的第四站，结合前几站调研的情况来看，F县的标准确实还是偏低，您有没有听人民陪审员反映补助标准过低？

李副院长：对补贴的反映不是很明显，他们主要反映的还是要求规范一点，希望和正式法官一样要进行培训，要有一些专业书籍，或者组织一些观摩活动。

访谈人：以后会不会适当提高人民陪审员补助，有这方面的计划吗？

如果给人民陪审员提高补助标准，会不会提高人民陪审员参审的积极性呢？

李副院长：从提高积极性方面应该有所考虑，但是提不提高还是要根据我们的经费。这些钱都是要去财政积极争取的。如果财政方面自主，补助标准我们肯定要提高，向财政要钱提高补助标准，还是有这方面的打算。

访谈人：在咱们F县法院，陪审员参审积极性到底高不高呢？

李副院长：这个积极性看从哪个方面说？

访谈人：比如说参审，请他来不来，比如23个人只有10来个参审过，好像有一年是这样吧？

李副院长：对。

访谈人：您如何看待这样的现象？

李副院长：积极性还是要从现在参审的人民陪审员来看，而且参审率比较高的，参审案子比较多的，他们的积极性还是很高。这个高的，一是对陪审活动比较热爱，二是比较主动；另一方面，有一些陪审员，可能跟我们的工作衔接不是太到位，通知不是很及时，或者通知以后和陪审员的本职工作安排有冲突。一般陪审员时间多一些的，以前参审案子比较多的，一个电话他就来了，只要有空他就基本上都会参加。就是说，对陪审员还是要有一个具体的要求，比如涉及专业方面的，一般要提前通知他们要来参加陪审，就像是和法官一样的要求，合议庭的组成不可能是随意的。

访谈人：您刚才说，有的陪审员还是比较忙，我们注意到这些陪审员，很多都是带"长"的，都处在领导岗位上。在领导岗位上肯定忙，为什么当初法院选任的时候没有考虑从普通老百姓中去选任陪审员呢？他们既能代表普通老百姓的声音，时间也可能更充裕一些？

李副院长：带"长"的主要就是乡镇的人大主席，真正在机关事业单位带"长"的，好像就是医院的一个副院长。因为当时考虑，可能就是人大代表、政协委员的代表性比较广，他们接触的社会面宽一些。但真正的说，后来增加的就是来自社区的人民陪审员，来自社区的人民陪审员一般也是社区的主任，要说真正的平民这一块，来自社区的人民陪审员应该算是。

访谈人：在以后的改革当中，会不会有更多的平民人民陪审员参加，有没有考虑这样的改革措施？

李副院长：从第一批人民陪审员到目前的状态来看，好像也应该更换了。在这个更换的过程中，可以趋向选择平民化的人民陪审员，就像招收公务员一样在网上或者是电视上把条件和要求发布出来。

访谈人：面向社会大众？

李副院长：公开、公平地招收，应该是这样子。

访谈人：刚才还提到了考核的奖励机制，那有没有相关的惩罚机制，比如陪审员无故缺席参审，该如何处理？

李副院长：目前还没有建立这样的机制。

访谈人：F县应该是少数民族居民较多的一个县，在选任人民陪审员的时候会不会刻意地考虑一些民族因素，比如少数民族陪审员应该占多少名额，汉族占多少名额，有没有这样的考虑呢？

李副院长：这个有。

访谈人：一般是怎么设计的？

李副院长：有这样的制度设计。我们这边山江、腊阿山是苗区，这两个地区我们就着重选择安排了四个少数民族人民陪审员。现在参审最多的龙某就是两山地区的。

访谈人：像龙某这样的人民陪审员慢慢的陪审多了，成了"法官"了，他就忘掉了他的平民身份了，和法官一样，主要从法律角度考虑问题，反倒不会发挥平民的情理判断这种优势？

李副院长：目前还没有这种情况。

访谈人：您觉得人民陪审员到底应该发挥的是什么样的优势？应扮演什么角色？

李副院长：我想人民陪审员首先是具有代表性。其次是陪审员要有专业性。可以配合法官解决一些法官不是很熟悉的专业问题或者社会问题，刚刚说的平民化，在某个地区人民陪审员能够有威望，协助法官来解决这个案子中比较特殊的或者说疑难的问题。我想我们这个地区的人民陪审员应该起到这样的作用。

访谈人：似乎您对这个专业性比较重视，法官审判需要专业陪审员吗？

李副院长：法官不是万能的。法理、法律知识方面可能强一些，一些专业的知识并不完全了解。现在要求法官是多才、多方面发展，具备很多方面的知识，我们现在可能还达不到。

访谈人：说起专业陪审员，上次我们在T县的时候，有一个老庭长在访谈时对专业型陪审员提出了质疑，他说医患纠纷本来就是患者和医院打官司，结果又找了医生或者医院里边的领导做陪审员，当事人的情绪会不会更加反感,会不会激化这种矛盾呢?

李副院长:这就对人民陪审员真正地有要求了,一方面他要进入法官的角色,另一方面他又不能丢掉其业务的专业性。

访谈人:医患纠纷会请到医院里的专业人士,在其他的领域也应有这个需要,那是不是要把专业陪审员队伍扩大?到每一个领域找一个专业人民陪审员呢?

李副院长:这个可能跟我们地区的主要案件类型有关,我们的医患纠纷案件多。以前也有一个劳动局的人民陪审员,专门解决劳动纠纷,后来好像撤掉了。

访谈人:什么原因撤掉呢?

李副院长:他是刑事犯罪。

访谈人:如果说陪审员受到党纪或者政纪处分,会免去其陪审员职务吗?

李副院长:这个要看是什么性质的处分,因为如果一般公务员的要求都达不到,也就不适合做人民陪审员了。

访谈人:在您看来,做人民陪审员至少得达到国家公务员的基本要求?

李副院长:对。

访谈人:这样设定条件的话,普通老百姓是不是就没有机会当陪审员呢?

李副院长:如果要真正向平民陪审员方向努力,要考虑降低门槛,进来以后,再按照公务员要求进行培训,提高素质。实际上就和法官同等要求,如果进来后没有这个基本的要求是不行的。

访谈人:F县的人民陪审员好多都是公务员,或者至少是村干部,如果陪审员出错了,是不是可以对他们进行责任追究?

李副院长:目前我们陪审中没有这种情况。因为人民陪审员是发表他的意见,不是主导,还是以主审法官为主。如果他有不同的意见也要看这个意见是否站得住脚,也就是说看是否符合法律的规定,有道理的还是要采纳。

访谈人:有没有这种例子,人民陪审员和其他合议庭成员的意见相左,最后这个案子提交到审判委员会讨论的?

李副院长:这个还没有,毕竟人民陪审员的法律专业知识和法官不能比。主要起作用还是在审事实这一块,最后他还是会尊重法官的意见。

访谈人:F县法院有没有人民陪审员"陪而不审"这样的现象?您是

怎么看待的？

李副院长：没有发现陪而不审，一般陪审员参与陪审，无论他发表的意见正确与否，他还是发表了意见。我没有审理过有人民陪审员的案件。

访谈人：您审理的案子一般没有人民陪审员参加的？

李副院长：没有，我审案子也不多，作为审判长来真正开庭的案子一年也没几件。

访谈人：F县法院是H省的"人民陪审员工作先进单位"，人民陪审工作的主要特色是什么？

李副院长：主要特色，第一，是按照要求备齐了人民陪审员。第二是在这些配备的人民陪审员中，积极参与陪审，通过人民陪审员化解矛盾、调解了一些案子，在这些方面可能做得不错。

访谈人：据您了解，人民陪审员工作在实际运行过程中，还有哪些困难？

李副院长：困难现在主要是培训问题和规范化问题。一是培训，人大任命以后，人民陪审员的职责就和法官同等，如何履行好这种职责，要加强业务素质、政治素质，这两个素质要提高就必须要培训，如果不培训，就跟不上，就不符合人民陪审员的要求。二是规范化，即人民陪审员上岗、参审，要有个什么样的标志。有人民陪审员提出来是不是要有服装上的规范，统一一下着装，要不然一看就是一个普通的老百姓。从长远发展来看，我认为人民陪审员应该规范，他们自己也提出来，这涉及他们在审判席上的地位问题。再者，相关的业务方面，我们现在的一些人民陪审员业务上都不是很熟悉，我认为我们法院内部的一些相关资料，都要发给人民陪审员，这样他们才能掌握一些法律知识以及法院的新动态、新要求。像《人民司法》《司法选编》等，都应该给他们订一套，但是实际中都没有。

二、对庭室负责人的访谈

（一）对L市人民法院审监庭钱副庭长的访谈

【"形式上，人民陪审员同法官行使同样的职权。但是实质上，人民陪审员是不担责任的。人民陪审员有权利没有义务，形同虚设。"】

访谈人：请问配置到审监庭中的陪审员有几名，他们如何开展工作？

钱副庭长：两名。人民陪审员具体作用的发挥，主要按照我院的规定。

审监庭主要审理三类案件：一是中院发回重审的案件，二是本院决定再审的案件，三是执行裁判的案件。从2010年起，基本上由法官审理，法官不够才增加人民陪审员参审。一般情况下，重审、再审的案件人民陪审员都不参加，一方面由于他们法律知识不全面；另一方面，人民陪审员参审是个形式，特别是有关重审、再审的案件，人民陪审员发挥不了作用。这些案件都是经过了一审、二审，矛盾非常尖锐，不可能跟普通案件一样处理。有时候合议庭都很难达成一致意见，要提交到审判委员会去处理。我觉得人民陪审员在审监庭就是个形式。

访谈人：您认为形式上的意义大于实质上的意义？

钱副庭长：上级规定要这么做，有什么办法呢？我们所有重审、再审的案件，人民陪审员发挥不了作用，毕竟进入审判委员会的案件都是经过合议庭评议的。每个合议庭成员都要花半个月甚至一个月的时间去研究这个案件，他们对这个案件有了清醒的认识以后，形成一个审理报告，在开审判委员会的时候向委员们汇报，审委会讨论决定以后，就按照审委会决定作出判决。

访谈人：听说审监庭在审理执行异议案件时会用到人民陪审员，但是法律上没有这方面的明文规定，您是如何看待这个问题？

钱副庭长：我们昨天审理了四个执行异议的案件，审监庭只有两个审判员，就用了一个人民陪审员。

访谈人：在执行异议中人民陪审员能发挥作用吗？

钱副庭长：发挥作用是形式。可能刑事庭中的人民陪审员发挥了点作用。我估计民商事案件陪审员都搞不清。刑事庭的陪审员，只要稍微有点知识的就行了。人民陪审员制度对法院的好处就在于，人民陪审员参与案件审理，法院显示公平公正；参与判决的执行，法院可以做宣传。

访谈人：您认为在现实当中，人民陪审员能否做到同法官行使同样的职权？

钱副庭长：形式上，人民陪审员同法官行使同样的职权。但是实质上，人民陪审员是不担责任的。人民陪审员有权利没有义务，形同虚设。这是中国特色的产物。错案来了，追究责任找审判员，人民陪审员关心的是陪审一个案件能领多少钱。我说人民陪审员就是一个形式，不担责任的，还是法官说了算。

访谈人：您觉得陪审员制度是否有存在的必要或者该如何完善该制度？

钱副庭长：站在政治的高度有必要，站在办案的角度上没有必要。就是对外宣传人民法院形象，宣传人民法院办案难，有什么问题他们可以代法院进行解释。这种宣传、解释在地方上还是有一定影响的。

访谈人：在执行的时候，如果人民陪审员运用其社会威望，会不会有利于裁判的执行呢？

钱副庭长：我们每个村都有一个司法协助员，专门协助执行的落实。

访谈人：他们的选拔是不是和人民陪审员一样呢？

钱副庭长：他们一般来自村委会，比如由村干部、村支部书记、村委会主任、副书记、村副主任这些人来兼职，每年法院多多少少还是给点辛苦费。

访谈人：那如果有了司法协助员，是不是有利于执行的落实？

钱副庭长：执行得好些，他可以提供一定的信息，还是有它的积极意义。毕竟有这个官衔，多少要做点事情，加之其本身就是村班子成员，要做点事。

访谈人：有法官觉得，人民陪审员制度能在一定程度上弥补法官人力不足，您怎么看呢？

钱副庭长：这个好处是有的。像我们法官只有五十几个，每年几千件案件，除去审判委员会委员和院领导，实际办案的就三十来个法官。一般案件还好，如果案件比较复杂，必须组成合议庭，审理期限长达三个月，人民陪审员就能弥补法官人数不足，虽然只是形式，但还是需要的。

访谈人：就是补充司法资源不足？

钱副庭长：现在不是司法资源不足，是浪费。我们现在的法官遴选制度，省会城市范围内五个区、几个县市都没搞，L市搞了。法官遴选制度导致一些老法官没有审案的权利和资格了。所以就让一些普通老百姓补上，这就是所谓的陪审员。

访谈人：您说的这些老法官能够胜任审判工作，但基于现有规定，没有这方面的权力了？

钱副庭长：对。有的到执行局去了，有的到办公室去了，有的退出了。

访谈人：请您评价一下人民陪审员在庭里的实践效果？

钱副庭长：陪审员制度流于形式，陪审员不承担责任，只享受权利。

访谈人：有人说陪审员能够弥补法官知识的不足，法官从业多年可能有思维定式，办案的时候会凭法律人的思维先入为主了，但是根据社会常识，可能得到不一样的结论，您觉得呢？

钱副庭长：那肯定不行。虽然法官的思维不一定是对的，但是判案还是以法官为主。人民陪审员没有起到弥补作用，陪审员很多法律关系都搞不清。

访谈人：阻碍人民陪审员作用发挥的最根本的原因是什么？

钱副庭长：人民陪审员参与热情还是够高。但是，对案件确实搞不懂，这是个人素质问题。审监庭的人民陪审员根本不可能发挥作用，我们审理的案件必须明了，合议庭要达到一致，没有达到一致就提交审判委员会。人民陪审员什么都不懂，本身案子就复杂，他不懂还要花时间精力慢慢解释给他听。

访谈人：人民陪审员一定程度上还影响了法官办案？

钱副庭长：也不能那么说，他搞不清法律关系，他不懂就问，我觉得他很谦虚，态度很好。个人认为，可以把法官中（具有）审判资格的人数增多。以前不是法学院毕业的，没通过司法考试的怎么不能审案呢？司法考试也只有百分之二十多的人能通过。在一个基层人民法院审理案子，工作两三年就能胜任了。我们这里有的四十几岁的人还是书记员，这是司法资源的浪费。人民陪审员滥竽充数案件就审理完了，登记人民陪审员参审了几次，到时候发钱。

访谈人：能不能对人民陪审员的选任机制进行改善？比如选一些素质比较高的陪审员，虽然没有过司考，但是他有这方面的法律知识，会不会更有利于陪审员发挥作用呢？

钱副庭长：没有过司考的法律专业毕业的，这些人一般可能考取了公务员，参审一次才几十块钱，没有谁愿意。过了司考的肯定大多就做律师去了，代理一个案子，一千多块钱。这就是矛盾。年轻人有法律知识，你要他坐在这里开庭，他也不愿意做，开庭也不是每个月固定给你多少工资。报酬怎么解决呢？要开庭的时候，法院提早两至三天告诉你，来参审一次登记一次，最后一起算钱。有的人民陪审员有自己的事情来不了，法院反复多次打电话确实有事走不开，临时换个人民陪审员也需要法官和另一个陪审员日程都方便，如此往复，这个庭无法开，现在没有办法约束人民陪审员。

访谈人：针对这种多次不来的，法院能不能免除其资格？

钱副庭长：这个不好说，实践中，这些情况很难解决。

访谈人：您觉得专家型的人民陪审员，比如在涉及医疗纠纷的案件中，如果有医生当人民陪审员的话会不会对案件有帮助呢？

钱副庭长：医生当人民陪审员的不知道有没有。

访谈人：我们查档发现很少，有一两个左右。

钱副庭长：所以我说都是形式。

访谈人：我们发现L市人民法院能作为模范法院还是有许多兢兢业业的法官，这是我们要学习的地方。

钱副庭长：现在敬业是没有办法，案子太多，你必须办理。现在人员是增加了，增加的是其他的公职人员，我们这几年可能进了好几十个人，也有退休的。但是审判岗位还是保持55人，这些没变。其他的公职人员增多了。像我们这些人辛辛苦苦工作了一辈子，现在还是法官，就是那个庭长和两个人民陪审员审案子，一年审了几百个案件，不敬业不行，有绩效考核的，但是案件质量就不好说了。你们说呢，那两个陪审员不一定专业，审理案件的就是这个庭长，就是庭长开庭，最后也是庭长作出判决，人民陪审员也不怎么说话，即便说话也是不着边际，庭长怎么能采纳他的意见呢。我们两个人民陪审员，一个市妇联的，一个是社区里的下岗职工，他们都还算有时间，妇联的不是很有时间，下岗的倒是有大把时间，他们不发表任何看法，问他们，他们说这个案件不是很清楚，他不清楚你跟他解释不是自找麻烦吗。他们一般都是说，你们说怎么办就怎么办。难啊！

（二）对L市人民法院刑事庭谭副庭长的访谈

【"人民陪审员制度如果仅仅是为了缓解法院案多人少的矛盾，那就失去了意义。"】

访谈人：请问人民陪审员制度在刑事审判中具体是如何运行的？

谭副庭长：在我们刑事庭，人民陪审员工作开展得一直比较好。目前，法院案多人少的矛盾确实比较突出，需要人民陪审员一起组成合议庭审理案件，这在一定程度上能弥补司法人力资源的不足。

访谈人：在组成合议庭后，人民陪审员是如何具体发挥作用的呢？

谭副庭长：庭审过程中，我们会充分尊重人民陪审员的权利。我们法院的人民陪审员是配置到庭的，我们刑事庭有11位，其中有五六位比较积极，时间也比较充裕，加上我们刑事庭的案件大多数都是常规案件，他们在庭审中，有时候会询问当事人，并且往往能够对案件发表独到的见解。在刑事案件中，80%的案件都是适用普通程序的，适用简易程序比较少。由于案件比较多（一年有七百多个刑事案件），由人民陪审员和法官一起组成合议庭的情况在普通程序中达到98%。人民陪审员参与案件的审理，也有助于司法民主化。另外，涉及专业性比较强的案件，有专家型的人民陪审员参加，有助于查明案件事实，准确地定罪量刑。

访谈人：人民陪审员能否享有和法官同等的职权？

谭副庭长：有的可以，有的还做不到。我们一般都是临时通知，或者提前三四天通知陪审员来参加庭审。民事庭配置的一个人民陪审员，他是政府官员，又是学法律出身的，他的法律素养和参与热情都比较高，一般会提前来人民法院查阅案卷，很投入地参与陪审并且享受这个过程。有些人民陪审员是下岗或者退休的同志，受时间等其他因素的限制，他们可能就没有那么多精力参与进来，他们主要是参加庭审和合议，不可能做到像承办法官那样，从头到尾地参与整个过程。

访谈人：刑事庭是否存在参审不均衡的现象？有的人民陪审员参与的案件特别多，成了"陪审专业户"，而有的参审特别少呢？

谭副庭长：有这种现象，但我们正在着力改变。相对固定配置在我们刑事庭的人民陪审员有11位，我们也在尽量避免这种不均衡的现象。比如按照名单排序，随机确定参审的人民陪审员，这样可以轮流来参与案件的审理，如果个别人民陪审员确实有事来不了，再进行适当的调整。

访谈人：会不会有的当事人通过向人民陪审员"公关"来影响案件的审理呢？

谭副庭长：一般不会。我们的制度运行还比较合理和科学，没有出现过这种情形。

访谈人：您如何评价人民陪审员在刑事庭发挥的作用？有哪些需要完善的地方呢？

谭副庭长：我们运行的效果还是比较好的。确切地说，目前人民陪审员发挥的主要作用是缓解我们案多人少的压力，这是现状。法官的编制是有限的，案件又如此之多，这个制度可以很好地利用一下，这是客观现实的需要。说到完善，使人民陪审员制度成为真正意义上的"上层建筑"，需要从人民陪审员的选任、使用、管理等方面入手，使他们充分地参与到案件的审理过程中来，让他们能够真正行使职权，那还需要相关配套制度的建设。人民陪审员制度如果仅仅是为了缓解法院案多人少的矛盾，那就失去了意义。

访谈人：与采用人民陪审员制度相比，放宽法官的选任条件是否更能够缓解案多人少的矛盾，效果会更好呢？

谭副庭长：是啊。很多有经验的法律工作者完全能够胜任这份工作，只是苦于没有拿到法律资格证而不能当法官，这是司法资源的浪费。目前，L 市的司法环境以及当地老百姓的法律素养达不到审理案件的水平，安排陪审员来审理案件会不会太过随意了些？在民众看来，审案是很专业很神圣的，普通人怎么能随随便便就行使审判权呢？特别是刑事案件中，可能涉及剥夺被告的财产、人身自由甚至是生命，这是比较严肃的事情。在国外，由于公民的文化素质、法治程度不同，实行陪审员制度的效果就不一样。

访谈人：这是因为老百姓对咱们法院寄予了过高期望吗？

谭副庭长：确实，老百姓对法院、党、政府的期望值都很高，而人民法院有时候由于各种因素导致作出的判决离老百姓的期望有很大差距，因而司法在老百姓心目中没有那么高的威严和威信。我是 1993 年参加工作的，对司法工作还是很有感触。现在的司法水平比以前高多了，审判执行也越来越规范，老百姓的水平也越来越高，诉求越来越多样化，不可能再像过去那样有时候可以完全靠政策等说服。既然国家要求推行人民陪审员制度，我们现在的陪审率比以往高了许多，以前陪审率比较低，民事案件中就更少了。

访谈人：庭审中，法官会不会对人民陪审员做一些法律上的提示呢？

谭副庭长：会的，毕竟隔行如隔山，他们自身的法律素养不够高，限制了他们行使职权。要和法官行使同样的职权，他们必须要具备相应的法律素养。

访谈人：刑事庭会对固定配置在庭里的 11 位陪审员进行培训吗？

谭副庭长：庭里没有，都是法院统一组织的，一般情况下都是到中级人民法院进行集中培训学习。平常的时候，我们会向他们提供一些法律方面的书籍，鼓励他们自学。

访谈人：咱们法院是由政工室对陪审员进行考核的，你们会不会给政工室反馈陪审员的相关信息呢？

谭副庭长：我们会提交相关表格，写明人民陪审员参审了哪些案件及在庭审中的表现。

访谈人：人民陪审员参审的案件"服判息讼率"会不会高些呢？

谭副庭长：没有比较过。只由法官组成合议庭审理的案件比较少，所以不是很明显，普通程序大部分是由人民陪审员和法官一起组成合议庭审理的，没有什么可比性。

（三）对 A 县人民法院政工室肖副主任的访谈

【"人民陪审员还是有充分的权力，也是我们俗称的'不穿法袍的法

官'"】

访谈人：请您谈一下人民陪审员制度在我们A县的运行情况。

肖副主任：自从实行这个制度以来，我们A县一直很重视人民陪审员的管理。我们在2004年还是2005年的时候，我院实施人民陪审员制度还在全省获得了先进，从那个时候开始，我们领导对人民陪审工作就非常重视。我们和西方的体制还是不同，他们是三权分立制度，我们还是在党的领导之下，但是人民陪审员还是有充分的权力，也是我们俗称的"不穿法袍的法官"。其实在案件的陪审当中，他们的观点和所站的角度可能和我们法官不同，他们在陪审的过程中尤其是合议的时候有发言的机会，有发言的权利，人民陪审员的意见也有一些被采纳，尤其是在一些刑事、离婚案件中。我们这里离婚案件比较多，有的法庭70%都是离婚案件，由于离婚案件占得特别多，涉及社会和家庭的稳定。我们在审理离婚案件的时候会充分尊重陪审员的意见，因为人民陪审员大多都是生活在农村，对下面的情况比我们法官了解得要详细些，所以他们的观点可能要比我们的观点更加切合实际。比如某个村有一对夫妇要离婚，我们法官肯定也要去调查他们的婚姻、生活情况，但是人民陪审员可能就是他们村的或者邻村的，对他们的关系或者说感情状况可能更为了解：他们的婚姻是不是已经破裂了或者说有没有离婚的必要，他们离婚后对他们家庭、家族或者是本村是不是有什么不良的影响，他肯定会比法官更全方位地考虑案件。所以说这方面我们还是会充分尊重人民陪审员的意见和建议。再一个就是从人民陪审员选任、任命、考察再到培训阶段的问题，前面已经讲过了，我们有一个关于人民陪审员的管理办法，就是严格按照那个办法来操作的。我们实行公开透明的选任制度，首先要进行公示，选任人民陪审员要在A县人民法院网上公告，然后就是在社区居委会进行张贴，写明A县人民法院今年准备聘请人民陪审员多少名，什么条件，符合条件的都可以报名等内容。公示之后就是由村委会、居委会或单位提名入围，当然首先是本人报名，报到村委会、居委会，他们再进行审核，他们认为综合素质、政治素质各方面都符合人民法院工作的要求，再向我们提名，然后再报到我们政工室。因为我们政工室主要负责管理人民陪审员的事，由我们进行审核，我们审核之后然后提请院党组研究。接着党组对他们进行组织考察，党组同意之后再由我们政工室组织人员到他们相关的单位比如说村委会、居委会去开座谈会，进行问卷调查，也就是进行民意走访，了解他们的一些真实情况。如果他们通过我们的考核，符合我们的要求，那我们再向县人大常委会提请任命，人大常委会的主任还会亲自发任命书。这个对他们来说也算是一种政治上的荣誉。人大通过后我们还要组织培训，一个就是我们本院组织的内部培训，我们会请市中级人民法院的法官、党校老师、本院法官来培训，去给他们讲课，也就是传授一些陪审的经验。我们对上岗前的培训比较重视，一般组织最少三天的培训，像我们现在有40名人民陪审员，9名女性，31名男性，他们有的是住在镇上，我们发通知要他们来参加培训他们都还是比较配合的，积极性还很高。我们多举行一些培训对他们素质的提高也有好处。

访谈人：是否存在缺席培训的现象？

肖副主任：个别缺席陪审上岗培训的肯定有，像医院的院长，或者是某个局的局长、副局长，他们有时候到外地出差了就不能来参加培训，但绝大部分还是来了。

访谈人：考核是怎样开展的？

肖副主任：考核也是由我们政工室负责的，对于人民陪审员的考核，我们是比较严格的。因为陪审员还涉及津贴，人民陪审员每陪审一个案件补贴50块钱，人民陪审员有时候从乡镇到县级机构来，要搭车、误工、吃饭，这样来算50块钱肯定是不够的，现在物价这么高，50块钱也不可能解决他们所有问题，我们也只是象征性地给了他一点报酬，所以在实践操作中，吃饭的费用还是我们院里承担的，路费也给他们报销。但是象征性的50块钱还是不够的，因为考虑到法院现在的财政状况不是很宽裕，所以就一直没有提高。

访谈人：考核是以哪些形式、哪些内容来进行呢？

肖副主任：考核的话，我们会考虑陪审案件的数量。年底我们会在审管办进行具体的统计，一个人民陪审员一年参审了多少件案件，这不仅是一个硬性指标，也反映了人民陪审员的陪审态度。

访谈人：如何反映呢？

肖副主任：有时候给人民陪审员打电话，他会以工作很忙来推脱，有时候多次联系却一次也没来过，这个就涉及人民陪审员的素质和认识问题，是他的陪审态度。另一个方面就是他陪审的能力，人民陪审员陪审了一个什么案件，在陪审过程中表现怎么样，我们向主审法官了解情况：某某人民陪审员今年在你那里陪审了多少件案件，他在陪审的过程中发挥了什么作用，是不是尽到了一个陪审员应有的职责，这也是一个考核标准。

访谈人：这个是每次开庭都评还是说每年定期评一次？

肖副主任：是定期的，一般就是一个季度了解一下情况。因为考虑到主审法官的案件也比较多，如果每开一次庭就评一次他也可能做不到。

访谈人：主审法官对人民陪审员的考评是凭印象，也就是说不是定量评价而是给予一个定性评价？

肖副主任：对，他就是站在这个专业的角度来评定。

访谈人：考核的最终目的是什么呢？会不会与人民陪审员的定期退出机制挂钩？比如法官发现一年下来有那么两三个人民陪审员一次都不来参审，他可以建议这些陪审员年终要退出。

肖副主任：这个制度我们也正在摸索，像我刚才讲到的，有的人民陪审员经常不来参审案件，这就事关他们的态度问题，他没发挥什么作用但又占了我们名额，到时候我们征求他们的意见再进行决定。询问他们对人民陪审员工作是否有想法，再一个就是问他们现在是不是有困难，没有时间参加陪审，或者说他们不愿意再担任陪审员。征求他们的意见，然后我们根据自己的工作做出决定，如果他们不适合人民陪审员工作了，我们也可以建议人大给予免职，补充新的人员，但是这个现象现在还没有出现过。

访谈人：2005年到现在人民陪审员数量有增加吗？

肖副主任：2009年是增加人数最多的一年，15个吧，原因是两方面，一个是硬性的指标，要求人民陪审员的数量和法官的数量比例达到二分之一，如果没达到这个标准要扣分。另外一个原因就是我院的案件数量比较多，我们也考虑到这个需要。

访谈人：有没有主动提出退出的？

肖副主任：从2005年到现在还没有出现过。

访谈人：第一批选任的陪审员有多少人？

肖副主任：最初只有8个人，现在有40人。

访谈人：那这8个人一直在做人民陪审员吗？

肖副主任：有的已经退了。

访谈人：他们是因为什么原因退出的呢？

肖副主任：主要是工作需要，他们的工作发生了变化，比如说后来有些当了一把手，职位发生变化之后他们认为自己没有这么多的精力、时间来进行陪审，所以他们就自己主动提出来。

访谈人：还是有主动提出来要求退出的？

肖副主任：有主动提出来的，但他们倒不是因为工作不胜任的原因。他们自己工作业务比较繁忙、比较重，没有时间来参加陪审，自己提出来不再担任陪审员，这种情况是有的。我们2005年是8个人，到现在还在这里的好像只有3个人了，5个人都是自己主动提出来退出的。

访谈人：这三个老陪审员每年陪审的案件相对来讲会不会比较多？

肖副主任：他们陪审的案件相对比较多。像刘某某，我们2005年聘请的，到了2010年我们继续聘请他为人民陪审员，他已经担任两届了，他每年陪审的案件就比较多了，一般都有70件。

访谈人：我们知道人民陪审员存在的意义之一就在于他可以以平民的身份弥补法官法律思维的局限性，如像刘某某那样，会不会出现一个人民陪审员准专业化的趋势，人民陪审员像一个准法官一样，他那个思维的优越性就发挥不出来了，会不会出现一个这样的现象？

肖副主任：像这种情况，随着他陪审时间越来越长可能会逐渐受到一些影响，但是他们毕竟是非专业的审判员，不是学法律的，即使在这个陪审岗位上待了这么长时间，他们受我们法官的影响还是不大。他们长期生活在基层，发表自己的意见，主要基于自己多年生活工作的经验。像我刚才讲到的那个刘某某，从2005年当陪审员的时候他就已经有五十几岁了。他现在六十多岁了，他当人民陪审员也有很多年了，但他陪审的角度可能还是根据内心的想法，从自己的经验出发。这样他们往往在调解中发挥相当大的作用。

访谈人：您说是在诉讼调解中吗？

肖副主任：是的。一些案件，就是我们现在强调的调判结合，调解优先，在调解的过程中他们发挥的作用有时候比我们法官还大。因为他们对当事人比较了解，或者有的就是自己邻村的，都是熟人。所以当事人纠结某一个问题达不成协议时，他们不一定能听得进法官的意见，但是由陪审员来做他们的工作，作用反而不同。他们来进行调解，可能会迎刃而解。

访谈人：A县法院陪审员中有9个是妇联的，还有医院的院长、医师，这样一个构成是有意为之的吗？

肖副主任：因为当时我们在选陪审员的时候也要进行多方面的考虑，拟任人选时我们肯定有这方面的考虑，比如说考虑到医患纠纷就必须要有医院的或者学医的专业人士，刑事案件就尽量找一些学了法律或者热爱法学的，对法律条文有一定的了解。

访谈人：除了这些考虑，还有哪几类案件需要专业一点的人民陪审员？

肖副主任：还有行政案件。我们一般会考虑到村委会、居委会主任、政府官员。

访谈人：这样的案件多吗？

肖副主任：行政案件的数量这两年呈上升的趋势，它主要是涉及劳资纠纷，比如说和人力资源和社会保障局，然后就是和国土局在国土资源这一块的纠纷。违法占用农田、违法修建房屋、强制拆迁这方面的一些案件也是归行政这一块。还有就是现在的计生案件，违法生育罚款问题，专有名词是社会抚养费征收，就是按照生活标准和每年的生活来源要征收社会抚养费。如果计生局受到各方面因素的影响导致征收执行不到位，他可能就申请法院来强制执行。

访谈人：我们发现人民陪审员名单中领导干部占的比例高一点，这是出于一个什么样的考虑呢？

肖副主任：我们2005年、2008年的人民陪审员相对来讲领导干部要集中一点，2009年的时候我们也认识到这个问题的存在，在选任的时候这种情况有所改变。

访谈人：如果真的发生医疗纠纷案件，医院院长会亲自出庭作陪审员吗？

肖副主任：那肯定会。作为陪审员，他一年也有五六个案件。但是相比其他陪审员，他肯定没那么多的时间，肯定要少。

访谈人：人民陪审员里退休职工审理的案件会不会多些？刘某某是退休职工吧？

肖副主任：他是企业办的，不是国家公务员退休。他陪审的案件比较多，主要跟他所在乡镇的法庭有关系。他是在梅村，那个地方有5个乡镇，人比较多，梅村法庭的案件应该算是多的，所以相对来说他陪审案件也比较多。

访谈人：梅村法庭如果需要人民陪审员，该怎么选定呢？

肖副主任：他们会报到政工室来，说需要人民陪审员，需要什么样的人民陪审员。然后我们就根据梅村法庭这个辖区情况，从这里面抽个人民陪审员。

访谈人：要考虑案件性质吗？

肖副主任：首先就要考虑案件性质，这是个什么案件。

访谈人：有固定审哪类案件的人民陪审员吗？比如说这个陪审员就专门审刑事的。

肖副主任：那没有。

访谈人：有没有规定这个人民陪审员这次审刑事案件下次审民事案件？

肖副主任：没有固定的。没有一一对应的，比如某人民陪审员固定陪审刑事案件或行政案件。

访谈人：可供选择的名额多吗？

肖副主任：一般情况下还是能够满足法官的需要，但是个别时候，人民陪审员有任务来不了，或者在一些刑事案件中，适合陪审这个案件的人民陪审员有事情来不了，那只能再随机选其他的人民陪审员。

访谈人：那是怎么随机选呢？

肖副主任：就是抽吧。电脑选行不通，我们没有那个条件，但上级规定是要机选。我们是根据案件的性质、陪审员所学的专业来选择。但是保证一点，每一个人民陪审员每年都必须参审案件。这个是上级的要求，我们也必须做到这一点。至少要提前三到五天通知陪审员。

访谈人：人民陪审员是否在开庭前阅卷？

肖副主任：他可以，他有阅卷权啊。他跟主审法官联系后就要问这是个什么案件，双方交流一下，因为有些隔得比较远，他只能是开庭的那一天早点来看一下案卷，了解一下基本情况。

访谈人：陪审员会跟主审法官联系，主审法官也会跟他讲一些案件基本情况吗？

肖副主任：那肯定的。因为主审法官也要尊重人民陪审员的意见和建议，所以我们就会在电话里跟他交流对这个案件的一些看法，这个案件怎么进行处理，怎么定性，由主审法官先跟他讲一下基本的案情，他有一定的了解之后，就可以发表一些意见及时跟主审法官进行联系沟通。

访谈人：立案庭跟人民陪审员有没有一定联系呢？比如说民事案件，立案庭不排期吗？

肖副主任：立案庭不排期，它只负责立案，立案之后交给相关的业务庭。

访谈人：当事人可以主动申请适用人民陪审制度，在立案时是否存在当事人主动申请的情况？

肖副主任：当事人可以跟主审法官讲，但是立案庭没这个权力。

访谈人：那有当事人向主审法官提出过吗？

肖副主任：应该是有，他是有这种权力，但最终还是由我们的主审法官根据这个案件的性质、案情来定的。

访谈人：据您了解，人民陪审员审理一个案件的周期是多长？他从第一次庭审开始到最后结束大概需要一个多长的时间呢？

肖副主任：这个根据案件的情况来定的，像去年我们有一个案件，审了五天，人民陪审员参加了五次庭审。

访谈人：那他这五次是算一个案件吗，怎么算补助呢？

肖副主任：那只算一次，一件案件50块钱。

访谈人：是否存在这种情况，有的人民陪审员觉得案件很复杂，就找借口不来陪审案件了，或者参加一次陪审但案件还没有审结，接下来的庭审就不来了？

肖副主任：人民陪审员的服务意识比较强，你请他来他还是会来的，你刚才讲的这种情况就涉及陪审员的素质问题了，有时候他们可能有这种想法，在陪审过程当中发挥不了什么很大的作用，他们可能第一次来了，或者中途来一下，最后来一下，他们可能不会自始至终，但是这种情况很少，因为像这样的案件也不是很多。

访谈人：按规定人民陪审员的管理司法局也应该参与进来，它一般都参与哪些程序？

肖副主任：司法局跟我们没有关系。

访谈人：这个跟L市不一样，L市人民陪审员的选任是由司法局和法院一起管理。

肖副主任：但是在我们这里司法局是不参与人民陪审员选任的，选任主要是以我们为主。我们这里就是所在的村委会和居委会协同法院来选任人民陪审员。自己主动申请的应该是少部分，绝大部分都是组织推荐的。我们发了布告通知以后，由所在的单位组织推荐，组织也不可能给每个人都打电话，问你愿不愿意当人民陪审员，自己申请的占40％吧，应该是只占少数。有些单位认为自己单位有些人适合担任人民陪审员，符合条件，然后就征求他本人的意见，再向上面进行推荐，进行公示，再进行考察。

访谈人：A县人民法院设定的担任人民陪审员的条件主要是哪些呢？

肖副主任：首先就是政治素质，如果你有过违法犯罪行为或单位上对你的反映不是很好，那么首先就要排除，这也是个前提，然后相对来讲就是他本人的综合素质。

访谈人：学历呢？

肖副主任：学历没有具体的要求，一般我们还是要求尽量选择大专以上。因为陪审员还是要和当事人打交道，如果学历太低的话，可能在沟通方面存在问题，在与当事人或者法官沟通或者是做调解工作方面都有一定的难度，所以我们要求至少要大专以上学历。

访谈人：基本上都是大专的？

肖副主任：极个别的是高中学历。

访谈人：在 A 县要求人民陪审员的学历达到大专以上，您觉得这个学历要求会不会太高了？

肖副主任：如果你要将这个人民陪审员制度推入基层，不是集中在政府官员这一块，学历的设置可能要稍微降低一点，高中学历即可，符合高中学历这个条件的人可能更多一点。如果要人民陪审员进一步平民化，那这个学历要求肯定要放宽一点，大专可能相对来说高了点，尤其是在我们 A 县这个地方，比起其他地方，大专条件设置更苛刻一点。但是每年上级要求增加人民陪审员人数，并没有规定学历要求，所以我们也会考虑学历方面的现实因素。

访谈人：有没有人民陪审员参与到执行中去？

肖副主任：人民陪审员不参与执行，他主要精力放在庭审和庭审之外的调解工作中。

访谈人：庭审之外的调解工作他有参与吗？

肖副主任：案件休庭或者一个案件中午休庭，或者有些案件今天没审完下次再审，那么在这个过程当中陪审员就可以私下里找当事人做一下调解工作。

访谈人：他是以什么身份呢？

肖副主任：他可能有三种身份，陪审员或乡邻、熟悉的朋友。在调解中法官起到的作用往往还比不上陪审员，就是人民陪审员讲的话当事人能听得进去。

访谈人：你们这人民陪审员与人民调解员身份重合的情况多不多？

肖副主任：和人民调解员重合的不多，但是有这个情况。执法监督员乡镇多一点，在机关可能要少一点。乡镇它肯定有，比如说我们这里是有几个人民陪审员是综合治理办公室的，综合治理办公室就是负责全镇的或者全乡的社会矛盾的调解，解决社会矛盾纠纷。司法所那里设置了人民调解员，专门的人民调解员也有。

访谈人：有什么奖惩措施来提高人民陪审员的积极性吗？

肖副主任：奖惩措施也有，一个就是通过培训来激励他们工作的热情，因为很多陪审员反映，他们希望能多多参加培训，增强陪审能力，与其他县市人民陪审员进行交流，增加学习机会。有的陪审员积极性很高或者每年参审很多案件，我们会优先推荐这些我们认为是业务骨干的陪审员，去年我们就推荐了一个陪审员到省里参加全省人民陪审员业务骨干培训。他积极性很高，综合素质很强。另外我们人民陪审员有四十多个人，我们组织他们到深圳那里去学习，因为我们 2008 年、2009 年也是派了两名法官到那边去学习，学习他们的先进经验。我们也会组织他们到沿海地方去学习。

访谈人：到沿海地区去学习？

肖副主任：是的。沿海地方毕竟是开放区，经济发展的比我们这里好，享受一下改革开放成果，也可以进行一些交流，学习他们那里管理人民陪审员的经验。

访谈人：这40名人民陪审员全部能参与培训吗？

肖副主任：一般是一到两位到省里去参加培训，院里的培训可以保证每个人都参加。

访谈人：培训的内容主要是哪些方面呢？

肖副主任：培训内容也不是固定的，我也没有参加，估计会涉及陪审的程序、陪审当中要注意的事项、陪审中的保密、陪审的技巧、陪审员要发挥一些什么作用等，可能就是这些方面。

访谈人：人民陪审员有没有和法官在合议阶段出现过分歧或不同意见呢？

肖副主任：那肯定有。

访谈人：这种分歧最严重的时候会不会上升到审判委员会？

肖副主任：到目前为止还没有出现这种情况。

访谈人：发生这种分歧你们是怎么处理的？

肖副主任：主要还是以法官为主，法官的意见最终起决定作用。

访谈人：发生过这种情况吗？

肖副主任：肯定有这种情况。人民陪审员与法官所站的角度不同，曾经有两名人民陪审员向我反映过，他们大多是考虑伦理道德、情理方面，对法律条文了解得很少，而法官不同。发生分歧的情况应该主要集中在刑事案件中，因为民事案件定的框框没有这么死板。人民陪审员的意见可以保留，但是最终还是由法官来决定这个案件的定性和量刑。根据法律条文以及事实，比如说盗窃罪、抢劫罪应该判几年，是由法律条文确定的，人民陪审员可能就是像我刚才讲的站的角度不同，本来该判三年到五年的案件他们却认为三年以下就差不多了。

访谈人：在我们A县人民陪审员制度运行过程当中还存在哪些困难？

肖副主任：讲到困难，第一个是在经费方面。像我们这边每个人民陪审员每一年至少要1万块钱的预算开支，包括他的陪审津贴、去外地考察学习、学习资料等费用，40个人民陪审员就需要40万财政支出，但是上面可能并没有把这40万纳进财政预算里。所以人民陪审员经费支出比较紧张。第二个就是人民陪审员本身存在的一些问题。就是说人民陪审员来参加了陪审，但在陪审过程当中没发挥人民陪审员应有的作用。

（四）对T县人民法院立案庭何庭长的访谈

【"人民陪审员陪而不审的情况虽然在不断地好转，但人民陪审员能够真正说出自己观点的却为数不多，特别是在合议庭发生争议的时候。"】

访谈人：请问您作为立案庭庭长，又是审判委员会委员，对人民陪审员制度有什么样的看法？

何庭长：我们院里这两年对人民陪审员这一块还是非常重视的，对于人民陪审员的选位、培训，包括人民陪审员的待遇很多问题都做了充分的调研，在不断地摸索相关的制度，也是在不断完善。我觉得现在还是需要调研改进，在基层法院实行人民陪审员制度，我觉得主要还是得加强人民陪审员的培训。

访谈人：请问有没有人民陪审员参审并提交审判委员会审理的案件？

何庭长：今年应该有。

访谈人：那审判委员会讨论的案子中有人民陪审员参加吗？

何庭长：有人民陪审员参加，组成合议庭的案件我们都要求有人民陪审员。一般情况下是这样，凡是合议庭审理的，审判委员会也允许人民陪审员参加。

访谈人：人民陪审员是由你们法院自己选吗？

何庭长：基本上是。法院提出参考名单，然后政法委、组织部以及人大三个部门联合考察，根据政治素质、干部素质、党员素质等综合评估，最后确定下来。

访谈人：那么这个名单首先是从哪里来的？

何庭长：这个名单应该是政工部门提供，他们会发布一个通知，推荐和个人申请相结合，但主要是推荐。

访谈人：您刚刚讲对人民陪审员培训很重要，而有的法官则认为与其花钱去培训陪审员还不如把我们法官队伍培训好。您对此有什么看法？

何庭长：首先，对人民陪审员的培训，我个人认为只能由法院来进行，至于培训经费，可以由法院在年度的预算过程中向人大提交预算报告。其次，对人民陪审员的培训应当是定时、定期、不间断的。现在连法官都要定期培训更何况人民陪审员呢。通过我的观察，人民陪审员"陪而不审"的情况虽然在不断地好转，但人民陪审员能够真正说出自己观点的却为数不多,特别是在合议庭发生争议的时候。他们的看法、定案标准和法官还是一样的。法律问题本身是复杂的,不同的人针对不同的法律关系、法律事实有不同的法律观点,这是无可厚非的。关键是人民陪审员能不能比较清楚地、合理地提出自己这种创造性的法律观点,这个还很值得探讨。现在的人民陪审员,个人基本素质还可以,但就法律素养而言,还有待提高。他们对于法律这一块,没有经过系统的学习或者说系统的培训,有的仅限于个人爱好、兴趣,才比较关注这一块。因此,作为法院来说,就应当加强对人民陪审员的培训。

(五)对T县人民法院行政庭陈庭长的访谈

【"人民陪审员毕竟不比职业法官,不可能既要求他用老百姓的常识、常理参审,又要求他具备很高的法律素质。这就要看人民陪审员能不能真正参与到案件的审理之中来,发挥应有作用。"】

访谈人:在行政诉讼中,人民陪审员的参审情况,请您给我们介绍一下?

陈庭长:我是1979年到法院工作的,20世纪80年代,人民陪审员制度还是很受重视的。当时有硬性的规定要求案件的陪审率,但在90年代,似乎不再像之前那样强调人民陪审制度了。2000年以后,当时为了宣传行政诉讼法,就请人民陪审员来参与我们的审判,加强审判监督。我们就邀请了人民陪审员参与案件的审理,参审率还是比较高的,例如城市管理、土地管理、城市建设这些涉及群众利益方面的案件,我们都邀请了行政机关的相关人民陪审员来参审。

访谈人:这些人民陪审员主要来自哪些地方?

陈庭长:主要是行政管理机关的人员。

访谈人:当时有没有要求陪审率?有没有要求陪审率一定要达到多少?

陈庭长:我在2007年年初离开行政审判庭,那个时候没有要求,之后好像有这个要求了。

访谈人:很多地方都提出陪审率的问题,说是实行人民陪审员制度很大程度上是因为"上面"有要求、指标,就是必须要达到多少陪审率。

陈庭长:我不是这样认为的,在有些不熟悉审判工作的人员看来,似乎是基于这样一种要求,才请人民陪审员参审。我觉得人民陪审员制度是一个很好的制度,邀请陪审员参与我们的审判,它能达到某种社会效果,实际上能够起到一个与老百姓相互沟通的作用。同时，还可以起到宣传的作用，人民陪审员参与法院的审判以后，能够向老百姓多宣传基本法律知识，这样的方式比我们法官去宣传更容易让老百姓接受。所以我还是主张，必须要让人民陪审员参与审判，人民陪审员制度可以有两层内容，一个是监督，另一个是宣传。

访谈人：那您觉得这两个方面的作用，在现实当中发挥明显吗？

陈庭长：现在还没有达到，这受各方面因素的影响。第一个原因是人民陪审员的自身素质。现在人民陪审员的选任可以说是一种形式，不具备人民陪审员内在素质要求的人，发挥不了人民陪审员的实际作用。第二个原因是法院没有充分认识到人民陪审员的作用。《行政诉讼法》刚开始颁布的时候老百姓还不知道，行政机关充当被告的时候，百姓还不是很信任法院。在这样的情况下，人民陪审员参与案件审理以后，就可以向百姓宣传《行政诉讼法》是监督、约束行政机关依法行政的，群众才会知晓并熟悉相关法律。

访谈人：那您认为人民陪审员需要具备哪些方面的素质？

陈庭长：第一，资历较深、威望较高。第二，政治上要经得住考验。第三，要具备一定的法律知识。

访谈人：在这几个方面，政治素质、威望不是短时间能提高的，但法律知识的提升是否可以通过培训来完成呢？

陈庭长：据我所知在基层法院，对人民陪审员的培训比较少，他们学习法律知识的机会太少了。

访谈人：法官会不会有这样的认识：尽量不让人民陪审员干涉太多，就让他"陪而不审"。因为主审法官最终要对案子负责，所以基本是他自己一个人搞定。

陈庭长：不排除这种现象的存在。但现在也有这样的情况，在合议庭成立以后，陪审员来与不来都随其意愿，没有一定的规则去约束，与法官没有多大的关系。但在案件审理过程中陪审员的意见还是占有分量的，法官无法替代，不能弄虚作假。就是说人民陪审员在对自身法律水准没有十足把握的情况下，也会主动随法官的意见，他们还是有表达自己想法的权利，但是能不能表达出来受限于自身的法律知识，所以法官是没法左右陪审员的。

访谈人：对人民陪审员身份的定位，您认为是什么？定位为一个准法官好呢，还是参与审判的老百姓？

陈庭长：代表老百姓，因为人民陪审员毕竟不比职业法官，不可能既要求他用老百姓的常识、常理参审，又要求他具备很高的法律素质。这就要看人民陪审员能不能真正参与到案件的审理之中来，发挥应有作用。如果参与进来，不具备一定的法律素养，就不能站在法官的角度去查明案情，只能从老百姓的朴素感情出发，所以在有些方面就会与法官产生分歧。人民陪审员目前的状态，基本上是跟着法官走，因为他们知道自身不具备法律专业知识，只是从普通群众的角度发表自己的看法，或者反映现在的社会现象或社会影响等，他们是从这些角度给法官提供意见的。

访谈人：您对于"专家人民陪审员"有什么看法？

陈庭长：专家人民陪审员可以给法院提供一些帮助，但是否有必要用"专家人民陪审员"值得我们探讨。毕竟程序上有一个规定，可以聘请专业人员对案件进行有关的鉴定，不能排除鉴定人员身份与专家人民陪审员角色相冲突的矛盾。

访谈人：在行政诉讼中，人民陪审员参与审理的案件是不是比较少？

陈庭长：行政审判跟其他相比还是薄弱一些，但陪审员参审的也不少。起码我们法院在审理行政案件时，要求人民陪审员参与。

访谈人：如果你们需要人民陪审员参审，是行政庭直接通知陪审员吗？

陈庭长：不是，我们报告政工室，他们负责联系。

访谈人：他们联系之前，你们知不知道有哪个人民陪审员过来？

陈庭长：我不知道，但我会跟政工室要求人民陪审员最好是比较懂与案件相关方面知识的。例如案件涉及林业确权的，那么我就要政工室尽量联系林业这方面的陪审员。毕竟这涉及专业知识，作为法官不可能方方面面都把握到。

访谈人：那您觉得有没有必要设立一个人民陪审员的退出机制？

陈庭长：合议庭的组成包含了人民陪审员，他们与法官的责任应该是共同的。现在追究法官的责任过错十分严格，但是人民陪审员就追究不到。怎么把他们管理好，也是值得研讨。

访谈人：人民陪审员长期跟你们打交道，也都熟悉了。有没有当事人通过找人民陪审员向法官说情的？

陈庭长：这种情况还是没有的。实际上，老百姓对人民陪审员制度的认识并不深，他们不知道人民陪审员在审判中所起的作用，这是原因所在。

访谈人：大多数情况下，人民陪审员会同意法官的意见吗？

陈庭长：一般的情况都是一个人民陪审员两个法官同台断案，案情简单的也许有两个人民陪审员，但是这种情况很少。如果人民陪审员多于法官，意见不一的时候，法官与人民陪审员产生的分歧就更大一些。目前来说，人民陪审员对于案件审理有不理解的地方，法官会向其解释、说明，他们基本上还是会同意法官的意见。提不同意见的也有，但这种情况不多。

访谈人：您觉得哪些方面还可以进一步改善？

陈庭长：从制度的整体情况来说，首先要注重对人民陪审员法律知识的培训，如果光从百姓的情感角度出发去参审，容易同法官产生分歧。其次是人民陪审员的管理机制，人民陪审员参审以后，对其也要有一种制约，才能达到一定的效果。这个制度在现阶段很有存在必要。在这种情况下，怎么去改革、怎么去完善是要考虑的问题，生搬硬套西方的陪审团制肯定不行。制度想民主化、法制化，想与西方接轨，那就得考虑周全，即建立制度后，怎么去内在衔接它，都要系统地规划好。目前来说，不可能所有法官都能充分认识到人民陪审员的重要性，老百姓也没有认识到人民陪审员在审判中的作用，双方对陪审制度的认识不是那么高。从我个人办案的体会来看，或许一些刑事案子中不需要人民陪审员，但是行政案件审判有人民陪审员参与就有作用，只是说在人民法院实行陪审制度是个薄弱环节，发挥不了它应有的作用，再加上这个制度管理上还没完善，我们甚至都没有固定的制度，就只有一些框架性、零碎的东西，所以达不到我们想要的效果。

（六）对 F 县人民法院政工室田主任的访谈

【"人民陪审员通过审理，自己就能够理解法官，并不是外界说法官乱判，拿了别人的钱，吃了别人的饭，他通过参审自己也就知道了，法官其实也很难……（人民陪审员制度要改革）经费问题首先要解决。经费解决了，人民陪审员工作才能跟上来，现在没钱你想的都是空的。"】

访谈人：田主任，请您介绍一下贵院人民陪审工作的一些情况。

田主任：从 2005 年开始以来，我们院长就非常重视人民陪审员工作，按照最高人民法院的要求，在 2005 年的年底，通过摸底，跟司法局、检察院等一些机构联系，然后在乡镇和一些县直单位筛选了 10 名人民陪审员，然后通过人大任命。2005 年就是没办几件案子。2006 年，因为刚开始搞人民陪审员工作，摸着石头过河，落实得不是很好，参审的人员也不多。按照上级的要求，就是对人民陪审员是搞机选、抽签的形式，但是在我们基层人民法院，要这么做其实是不好操作的。因为人民陪审员有自己的工作，你不可能全部选村里面的，有的还是选的单位上的，所以工作上会有冲突。我们一般把人民陪审员的联系方式做成通讯录打印出来，发给各个庭室。基本上我们选配人民陪审员的时候也会根据区域考虑，比如说像我们城郊法庭，如果要找人民陪审员，基本上就会找本区域的。一个是他路途短一点，一个是他对当地老百姓的情况熟悉一点，虽然都是在F县，但各地的习惯、法律水平都不一样，所以要找本地的人民陪审员来参与庭审，方便做工作，特别是有时候还要依靠乡政府，跟政府这块比较熟悉，就有利于人民法院审判案件。所以我们基本上不按照抽签的方式，而是按照区域配备，基本上是固定的，像城郊就是城郊的，城区就是城区的，从邻近的乡镇请人民陪审员来参审案件的次数比较少，这几年都是这么操作的。通过这几年，法官和陪审员之间建立起了比较亲密的关系，相互比较熟悉。通过人民陪审员参与案件，有些案件在调解方面成绩比较显著，因为他们来自基层、来自农村。我们法院讲的话，我们法官讲的话，有的当事人可能站在对立的立场上来考虑问题，他可能觉得我这个案子在你这个法院审理，你希望快点解决，他可能会有这种想法。虽然我们按照法律来答复他们，但他们不一定相信，而通过人民陪审员对他们做工作，讲法律、讲习惯，用比较接近他们的语言跟他们交流，他们容易接受一点，再加上我们在选任人民陪审员的时候，基本上选的都是在当地有威望、能说会道、懂一些政策、文化水平稍微高一些的人作为我们的陪审员，他们讲话还是比较有威信，老百姓还是比较相信，像有些我们在执行工作中比较难的、比较大的执行案件，我们也邀请人民陪审员还有乡政府的一些干部跟我们去做工作。比如我们在吉信镇执行了一起邻里纠纷也是采取这种方式，依靠政府、依靠人民陪审员还有监督员一起做工作，把这个工作做好了，当时顺利执行了这个案子。感觉有人民陪审员还是好。后来2009年的时候，按照上级的规定，要求人民陪审员要按照二比一的比例来配备，当时我们的审判员比现在要多，按照这个比例算，我们后来又补选了14名人民陪审员，补选以后，也是通过人大任命的。程序跟第一批是一样的，工作方式、方法也是和原来一样。对人民陪审员的日常管理归属政工，我们负责对人民陪审员的培训，2005年选的第一批人民陪审员，我们统一组织到中级人民法院培训了一个星期，经费都是院里面负担的；第二批的14名陪审员，人数比较多，全部放在一起培训，我们也没有这么多经费，我们采取的就是发一些法律方面的书籍和其他资料给他们自学；此外，就是我们选送工作比较积极，把表现比较好的人民陪审员送到省里去培训，这几年来已经送了四位同志到省里培训，然后他们培训带回来一些资料，我们把这些资料打印成册分给其他的人民陪审员。我们每年给人民陪审员开两次会，一个是年初布置工作，一个是年底总结，一起会餐、发放补助；平时有什么事情也会相互联系，他们到城里办什么事情，有时候要请他们吃饭。

访谈人：那现在总共有 24 个人民陪审员？

田主任：没有，现在只有 23 个，因为有一个人民陪审员犯罪被开除了。

访谈人：这个被开除的陪审员具体是犯了什么罪？

田主任：这个陪审员原来是劳动局副局长，因为他贪污受贿，被免职。按照现在的比例，我们现在的法官有 34 人，人民陪审员已经超过了法官人数的 50%，所以我们就不存在再补选的问题了。

访谈人：你们在确定名额的时候，主要考虑二比一的比例还是考虑人员的分布情况或者是乡镇的分布情况？

田主任：主要是考虑上级要求的二分之一比例（人民陪审员人数达到法官人数的二分之一），但实际上也不需要这么多。

访谈人：为什么不需要这么多？

田主任：因为我们法院每年的案子就六七百件，顶多八百件。

访谈人：人民陪审员有没有发挥他的作用？

田主任：有些就依靠他们做说服工作，但是有的案件碰到当事人好说一点就做通了，但有的也做不通。当事人有时还觉得陪审员与法官串通一气，他觉得你不一定跟他站在一条战线上，这种人也有，因为他不跟你讲法律，他就站在自己的角度考虑问题，特别是那些比较偏远的农村当事人，他就更搞不清楚了，很多案件是比较难办的。虽然案件不是太多，但是工作量很大，动不动他就上访，就喊冤，采取比较过激的手段。

访谈人：人民陪审员有参与接访工作吗？

田主任：有些老上访户不好做，这些方法都想过了。

访谈人：有没有尝试过？有什么效果？

田主任：都尝试过。对这些老上访户没用。

访谈人：在确定具体人选时，你们是按乡镇、按行政区划来分还是根据推荐的情况呢？

田主任：我们还是按照乡镇来分，因为案件每个乡都有，有的或许原来没有，但今后不能说它没有，所以基本上都是按照行政区划来分的。

访谈人：你们一共有多少个乡镇？

田主任：24 个。

访谈人：每个乡镇都有人民陪审员？

田主任：那也不一定，大一点的有，像有的稍微小一点的乡镇也没有，因为还要考虑县区这一块，县区这一块还是比较大的，案件基本上都集中在这一块。

访谈人：像你们县区这一块有多少人民陪审员？

田主任：那要看花名册，我没看过。

访谈人：每一个乡镇不一定都有，大一点的才有？

田主任：基本上都是看哪一个乡镇或者区案件多一点，就多分一点，案件少一点的也不能没有。

访谈人：所以也参照案件的数量来分。

田主任：要根据案件的数量，还要考虑地区，基本上是按照一区两个，还有就是上级规定你配备的名额。

访谈人：法庭也是按照案件数量来分的？

田主任：一个法庭管了几个乡镇，哪几个乡案件多一点就给他配了，有的乡镇就没陪审员。有的十几年来就是两三件案件，就没给他配，还有就是考虑到老百姓的法律意识，有的法律意识强一点，不配也可以，一般情况下你跟他讲清道理，他还是能听你的。

访谈人：请问你们本地区的老百姓对陪审工作参与的积极性高不高？

田主任：第一，你叫他，他都会来，他会发现他在参与陪审工作的同时，对我们法院会有一个新的认识，他原来就知道在你宣判的时候判了多少年，在参加审判之后，发现原来法院什么都管，对咱们法院的工作有一个全面的了解；第二，通过他们的宣传，他就觉得法院的工作也难做，同时能站在中立的角度来跟你们处理问题，法官也不认识你是谁，本身你这个纠纷发生了，要法院作为中间人，就像村组织给你解决问题一样，跟你们双方都没什么利害关系，原来都不是熟人，不可能偏向哪一方，关键是帮你们解决问题。陪审员通过向群众做解释工作，群众对我们的工作也能够理解。其实我们也很难，陪审员都有这种想法，经常有人跟我说，"哎呀，你们法院真是太辛苦啦"，他们听到原告怎么样也有理，被告也有理，法官要来区分到底谁有理，这真的很难啊。人民陪审员通过审理，自己就能够理解法官，并不是外界说法官乱判，拿了别人的钱，吃了别人的饭，他通过参审自己也就知道了，法官其实也很难。因为双方当事人打官司，谁有理他们自己很清楚，但是法官作为局外人，要通过证据来分析谁是真的，谁是假的，这肯定有一定的难度，所以人民陪审员通过参加这些活动,他就理解了我们法院,有很多事情他就帮我们呼吁。

访谈人:有没有人主动申请来当人民陪审员的?

田主任:大都是推荐。我印象中只有一个是自己申请的,就是人大的那个,现在是环境卫生部门的,是一个主任了,他是自己申请的,其他都是推荐的。

访谈人:(花名册上)有来自环境资源委员会的人民陪审员张某。

田主任:嗯,就是张某,环境资源委员会副主任,花名册上有。

访谈人:人民陪审员是怎么推荐的?

田主任:我们有一份推荐表,发到乡政府,让他们推选,推选之后填表,填表之后再交上来研究。

访谈人:你们先确定名额,然后再发表给他们填?

田主任:嗯,每个乡我们自己去跑,跟他们讲为什么要配这个人民陪审员,跟他们讲这个工作需要他们的支持。我们就提了一些推选人员的条件,把标准讲给他们听,然后他们再推选。因为我们也不了解具体情况,只有采取这种方式保证推荐人员的素质,使其能够方方面面达到我们预想的要求。

访谈人:主要依靠政府,依靠基层组织?

田主任:是的。依靠政府,依靠基层组织,还有社区居委会这些组织也推荐。一些人大代表也作为我们的选任重点,我们的陪审员当中有很多是人大代表。

访谈人:具体数据您知道吗?

田主任:那要看统计,要看一下我才知道。这方面我平时没统计。

访谈人:推荐完了以后?

田主任:推荐完了以后一般是向党组汇报,确定之后再按程序提请人大任命。

访谈人:推荐一般是按差额还是按等额?

田主任:推荐是按等额。经考察认为不合适或者说乡镇哪一个空缺了就另选一个,没有搞差额。

访谈人:直接向党组汇报,也不考察?

田主任:肯定考察,我们自己考察。考察要跟他本人见面,你不见面,万一他不肯,这样到时候就麻烦了。我们见面就跟他讲,不能推荐出来就跑了,推荐出来基本是做贡献,没什么好待遇。

访谈人:其他部门,比如说司法局没参与这个工作吗?

田主任:司法局没有参与这个工作。

访谈人：他们一概不管？

田主任：2005年的时候我们也跟司法局交流过这个事情，但在选人的时候司法局也没参加。人民陪审员要占审判员一半的比例，我觉得没这个必要。人民陪审员确实对工作起了很大的帮助，作为基层法院，包括中级人民法院，自己会考虑这个事情，我增加一点人民陪审员，因为这有利于我们的工作，没必要从省里面规定每个人民法院都一样，必须要达到50%的比例。有的地方就没必要要这么多，有的地方虽然配备了，很多人也没有参与这个工作，那又有什么用呢？

访谈人：现在经常来参与审判的人民陪审员多不多呢？

田主任：经常来参审的就一半。

访谈人：也有没来参审案件的？

田主任：也有。通过这么几年的合作，法官觉得大家都适应了，觉得相处得比较好，特别是像有的年纪稍微大一点的，在单位管的事又不多的人民陪审员，参审的相对要多一些，因为他有时间。而有的，我叫你一次你没空，二次也没空，我第三次肯定不会叫你了。有这样一个矛盾在里面，因为别人都有自己的事情，不是说天天坐在那里等你叫他审案件。再加上补助那么低。

访谈人：一般你们要启动这个程序是由庭里面自己决定吗？

田主任：就是庭里面自己决定。

访谈人：会考虑什么因素呢？

田主任：会比较的，一般会找联系比较多，叫起来比较方便的人民陪审员。

访谈人：你们这对参审率有什么要求？是不是一个庭的参审率必须要达到多少？

田主任：这个有。省里面有规定。

访谈人：这是不是他们启动陪审程序考虑的主要因素？

田主任：是的。因为你叫人民陪审员来审理案件，你安排他吃饭这些是肯定要的，这也要增加庭里面的开支。另外，现在我们基层人民法院基本上存在这种情况，就是审判力量不足，通过推行人民陪审员制度可以缓解审判力量的不足。

访谈人：如果不是参审率考核的问题，可能你们庭里面也不是特别愿意让他们来。

田主任：如果审判力量不足，组织合议庭比较困难，人民陪审员就派上用场了，所以我们还是愿意他们来的。

访谈人：人民陪审员还起了补充审判力量的作用？

田主任：确实，因为法庭只有一个审判员，加一个人民陪审员，还得请一个法官，才能合议。

访谈人：你们在人民陪审员选拔的过程中，有没有特别考虑他的一些特点？比如他是不是懂法律，或者他是不是有威望，或者他是不是有时间。通过推荐这种方式来选人的话，能在多大程度上保证能够选到比较合适的人选？

田主任：我们就跟乡镇提这些要求，推荐的人就要从这些方面考虑，然后我们还要进行考察。

访谈人：这样选的人能不能达到你们的要求？

田主任：基本上还是达到了要求。

访谈人：有没有可能出现这样的情况，人民陪审员中有固定职业的人占大多数，而普通老百姓比较少？

田主任：是这样的，人民陪审员中有固定职业的多一些，纯农民的还是少一些，因为要考虑补助，如果没有应有的补助，他们是不愿意参与陪审的。

访谈人：陪审员履职是有经费保障的，为什么还会出现这种情况呢？

田主任：一年县里面拨的人民陪审员的补助经费只有一万块钱。

访谈人：县里拨的人民陪审员补助只有一万块钱？

田主任：是的。

访谈人：那现在人民陪审员补助是怎么发的呢？

田主任：就是审一个案子二三十块钱，其他的没有。年底的时候发给他们。

访谈人：就是审一个案件 30 元，一个案件开庭多次也是 30 元？

田主任：是的，就 30 块钱。

访谈人：审一个案子就补助 30 块钱？

田主任：是的，就是这样子。因为县里面本来就给这么一点经费，我们县里面没有钱，没有这个能力。

访谈人：那就等于一年最多参审三百多个案子？

田主任：没那么多，一年基本上一百多件。

访谈人：一百多件？

田主任：就一百多件，要补助三四千块钱。还要培训、开会、年终慰问，这些都要经费，反正一万块钱肯定拿不下。年底慰问每个人花两百块钱，二十几个人就要花几千。这肯定超过了，还要吃饭。

访谈人：所以法院还要贴点经费？

田主任：肯定贴的。庭里面叫别人来开庭你还要请他吃饭，肯定也是一笔开支。

访谈人：在学历条件方面你们是怎么要求的呢？

田主任：在学历方面我们要求最好要中专以上，没文化的肯定不要，因为他自己都不懂道理，怎么跟别人做工作，至少是中专。没有一定的学历，怎么衡量他的能力？

访谈人：学历也是一个要求？

田主任：你没有个基本要求，村里面、乡镇怎么推荐呢？他也不好给你推荐，你肯定要提一定的要求。就像咱们现在招个审判员一样，也有个文凭要求，其实文凭和实际能力并不一定相对应，但是这又是一个必须的条件。上级的要求是大专以上，我们放宽到中专，也是根据上级的要求，也是把握运作的一个条件。

访谈人：在实际运作过程中，人民陪审员的学历到底对他参审作用的发挥有没有影响？比如说乡里面一个年长的人，在寨子里面很有影响力的一个老人家，他可能比有文化的人更有威望些。

田主任：这个是要考虑的事情，但它就是有文凭的限制。你不可能把一个文盲选上来。

访谈人：如果庭里面决定要启动陪审程序，陪审员是怎么选定的？

田主任：庭里自己选。我给他一个名单，他随便叫哪一个都可以。就是搞一个通讯录给他们，他们自己找，院里面也是这么安排的。

访谈人：熟悉了以后，要是陪审员有时间，每次都叫同一个人也可以？

田主任：在实际操作中就是这样子。就刚才我举那个例子，今天我叫你你没空，下次我叫你你没空，第三次我不会再叫你了。

访谈人：您怎么看待陪审制实施的状况？它还存在哪些问题和困难？

田主任：按照这个比例来配备陪审员并不一定跟实际需要相吻合。其实从我们F县来说，第一，我觉得人民陪审员配多了，其实不需要那么多。因为从审判案件来看，基本上只有一半陪审员参加审判，有的人担任人民陪审员几年了，一件案子没审，基本上失去了意义；第二，要争取县里面的支持，多给一些经费，如果经费多给一点，可能这个情况也有所改善，那么我们在第二轮配备人民陪审员的时候，可以倾向于考虑农村最基层的人员，特别是村干部。因为经济问题没解决，我们在选配的时候就只能倾向于选有工作的，因为我们没钱给农民补助，农民虽然是在农村，他出去打工，他一天的收入也是一百块钱左右，如果我们不能补助他们，他们还要养家糊口，人家肯定也不乐意，跟你审了几件案子，下次再叫他，他说我有事不来了，因为这是干白工，别人就不肯跟你干，这是一个经费的问题。还有一个培训方面也跟不上。经济方面没钱，什么事情都搞不好。本来我也想一年给他们培训那么一两次，然后组织他们到外面参观、学习，开阔眼界，但是没钱这都是空话，都是空想。所以我们也请求人大帮我们呼吁，每年年终预算的时候，把人民陪审员的经费补进去，多安排一点经费。人民陪审员也提出要发衣服，但上面说好像不能发衣服，我们觉得他们要发几套衣服。另外，人民陪审员要求一年组织出去考察一次、组织一次集体培训，这个要求其实也是最基本的，但是我们无法满足。原因是我们经费太紧张了，没钱什么事只是空想。

访谈人：不少地方人都存在所谓"陪而不审"的现象，F县有没有这个现象？

田主任：应该说个别案件也有。

访谈人：在合议的过程中，人民陪审员的意见和审判员的意见不一致的时候如何处理？

田主任：人民陪审员的意见跟法官的意见不一样的时候，肯定是按照少数服从多数的原则来处理，但是要重视人民陪审员的意见。分管的院长在批这个案子的时候也要关注人民陪审员的意见，假如他提的有道理，那就要提交给审判委员会，提交审判委员会去确定这个案件的处理意见。

访谈人：你们对人民陪审员要不要进行考核？如果陪审员办错了案子还要追究，您觉得这个合不合理？

田主任：实际上我们的人民陪审员没有考核，因为我刚才说了，我们的义务跟权利应该是相等的，我们不能给他们补助多少经费却要他们承担这么大的责任，我觉得也是不公平，这样要求也做不到。可能有些地方对人民陪审员进行追究，我感觉要求有些太高了。也许到大城市，比较发达、先进的地方，这么要求可能行得通，但是我觉得在咱们基层法院肯定是行不通的，人民陪审员认为大不了我不来了，我不帮你审，你怎么追究我。

访谈人：你们这里有没有出现"陪审专业户"的现象？

田主任：没有。

访谈人：有没有陪审员一年陪审几十个案子，甚至上百个案子呢？

田主任：没有。毕竟陪审要花时间、花精力，陪审一起案件仅有30块钱，谁能看得上呢？

访谈人：据我们了解，有位龙姓的陪审员陪审比较多。

田主任：他原来在千工坪乡当人大主席，后来调到畜牧局，现在是畜牧局的一般干部，他没有退休，是在职干部。他的工作经验比较丰富，在基层当领导也当了好多年。当过人大主席，当时乡镇调解纠纷这一块也归他管，所以乡镇把他推荐给我们。

访谈人：他是从乡镇推上来的，后来工作才调动的？

田主任：是的，后来才工作调动了，调到畜牧局。原来在乡政府，所以像山江这边有什么大一点的案件，都是要他去帮做工作，他做这个工作就没什么，他纯粹是对咱们这个工作比较热衷，只要叫到他，他都来，从来没有拒绝。他也曾经被省里面评为"优秀人民陪审员"。有个吴姓陪审员是今年到州里面评的"优秀人民陪审员"，她和龙某也都是今年州里面评的。

访谈人：吴某是干什么的呢？

田主任：她原来在妇联当副主席，去年年底提拔到老干部局当局长。当时我们考虑妇女儿童这一块也要推选一个陪审员，她是我们州里面评选的"优秀人民陪审员"，我们县评的是两个，其他县只有一个。

访谈人：你们这里司法局完全不介入陪审工作，不介入陪审管理，有没有什么原因？是沟通不畅的原因，还是你们已经协调好了，就由法院来管，司法局就不管？

田主任：就是由我们管，司法局也懒得管这么多事情。

访谈人：比如说人民陪审员的选任，司法局是要参与考察的，要把关的，司法局不管就等于他也没把关，他全部放手了？

田主任：对。第一，他觉得这跟他没多大关系；第二，他不一定觉得很有用，多一事不如少一事。

访谈人：像目前这种状况，您觉得人民陪审员制度改革朝哪个方向改会比较好呢？

田主任：第一，经费问题首先要解决。经费解决了，人民陪审员工作才能跟上来，现在没钱你想的都是空的。第二，按照我的预想，给他们每一个人建一个档案，然后向他们提要求，每一年至少要参加审理多少件案子，要定任务，要不然有的虽然担任人民陪审员，但一件案件都没审，就没有它的意义，没有作用。往上面报说我们配了这么多陪审员，看起来队伍那么庞大，其实发挥作用的就只有一部分，所以我就说从工作量上给他们量化，至少要办多少案件，多了不限。第三，每年要组织人民陪审员培训，国家每一年都出台很多法律，仅仅靠原来学的那点法律知识肯定是不够的，我们法官都需要不断学习，何况是人民陪审员！他们有自己的工作，平时也没多少时间来学习法律方面的知识，那我觉得培训很重要，每年至少要搞一次。也可派他们到上级法院培训。第四，就是每一个季度要开一个会，把人民陪审员召集起来，大家谈一下感想，审判当中存在什么问题，人民陪审员要注意什么事情，哪些方面需要提高，一个季度做下来，这个季度审了多少件案件，哪些类型的案件。第五，有条件的话，就两三年组织出去看看，人民陪审员工作比我们搞得好的地方肯定多的是，我们向别人学习，看别人是怎么做的，到外面去看一看。我就感觉要做这几方面的工作，但如果经费没有保障，提这些，都是没有办法实现的。

（七）对 F 县人民法院民二庭李庭长的访谈

【"'两陪一法'存在固有的弊病，人民陪审员素质欠缺，都搞'二比一'，案件定性、证据认定会出现偏差。我们大多数案件不用通过审判委员会，只要通过合议庭就解决了……人民陪审员一般都没有经过培训，都是从各单位、各部门邀请过来的。假如严格按照人民陪审员认定的意见裁判，你知道，法律与情理有时是有冲突的。"】

访谈人：请问人民陪审员是如何配置的？

李庭长：我们法院历来是由业务庭室从十几个陪审员中选定后，电话通知他们来参加陪审活动。

访谈人：就是由每个庭室自己安排。

李庭长：是的。我原来在城郊法庭的时候，有个人民陪审员是镇人大主席，我一般跟他联系比较多。后来到民二庭，有个退休老同志，原来是人大主席，我们联系也比较多。都是自己联系。

访谈人：也就是说，如果需要人民陪审员来参审，法官自己联系人民陪审员，不需要通过政工室，对吧？

李庭长：是的。

访谈人：关于启动程序，一般有两种情况。第一是法院依职权启动。第二是当事人主动申请由人民陪审员参与案件的审理。请问在民二庭一般是哪种情况呢？

李庭长：第二种情况比较少。民二庭有 4 个审判员，因为工作任务太重，忙不过来，就请人民陪审员参审，审判员与人民陪审员一般都是二比一的比例，一般情况下都是依职权启动的。

访谈人：我们调研了几个法院，有的人民法院合议庭组成形式是"两法一陪",也有的是"两陪一法",但在这(指 F 县人民法院),根据我们查阅档案情况来看,几乎没有"两陪一法"的情况,这是为什么呢?

李庭长:一般审判长由法官担任,合议庭组成人员是一名法官、一名陪审员。在我们法院,人民陪审员绝大部分都是有工作单位的,有时候有些人民陪审员因为工作原因不愿意来参审。如果一个案件同时需要两个陪审员都来,很难实现。再说,"两陪一法"存在固有的弊病,人民陪审员素质欠缺,都搞"二比一",案件定性、证据认定会出现偏差。我们大多数案件不用通过审判委员会,只要通过合议庭就解决了。这个与人民陪审员制度设计本身也有关,人民陪审员一般都没有经过培训,都是从各单位、各部门邀请过来的。假如严格按照人民陪审员认定的意见裁判,你知道,法律与情理有时是有冲突的。我们法官是从法律、职业道德的角度看问题,而人民陪审员是从情理方面看问题。加之,我们这边民族风俗和法理也有一定的冲突。所以这个问题是多层次、多方面的,实践中不得不考虑。

访谈人:听说你们在通知人民陪审员参审时会发函,一般是提前几天通知他们过来呢?

李庭长:确定开庭时间以后,也是按照通知当事人的方式将函一起发出去。

访谈人:通知发出以后,人民陪审员从接到通知到开庭这期间,他们会做什么准备工作呢?法院又要求他们做什么准备工作呢?

李庭长:一般是开庭当天来,然后法官将有关案情介绍一下,告诉他们案件的重点是什么等。

访谈人:人民陪审员不会提前来法院了解案情,开庭当天才过来?

李庭长:对,一般我是九点钟开庭,他们八点半就来了。

访谈人:您觉得人民陪审员如果要发挥作用,是应该发挥情理的作用,还是应该发挥经过培训得到的法律知识的作用?

李庭长:当然,人民陪审员同时能够懂点法律知识更好,根据情理断案这点大家都知道,这也是人民陪审员最主要的、不可磨灭的作用。他们配合我们做调解工作是很好的,毕竟大多来自基层,他们从他们的角度做工作,我们从法律上做工作,相互配合比较好。

访谈人:有这样的典型案例吗?

李庭长:这个我没有统计,但我们每年的司法绩效有统计,去年民二庭 440 多件案件,调解多少就记不清了。

访谈人:根据我们查到的数据显示,每年民事案件调解结案的大概有

300多件。但是普通程序调解结案的，不是很多。

李庭长：这个调解率与工作安排有关，也与当事人的态度、民风、对法律的认知程度有关。一般情况下，当事人对人民陪审员抵触情绪较小。

访谈人：当事人对陪审制度是不是很了解呢？

李庭长：有没有了解，我不知道。但是我们宣布采用人民陪审员参审的时候，他们是知道这个制度的，他们心里怎么想我就不是很清楚了。

访谈人：关于您说的民族风俗问题，人民陪审员在参与审理这类案件的时候发挥的作用大吗？

李庭长：民族风俗确实是个问题。法律和民俗有时候冲突很大。举个例子，在我们20世纪八九十年代的农村，当时的法律规定，如果取消订婚，彩礼适当返还。但是，根据本地民族风俗，送出的彩礼一般情况下是归女方的，如果男方退婚，彩礼是一分不退的。如果女方退婚，彩礼必须全部返还。我当时经手这类案件比较多，我们做了大量的工作，从法律和风俗方面，尽量找到两者平衡点。另外举个例子，在我们这里苗银是很有名的，如果一户人家娶媳妇，送出的彩礼有银器，按照我们的风俗，一旦离婚，女方要将银器退回。虽然法律规定个人生活用品归个人使用，如果按照法律，女性的首饰就会判给女性了。但是因为银器是祖传下来的，而且传女不传男，只传媳妇，离婚后你不是人家媳妇了，人家当然得拿回，待下次男方娶亲的时候再送给新媳妇。所以，一旦发生这样的纠纷起诉到法院，法院必须做出这样的裁判，银器判给男方。中国这么大，风俗习惯太多了。

访谈人：如果法官坚持依照法律办案，人民陪审员坚持依照民风民俗办案，怎么处理呢？

李庭长：在我们这里，法院本身都会尊重民族习惯，我们是知道的，民族之间交往比较注重风俗，尤其是结婚，农村不比县城。比如前面我说到的银器不可以拿走，也拿不走，那是人家祖宗一代一代传下来的。

访谈人：在案件合议的时候有没有出现这种情况，就是人民陪审员与法官的意见分歧很大，难以定夺，最后不得不提交给审判委员会决定？

李庭长：这种情况比较少，大多都会达成统一。如果是复杂的案件，出现两三种观点，也会提交审判委员会讨论决定。陪审员有发表意见的权利，如果他坚持他的意见，我们会记录在案。合议过程中一般是法官、人民陪审员先发言，发言以后审判长再发言，如果不能达成一致意见就会提交审判委员会决定，不存在较大的争议。

访谈人：人民陪审员除了参与审判，是否还参与执行呢？

李庭长：一般不会，这没有法律规定。执行的时候为了稳妥，由检察院的人和人大参与执行。

访谈人：检察院在此过程中起什么作用呢？

李庭长：监督。原来检察院经常说我们在执行过程中存在违法行为，滥用强制措施，我们干脆把检察院的人请过来监督。

访谈人：在执行过程中引入人民检察院和人大来进行监督主要是基于什么考虑？

李庭长：现在执法困难，执法环境不好。当事人法律意识越来越强，当事人懂法，但又不是很懂法，总觉得人民法院执行违法了，所以我们干脆请检察院、人大的有关人员过来摄影拍照等。

访谈人：我们了解到，有些地方的法院实施执行监督员，有些执行监督员本身也是人民陪审员，对此，您怎么看呢？

李庭长：您说的这类监督员我们F县没有，但是我们有执法监督员。

访谈人：执法监督员具体参与哪些工作呢？

李庭长：包括监督审判程序和执行程序。

访谈人：怎么监督呢？

李庭长：法官在履行职务过程中有违法行为时，他们可向纪检部门、人大反映。

访谈人：在审判过程中，可能涉及少数民族语言问题，少数民族人民陪审员会不会兼任翻译呢？

李庭长：我们这都懂少数民族语言，苗区的案件都需要懂苗语的审判员和陪审员。况且现在很多苗族的人都会汉语，年轻人在外面打工，普通话说得比我们还好，基本上没有什么障碍，只有六七十岁的老人家才不懂汉语。

访谈人：你们有没有专门选择诸如医疗、建筑等专业领域的人民陪审员呢？

李庭长：医生这方面的没有，物价的、审计的有。审理医患纠纷案件，一般都根据医生的鉴定，问题不大，在审判之前一般医学鉴定都出来了。

访谈人：您觉得是否有必要增选一些建筑师、医师等专业方面的陪审员？

李庭长：我觉得有必要，可以弥补法官专业知识欠缺，法官不是多面手，什么都懂是不可能的。比如建筑方面，我今年审理了一个案件，被告承租了原告的房子作为开设宾馆之用，原告的房子本来是开洗浴城的，被告承租了以后为了经营宾馆之便，装修的时候拆了一堵墙，加了两堵墙。原告认为被告的行为损害了房屋布局，对房子的质量造成了危害。合议庭认为，原告应对自己的主张提供举证或者请房屋质量监督局做出鉴定，原告不肯；为了案件的稳妥处理，我们咨询了有关方面的人士、专家，他们的意见是承租人的行为对房屋质量没有影响，于是我们据此做出了判决。如果我们的合议庭组成人员中有一个陪审员是这方面的专家，我们就不必去问专门人士了。

访谈人：有人认为，医疗纠纷本来就是跟医生、医院打官司，现在又找一个医生来做陪审员审理案件，这样做反倒容易导致司法不公，您怎么看待这个问题呢？

李庭长：我觉得不会。医学鉴定同样是医生做出来的，医疗事故鉴定也是上级医院的医生做出的。

访谈人：鉴定报告毕竟只是作为证据，但是医生如果作为合议庭成员，就是一个裁判者了。

李庭长：这个问题没有深思过。这又让我想到英美国家的法官了，他们的法官工作少很多，仅仅解决适用法律问题。

访谈人：您谈到英美法系陪审团，我们知道美国陪审员一般都是不管法律适用的，只认定事实。我们国家人民陪审员一般与法官同等职责，既要认定事实又要适用法律，您觉得哪个好？

李庭长：我国走的都是大陆法系的路线。

访谈人：目前情况下，您觉得人民陪审员参审积极性如何呢？

李庭长：积极性还可以。

访谈人：据我们了解，贵院23个人民陪审员中有十多个一般都是不来参审的，对这种情况该怎么处理呢？

李庭长：我们民二庭就是这几个人，他们没有空不来没关系，有空的来就可以了，我们都很熟了。

访谈人：有没有当事人通过人民陪审员向法官打招呼、说情的情况出现呢？

李庭长：没有。一般合议庭组成人员都是开庭前三天通知，当事人要想打招呼或说情可能来不及，目前还没有这种情况发生。

访谈人：我们查档时发现社会影响比较大的案件中，三位法官组成合议庭审理的比例较高。

李庭长：这个不是刻意安排的。如果审判力量够的话，我们不会安排人民陪审员。

访谈人：审判力量欠缺才会安排人民陪审员？

李庭长：是的。案件重大复杂，安排三个法官一起审是最好的。

访谈人：你觉得引入人民陪审员判案，是否有助于解决群众比较关注、社会影响比较大的这类案件？

李庭长：有帮助。我在 2003 年审理过一个重大交通事故案件，事故当中死了九个人，这个案子审理时好像是"两法一陪"。这个案件影响就很大。县里都挨批评了。

访谈人：上级有没有规定陪审率的指标呢？

李庭长：有。在绩效这一块提出了。

访谈人：一般都能达到吗？

李庭长：都能。我们本来审判力量就不够，陪审率远远超出了要达到的指标，这跟院里的制度也是有关的。

访谈人：听说人民陪审员陪审一个案件补助 30 块钱，不管开几次庭都是 30 元吗？有没有人民陪审员因为费用问题向你们反映的？

李庭长：对，开庭次数多也是 30 元。人民陪审员费用由院里承担，与具体庭室没有关系。

访谈人：您觉得在民二庭，人民陪审员制度运行还存在哪些困难？哪些是有待改革和完善的地方？

李庭长：一方面，提高人民陪审员法律素养是必需的，必须是高素质的，有思想、有道德，特别是道德，职业素质也很重要。另一方面，关于改革措施，人民陪审员制度还不完善，如在选任方面、培训方面都有待完善。此外，人民陪审员的惩罚必须与法官同等对待，当然这是基于主观上的错误，客观上的过错可以不承担责任，毕竟每个人对案件看法不同。如果判错案，该追究的还是要追究，人民陪审员既然参与了合议庭，就得承担责任。

访谈人：实施错案追究机制，怎么追究陪审员责任呢？

李庭长：可以罢免资格、开除公职、给予处分，像法官一样。当然，这种追究处理必须是基于主观恶意，如果是认识上的问题则不应该追责。

（八）对 Y 县人民法院政工室李主任、王主任的访谈

【"我们之所以选一些基层干部来做人民陪审员，其中一个很重要的原因就是我们通过他们的社会威望、特殊的岗位和角色，来进行调解、化解纠纷……陪审员若连一些民事诉讼、刑事诉讼的基本常识都不懂，那么也是说不过去的。所以，对陪审员的要求，最好大部分是学法律专业的，我

们的人民陪审员基本具有法律专业大专以上的文凭，还有几个是通过司法考试的，我记得我们这里的情况是这样。"】

访谈人：李主任，您好！您是分管政工室这一块工作的？

李主任：对，我分管政工工作，人民陪审员也归我们这里管。

访谈人：法官、人民陪审员一般都是由政工室管吧？

李主任：对，都归这里管，这里相当于一般单位的人事科之类的部门。

访谈人：请您从人民陪审员的选任、培训、管理、考核这几个方面来介绍一下。首先，请问我们F县陪审员选任程序是怎样的呢？

李主任：人民陪审员制度开始实行的时候，我还没在这里工作，我大概了解了一下情况。应该来说，人民陪审员是通过人大任命的，选任的时候我们特意要求各个部门、各个行业、各个系统推荐，这样就使得构成比较合理。比如说，辖区要推荐两个人民陪审员，一个就是人数分布相对比较合理，就比如说哪几个法庭，哪几个辖区推荐几个人民陪审员。县城这块可能要多一些，这个主要是因为县直机关主要都在县城，所以这里可能要多一些。需要推荐多少，先规划出一个大概名单，要求推荐的各个行业中最好包括一些带有专业性质的，比如医疗、电力、妇联，还包括一些基层的干部，就是那些基层的村支书、村主任，调解员在这里面会有一些比例，还有教师、离退休干部也有一些比例。反正就是对人员构成、比例先有一个初步设想，然后通过行业推荐再来考察。

访谈人：请问这里面的一个细节问题，这个选任公告是在网上公告还是只对医疗、电力等这些机构点对点发布？

李主任：这个公告向全社会公开，他自己可以报名。早两年我还在庭里面时，他们让我拟一个公告，我记得拟了一个公告，就是后面这关于任命18名人民陪审员的公告。拟完以后，在电视台播出公示、在社会上张贴公告，然后走访各个系统，比如商业系统、卫生系统、教育系统，让他们帮我们推荐几个人民陪审员，推荐条件有三个，一个是具有一定的法律知识，一个是为人公道正派，再一个是乐于参加人民陪审员工作。全部确定这部分人选之后，人大就举行了一次考试，最后根据考试成绩综合考虑之后来确定的任命人选。

访谈人：人大还组织考试？

李主任：是人大组织的。但不是人大单独命题，我记得当时我也参与了命题工作。卷子是他们自己改的，我们提前把答案给他们。

访谈人：这是我们第一次听说有这种做法，这种任前考试考什么内容呢？

李主任：就是考一些基本的法律常识。陪审员若连一些民事诉讼、刑事诉讼的基本常识都不懂，那么也是说不过去的。所以，对陪审员的要求，最好大部分是学法律专业的，我们的人民陪审员基本具有法律专业大专以上的文凭，还有几个是通过司法考试的，我记得我们这里的情况是这样。我们考虑的是容易进入这个角色，就是说他本身有一定的法律基础知识，容易跟法官沟通。至少他在事实认定、法律适用等方面的法律观点不会跟法官分歧太大，一些基本的常识都懂。

访谈人：任前考试结果对选任影响大吗？

李主任：我们一般是要求法律专业大专毕业的，就是要求推荐人选法律知识比较扎实，或者从事过法律工作的，有一定法律知识基础的。一般都是这类人才来参加考试，考试题量好像挺大。我印象当中，基本上是按照成绩的排名来确定人选，成绩太差是不能担任人民陪审员的。因为参加考试的人选和实际的名额之间有很大差额，并不是参加考试的人都能够被任命为人民陪审员，该人选的其他方面也是我们考虑的因素。但是，法律基础知识是作为我们的一个硬性条件，人民陪审员必须要掌握的，并不是说随便谁来都行。

访谈人：那考完试以后呢？

李主任：考试通过以后人大还要对他们进行考察。人民陪审员任命（程序）和审判员任命程序一样，审判员任命之前也要考试，也要在常委会上做一个任职前的发言，然后常委会通过投票决定。人民陪审员的任命程序也要有考察和公示，他们也要向全社会公示，群众可以通过举报电话、投诉电话等形式对其任命进行监督、举报。

访谈人：任命程序中的考察具体怎么组织呢？

李主任：走访候选陪审员的生活或者工作的圈子，基本上和政审一样，要去了解一下他这个人怎么样，通过召开座谈会的形式，面对面地调查了解他的工作能力怎么样，他做这个岗位适不适合。就是听取一下周围群众的意见，他同事的意见，通过各方面对他的反映，最后得出一个考察结论，看他是否适合当人民陪审员。这比我们在审判员考察中做的事情还要多一些，因为审判员只是在法院这个圈子里面了解一下，而人民陪审员的了解范围相对就宽一些。

访谈人：感觉跟现在公务员招考政审一样？

李主任：有一点这个性质。

访谈人：有通过考察没有任命的吗？

李主任：应该没有。到底是先考察还是先考试，好像应该是先考察再考试。但是考试这个事情就我知道的来说，有蛮多人考，考了之后有蛮多人被淘汰，就是说不合格。

（访谈中，Y县政工室原主任王主任加入访谈）

王主任：我们是严格按照人民陪审员遴选的相关法律程序来进行的。首先，我们发布公告，公告之后，符合条件的自愿报名，报名后我们按照规定要至少筛选出一半，如四十个起码要二十个以上；若报名有五六十个，那么这五六十个人是否符合条件由我们自己审查，像文凭、职业、社会上的表现，等等。我们筛选之后，人大的工作人员就跟我们一起去考察。比如说需要遴选二十个人民陪审员，那么我们就要考察二十五到三十个。考察通过之后，还要通过法律知识考试，考试合格的就可以获得县人大的任命。

李主任：我把王主任的意思补充一下，他的意思是先考察，再考试。考察就是假如我们这里要任命二十名人民陪审员的话，我们至少要考察三十名，考察主要是从他的单位领导、同事以及一些对他情况比较了解的群众那里了解他的为人、道德品质、法律知识、工作能力以及学历等各方面的情况，经综合考察之后没什么问题的话，再去参加人大组织的法律知识考试。最开始由他们自愿报名，我们会到各个行业去做一些工作，要各个行业推荐，获得推荐之后，他们自己报名并提交学历、简历表等，然后我们再去考察，考察以后再考试。因为考试比较硬性，考试分数是多少就是多少。而考察是靠人评估，首先是根据这个乡到底需要多少来初步定几个，然后产生的差额通过考试来筛选掉。

访谈人：这种考察是不是要到实地进行？

王主任：到实地。要和本人谈话。

访谈人：每个人都要考察到？

王主任：是的。我们是预先定了考察范围的，在文化知识都相当的情况下，若年纪大一点，六十多七十岁的，我们有年轻的（候选人）就不会选这么老的，即便他是老同志，以前可能也参加过政法工作，但是岁数比较大，我们还是感觉不方便。因为他的身体可能不是很胜任，虽然他的工作热情很高，但是有年轻的（候选人），我们还是尽量选年轻的。

李主任：这个工作还是很多人想参与，并不是说没有人愿意来。首先，我们的公告张贴下去之后，报名的人比较多，我们也通过公告宣传了一下；其次各个行业都要推荐，特别是要他们推荐了一些专业技术人员，他们单位会动员一些人来报名。

访谈人：这些主动报名的占多大比例？

王主任：基本上占一半。推荐的占一半，自主报名的占一半。推荐的一半就是各单位，像卫生部门、建筑工程部门等一些专业性的单位；还包括在维护妇女权益方面的妇联。如果审理的案子需要相关的专业就叫相关专业的人民陪审员过来参审。

李主任：我记得我以前写过一个东西对人民陪审员大概统计了一下，特别是2009年那次人民陪审员选任，总共是21名人民陪审员。其中在职干部1人，退休干部7人，农民4人，企业团体人员4人，其他社会工作人员5人；第一是搭配比例，就是说各个行业、各个阶层都要有相应的人民陪审员，使人民陪审员具有代表性。第二就是注意将一些复合型的人才选任为人民陪审员，选择有法律知识、有专业技术、有群众基础的"三有"型人才担任人民陪审员。

访谈人：人民陪审员从2005年到2010年正好是两届，这种选任模式从第一届就这样做呢？还是从2010年才这样做的？

李主任：应该从第一届就这样做了，但是我们第一届人数比较少，我们只选了5人，第二届我们就选了18人。

王主任：第一届选了5人，但实际上来参加工作的也就3人左右。

李主任：有两个人是在职的，因为工作比较忙，来参加的次数比较少。另外有两个因工作调动取消了其人民陪审员的资格。实际上是任命了三次。2005年任命了5名；2009年任命了18名；2010年，由于2005年任命的5名人民陪审员到期了，到期了以后有3名表现得比较好的，又继续选任了。所以，到现在为止总共是21名人民陪审员。

王主任：还有一个问题，在报名的时候，有些领导干部我们不是不要，只是有意识的少要。因为，一方面领导干部比较忙，一到开庭了，他可能在开会；另一方面，他们流动性较大，经常工作调动，如果工作调动了，就成了空占名额，没有实际履行这个职责。不过，有些部门的领导干部我们也要一些，比如说我们妇联的副主席康某，她就代表妇联这一块了，也算领导干部。

访谈人：像村支书、治保主任这些人也挺忙的，他们有没有时间来参审？

王主任：这些人一叫就来，而且对法律工作的热情比一般的人要高。

李主任：他们觉得来法院做人民陪审员是一种荣誉。

王主任：和法官坐在一起，政治地位很高，他们会感觉很荣幸。为什么老是选村支书、村主任呢？因为，第一他们在地方上都是有威望的人。第二都符合大专以上的文凭要求，一般的人没有这个文化水平。第三就是品德、责任心都很强，比一般的村民还是要好，并且大部分都是共产党员，在地方上也能起到带头作用。所以，他们具备这个素质来参加陪审，人民群众也愿意派他的代表来参加审判，不是法院一家说了算。

李主任：我们之所以选一些基层干部来做人民陪审员，其中一个很重要的原因就是我们希望通过他们的社会威望、特殊的岗位和角色，来进行调解、化解纠纷。

王主任：农村的调解，通过法院的法官参加进来，融合在一起解决问题，方法办法也多，道理讲得也透彻，从法理上讲这些村民也比较服，至少他们参与审判会发现我们人民法院没有暗箱操作，是很公平公正的，这样很多矛盾就可以化解。

李主任：因为现在在全国范围内司法公信度普遍不高，老百姓对法院不信任，他们总认为法院在审理案件的时候会偏向一方当事人，会有一种不公正的因素在里面。

访谈人：村干部大小都是个"官"，在老百姓心目中，能不能代表他们呢？

李主任：老百姓是没有这个心理的。这个基层干部，总的来说村一级的干部，村治保主任也好，村支书也好，在当地村民心中，他的亲和力还是比较强的。至少他能较好地处理当地的纠纷，村民会认为这个人会站在他们那个阶层说话，他们这种亲和力使得村民不会把他们看作是政府的什么官员。

王主任：村干部和村民还是能比较融洽的相处。

访谈人：人民陪审员当中有没有普通市民？

李主任：也有。主要是一些个体户。

王主任：私营个体户有好几个呢。

李主任：其中一个女人民陪审员刘某，她是卖家电的。还有一个美术教师，他很有素质的。陪审员中，很多职业都有，其中还有通过司法考试的，还有法律专业的。

访谈人：选择人大代表担任陪审员，会不会考虑与人大代表搞好关系，方便在人大会上通过人民法院的工作报告？

王主任：我们基本上不考虑这些，但是人大一般也给我们推荐一个人大代表做人民陪审员。

李主任：我们并没有把人民法院工作报告通不通过作为人民陪审员遴

选的考虑因素。我们首先要考虑的人员配备相对比较合理，具有各个行业、各个阶层的代表性，就是代表各方面群众的声音来参与到司法当中来；其次我们需要考虑的是"三有"：有法律知识、有群众基础、有专业技术。我们主要就是从上述两个方面进行考虑。

王主任：我们写了一个经验介绍报告，在全市政工会议上的发言受到了很高的评价。

访谈人：从这个学历比例上来看，已经相当高了。之前调研的其他法院没有一个做到人民陪审员文凭全部在大专以上的，并且仅法律专业本科的就有七个。

王主任：这些村干部都是大专文凭，没有大专文凭是不行的。

李主任：我们当时的一个要求就是有一定的法律基础。这样容易和法官沟通，作为陪审员，不能连基本的法律常识都不懂，否则组成合议庭之后沟通起来就会闹矛盾。不能说没有分歧，但是在一些常识上最好不要有分歧。

访谈人：选人民陪审员到底是该选一些懂得法律知识的，还是选一些德高望重的，主要依靠常理、人情来判案子？

李主任：我觉得这两方面都要考虑，正如我刚才所说的，我们当时考虑的是一个要有群众基础，另一个是要有法律知识，这两者都比较重要，都要考虑。

访谈人：陪审员的补助你们是怎么发放的？

李主任：现在我们是按照陪审员来开庭实际耽误的费用以补助的形式给他们，是按照误工费的标准计算的，多的去年大概发了八千多块钱，少的也有几百块钱。就是说，我们要求每个人至少要参与审理两个案件。

访谈人：每个人民陪审员至少参审两个案件？

李主任：对，至少要参审两个案件。至于其他的，我们考虑的是时间是否比较充分。我们把这个情况跟人大反映了，人大也来督导这个事。作为陪审员，如果没时间参审，人大就免掉其陪审员资格。

访谈人：有这个制度吗？

李主任：制度是有，但是否明确到这一点不确定，至少这是文件里面反复强调的。我们每年开几次座谈会，有哪些地方不足我们也会强调一下，人大常委会的领导也到会。

访谈人：他们也会参与到这样的座谈会？

李主任：他们会参加座谈会，而且他们会反复强调人民陪审员至少要保证办几个案件。

访谈人：有没有人大代表来旁听人民陪审员参审的案件的情况？

李主任：这是经常的。我们现在普通程序的案件可以说百分之百有人民陪审员参与。不是很特殊的情况下，一般都是有人民陪审员参与的。

访谈人：通过查档案我们已经发现了贵院的陪审率很高。

李主任：但是一些需要到外地开庭的案件，确实存在一些不确定的因素，比如说有些是到监狱开庭或者其他情况，可能人民陪审员一起去比较麻烦，而且有时候确实耽误人家太多的时间。在这种特殊情况下，就没有人民陪审员参与审判，但要求是所有普通程序的案件都必须有人民陪审员参审的。陪审员多的一年参与一百多接近两百件案件，像一些退休干部基本上就坐在这里，他们的补助多的时候一年有八千多块钱。

访谈人：每件案子是补助多少？

李主任：我们是按照工作的天数来发补助，具体补助怎么发的要查我们财务上的账，但是我知道我们一年要给他们几万块钱，另外每人每年还要给他们六百块钱的资料费，就是让他们自己买书籍。原来也买过一些书籍送给他们，但是每年都会安排几百块钱给他们自己买法律书籍的。

访谈人：每个人都有？

李主任：每个人都有，这个是规定，按人头发，每个人六百。就是每年年底的时候，和那个补助一起发给他们。

访谈人：请问培训费用是财政预算单列出来吗？

李主任：财政是这样，它只预算一年总共给我们多少经费，没有明确如何具体地分配。对于人民陪审员经费，具体要问一下财务室，原来好像是给六万块钱还是多少钱的预算，大概就是说他一年会给我们一笔钱，反正不高，这笔费用通常是不够的，我们还从人民法院其他办公经费当中挤了一些过来。

访谈人：还从别的经费中挤？

李主任：对。我们在做预算的时候也向人大反映了这个问题，他们都说我们每年培训搞少了，我们说你们在做预算的时候应该帮我们把一下关，财政预算给我们法院的就这么点钱，我们已经全部投入进去了，现在还不够，我们另外也投入了一些办公经费进去，如果经费允许的话，我们也希望给他们更多的培训机会。

访谈人：有从来没有参加过陪审的人民陪审员吗？

李主任：这个绝对没有，我们每个庭的人民陪审员至少要轮流参审一遍。书记员不能以为哪个好通知，哪个容易通知就随便选取，因为每个人民陪审员必须先参与一遍，其他的以后再轮流。本来上面要求是随机抽取，但实际操作还是没有这样。因为有一些人确实工作忙，你反复要他来，他也分不开身，而像那些退休的人员和一些社会上的个体户，他们也没什么事情，反而比较热衷这个事情，他们有的是时间，就尽量多安排一些陪审工作。当然，一些特殊的案件，需要具备财务、建筑、医学等专业知识的，我们也会有意地安排具有相关知识的人民陪审员参审。绝对每个人都有陪审过。说实在的，我们大部分法庭审判员都不够，不找人民陪审员也开不了庭，而不是我们一定要求人民陪审员参与，所以只好找当地辖区的陪审员。

李主任：我们去年通报的参审案件最少的好像是政协的一个陪审员。

访谈人：最少的也参审了两个案件？

李主任：对，最少的也参审了两个案件。

访谈人：人民陪审员的选定要通过你们政工室吗？是由你们来安排吗？

李主任：没有，一般是轮流。开始时每个庭都这样，民二庭好像全部是轮流的，我当时在民一庭，民一庭案件比较多，每个人先保证两个案件轮流一下，然后就是他们觉得需要一些特殊的专业性的人才的案件，他们就安排某个人民陪审员。还有一个就是尽量安排那些有时间、有精力的来，因为要经常合议，而开庭时间又不固定，马上合议又要通知人家来，如果陪审员出差了，这就得换另一个时间，我们觉得不方便。因此，黄某和李某陪审的就相对比较多，黄某是 2005 年聘任的，他还被评为了全国法院优秀人民陪审员。

访谈人：全国法院优秀陪审员？

李主任：对，因为他是退休的干部，比较热衷于这种事情。他办案数量比较多，他原来当过律师，好像是那种政府的律师，还当过政府办的副主任什么的。

访谈人：随机抽取陪审员能落实吗？

李主任：上面要求我们是随机抽取决定人民陪审员，但实际上我们完全没做到那样。我们在保证每个人民陪审员有一两个案件的基础上，根据需要，特别是根据他们的时间和精力来调配。现在黄某和李某他们两个在机关里面，好像专职做这个，除此之外没有其他工作，李某另外搞了点投资，黄某已经退休了，反正他们两个都有足够的时间和精力来参与这项工作，而且对这项工作也相当热情。

访谈人：请问一下立案庭是否和陪审员有关系？立案庭要不要打电话给他们？

李主任：没有，几年前是由立案庭定，但现在实际上没有这样做了。现在的实际情况是，案件到了庭里面以后，由立案庭来确定这个案件是适用普通程序还是简易程序，待确定普通程序以后，这个合议庭的人员，实际上还是由庭长来决定。他们在定人民陪审员的时候会事先打个电话给他，询问他这几天有没有陪审任务，因为有时候人民陪审员这个庭有（陪审任务），那个庭也有，毕竟还是没有一个统一的规划；另外，业务庭也会问他这几天有没有其他事情，有没有时间来开庭。但是一般来说，就算是有其他事情，我们定了这个时间他们也会服从这个时间，这是一个特殊的习惯。

访谈人：也就是说没有哪几位人民陪审员是固定在庭上？

李主任：没有。

访谈人：你们不负责管理，那你们又是怎么知道陪审员在每个案件中的表现？

李主任：具体每个案件表现得怎么样，这只能通过调查大致地了解。因为我们是按照每年一个人民陪审员审了多少件案子来发补助给他，所以业务庭室要造册，将这个案件的审理结果、是否上诉、上诉结果等情况，制作成一个一览表，可以反映出来一些情况。还有，年底的时候我们有一个表彰，根据他们的工作表现，每年评两个优秀陪审员，去年是黄某和李某。他们两人办案数量最多，你看他们的钱也看得出来，多的就有八千多。

（九）对 X 县人民法院政工室李主任的访谈

【"我们不需要他们有多高的法律知识，只要他们能够用自己所掌握的法律知识跟法官沟通。我们真正需要的是他们拥有好的群众基础，去帮我们化解一些纠纷。"】

访谈人：李主任，请您谈谈对人民陪审制度的认识。

李主任：现在我们法院凡是普通程序的案件都要陪审员参与。可以提高司法公信度，宣传法院的工作，对人民法院的工作进行监督，起到一个监督的作用。

访谈人：有种观点认为，普通老百姓参与审判，其目的就是为了弥补法官的职业缺陷，您认为人民陪审员是否能发挥这个作用？

李主任：也有一些人民陪审员的法律知识可能和法官掌握的不同，但是他还是按照伦理来作判断的。

访谈人：道德伦理？

李主任：对的，有些案件里陪审员的意见就和我们明显不一致。以前有个案件，一个人去维修店修那个烤火器，回去后就引起了火灾，受害方就要求维修店赔偿。我们法官的意见是，正是因为维修店的修理引起的火灾，很多情况也没查清楚。这个烤火器有问题，我才送到你们维修店去修理，你们修理店就应该进行全面检查，看还有没有其他的问题，就好像我车子出了问题一样，送到你那里去修理，你不能说我最后还出了事故与你修理店无关。所以，出了这个案件以后，法官就认为这个维修店要承担一定的责任。但是，那个人民陪审员就觉得我去维修店换了个东西，要维修店来承担这个责任不合常理。这个案子还在上诉，最终判决还没下来。这个人民陪审员的观点和法官的不一样，他就坚持自己的观点，他觉得这个维修店没有责任，维修店就是收你几块钱，你拿回去，火灾可能是小孩子导致的，这个就是受害方自己的行为致损。你自己把小孩子放在家里，导致了火灾，而且引起火灾的具体原因不明确，陪审员觉得要维修店来承担责任不合常理。他的观点就是维修店不用承担责任。现在这个案件已经上诉到二审去了，但结果还没下来。

访谈人：我们注意到一个细节，就是您刚说的这个案子陪审员一直坚持自己的观点，判决的时候他还是坚持自己的观点吗？

李主任：对。但是法官合议庭的意见是二比一，按照多数意见作出判决。

访谈人：如果人民陪审员与法官的意见不同，他可以把这个案子提交到审判委员会去吗？有没有这种情况？

李主任：我们这里没有这个规定，但是庭长认为这个案件合议庭确实无法沟通了，在这种情况下他就可以把案子提交过去。

访谈人：请问这个坚持自己意见的人民陪审员是什么职业？

李主任：邓某，以前是人大常委会的工作人员。

访谈人：像这样分歧比较大的案子多吗？

李主任：不多。一般案件的观点还是统一的，像这个案件里法官要坚持你的观点，陪审员要坚持他的观点这样的案子不多，不过这样的案子总还是有一些的。一年都很难碰一两个，不多。还有一个案件，是我自己审理的一个调解的案件，当时一个女的起诉一个男的，要求支付小孩的抚养费，那个小孩子是个非婚生子女，那个男的跟她同居了一段时间后，她生下了这个小孩，而男方现在却不认可亲子关系，也拒绝抚养。女方起诉到法院以后，男方也不出庭，而女方也没什么证据证明两人有同居的事实。

男方就说这个小孩跟他没任何关系，他请了一个亲戚代为出庭，亲戚说小孩跟男方没任何关系，不应该由男方承担责任。女方申请亲子鉴定，而男方拒绝。于是，这个事情搞得沸沸扬扬。现在，法官对这个案子是这么认识的：如果女方有证据证实你跟这个男的有一段同居关系，法官就有很大可能来确认这个小孩跟他有血缘关系，若男方不愿意去做亲子鉴定的话，法院肯定会推定他们的父女关系成立。但是，如果原告方提供不了证据，原告说被告曾经和她同居过就成为了她的一面之词，男方不愿意去亲子鉴定的话，那么我们法院就可能会推定他不是这个小孩子的父亲，他不用承担这个责任。但是，这个事情本身也不好判，举证也比较难，所以我们就会叫一个陪审员到庭参审，这个陪审员是工商联的，交际面比较广，而且是当事人那一带的人，语言比较相通，我们通过这个人民陪审员做这个工作，就得到了这个分析：虽然现在女方没提供什么证据，但是一个女的无缘无故去起诉一个男的，又带着一个小孩，这种情况是不太合常理的。这个案件法院不太好判，若直接驳回诉讼请求，那么这个处理结果可能确实是不大合情理，女方现在没任何生活来源，连小孩的抚养费都没有。后来人民陪审员就找到男方村里的一些在外工作的或者一些什么人，到男方家里去做他的工作，劝他认这个小孩，然后给女方几万块钱抚养费，劝他调解。如果要我们法官去做这个调解，那确实相当难。但是，人民陪审员在社会上有群众基础，他们在这方面有调解的优势，知道当事人老家有些什么人，有些什么亲戚，人民陪审员找到他们帮助调解。其实这个人民陪审员没当面调解，是通过电话对男方说："如果这个小孩是你的，就勇敢承认；如果不是你的，就去做个鉴定，这个事情也不丢人。"最后，男方还是认了那个小孩，这是发挥陪审员作用进行调解的一个典型案子。

访谈人：对，确实是很重要的一个方面。

李主任：如果说人民陪审员有什么不可替代的作用，那么像这种案件，陪审员参与到审理中就跟一般的法官参与到审理中产生的作用不一样。我们不需要他们有多高的法律知识，只要他们能够用自己所掌握的法律知识跟法官沟通。我们真正需要的是他们拥有好的群众基础，去帮我们化解一些纠纷。因为我们国家现在的调解和审判不是分开的。总的来说，要调解优先，像上面这种矛盾最好调解解决。

访谈人：该案最后是调解结案的吗？

李主任：调解结案的。调解的结果就是承认那个小孩是他的，并且要承担小孩的抚养费。

（十）对 R 区人民法院民二庭周庭长的访谈

【"既然规定了人民陪审员和法官是一样的，那肯定要按照挑选法官的标准去确定陪审员，我认为专业人士才适合。假如人民陪审员不具备专业的知识和能力，又要求他跟法官一样去思考去裁判，这是强人所难。立法太理想化了……人民陪审员要跟法官履行一样的职责，那人民陪审员各方面的素质应该相应地跟法官要相同，要看齐。"】

访谈人：请问人民陪审员在我们民二庭是如何配置的？

周庭长：这个没有明确的规定，是约定俗成的，一般是以审判长为核心，陪审员相对固定。

访谈人：请问民二庭有几个人民陪审员？

周庭长：五六位的样子，由于人民陪审员存在换届的问题，所以会有细微的变动。

访谈人：民二庭对他们进行分组了吗？

周庭长：是的，有两个小组，以审判员为标准平均分配。我们民二庭一共是 10 名审判员，人民陪审员差不多是五个人为一组。

访谈人：具体是如何组成合议庭呢？

周庭长：实际上合议庭的确定是由书记员掌握的，我们是一个审判员带一个书记员，庭前准备工作由书记员负责，包括通知人民陪审员、确定合议庭等工作，书记员直接联系人民陪审员。

访谈人：他事先要不要通过审判长再确定呢？

周庭长：一般来说，审判长从以往审案的过程中会逐渐发现一些有责任心的人民陪审员，就会跟书记员说。而书记员在平常的工作中也会倾向于选择那些配合得更好的人民陪审员，慢慢就成了惯例。

访谈人：据您所知，书记员在安排的时候会不会根据案情特点来确定人民陪审员呢？

周庭长：据我所知，基本上很难实现，就算有这个想法估计也很难实现。

访谈人：为什么呢？

周庭长：主要是因为案子多人民陪审员少，所有的庭都必须提前进行安排，假使有专业人士做人民陪审员也不见得他凑巧有时间。这种设想是不错，也很有必要，但是实际上很难做到，至少目前条件下根本没办法做到。

访谈人：我们在贵院政工室收集了人民陪审员名单，贵法院有六十多位人民陪审员。而我们在档案室查了 2009 年将近两千多个案卷发现，经常参审的人民陪审员就那么十来个，如余某、王某等，其他的人民陪审员则没有参与到这个工作当中来。为什么会这样呢？

周庭长：原因其实很简单，经常来的这些人民陪审员，一般他们在本单位的事情相对比较少，可以抽出绝大部分的时间来人民法院参加陪审工作；而其他的人民陪审员在各自的单位中可能是骨干、主力，很难兼顾，不是不通知他们，而是如果他们自己的工作很忙，书记员通知几次都没时间来陪审，慢慢地就不会再请他们了，毕竟担任人民陪审员对他们来说只是一个兼职工作，所以在实践过程中慢慢就出现这种情况。

访谈人：请问书记员在确定参审案件的人民陪审员后，一般是提前几天通知呢？

周庭长：法院会根据最高人民法院的《民事诉讼证据规则》等规定，在法定时间内发一系列的文书如传票、应诉通知书、告知合议庭组成成员通知书等给当事人。

访谈人：人民陪审员在庭前会做一些什么样的准备工作呢？他们会不会来人民法院看一下案卷或者人民法院主动给他们介绍案情？

周庭长：按照我们人民法院的工作流程来看，在开庭之前案卷都是在书记员即法官助理手中。可以这么讲，负责任的人民陪审员会跟助理联系。但据我所知这个比例不高。因为现在最高人民法院和各地人民法院都在提倡开庭前对案件不要介入过深，倡导"一步到庭"，庭上去了解。开庭前介入太深的话，难免出现一些违规的情况。开庭前一般只是解决程序上的问题，这些交给法官助理负责。开庭时就意味着程序问题都已经解决了，进入实体审理中。而实体审理的关键在自己听、自己想。

访谈人：您认为人民陪审员有没有必要事前去了解下案卷？

周庭长：从《人民法院组织法》《民事诉讼法》等规定来看，人民陪审员的职责、权力跟审判员是一样的。这意味着什么呢？既然权力一样，那任职条件和义务责任也应该一样。我认为人民陪审员应该达到法官的审判资格才能够真正胜任，这种情况下可以"一步到庭"。

访谈人：我们的人民陪审员到底该像美国陪审团式的平民化，还是说必须要像职业法官那样专业？

周庭长：我们国家的法律体系和司法制度，和美国区别还是比较大的，我们基本上属于大陆法系，法官占主导地位。既然规定了人民陪审员和法官是一样的，那肯定要按照挑选法官的标准去确定陪审员，我认为专业人士才适合。假如人民陪审员不具备专业的知识和能力，又要求他跟法官一样去思考去裁判，这是强人所难。立法太理想化了。我认为人民陪审员要跟法官履行一样的职责，那人民陪审员各方面的素质应该相应地跟法官要相同，要看齐。

访谈人：有人认为，人民陪审员参与民事案件审理就是要突破法律的局限性和法官专业思维的局限性。您是怎么看待这个问题呢？

周庭长：这种说法有它的合理性。以调解为例，制度设计有时候是自相矛盾的，一方面强调要重视调解，一方面又说你法官不能够随意表态，但是讲老实话，你调解之前你不表表态，当事人他会听你的吗？如果法官严格守法的话，就会觉得自己很难尽力；此外，当事人会和法官之间有距离感。人民陪审员出面，特别是年长的同志，他可以"倚老卖老"一下，加上他是不穿制服的，可以放开手脚去做工作，有的时候人民陪审员确实能够起到很好的效果。

访谈人：您有这样的典型例子吗？

周庭长：民二庭审判中有不少这类例子，我相信民一庭那边肯定也有，特别是婚姻家庭纠纷，很多时候，人民陪审员同志出来讲两句话，可以缓和法官和当事人的紧张关系，对案件还是很有帮助的。

访谈人：在这种情况下，您觉得人民陪审员还有法律化、专业化的必要吗？

周庭长：还是有必要。第一，人民陪审员毕竟是合议庭的组成人员，有履行职责的基本要求。第二，合议庭成员在做工作时，不管怎么做，依法办事的基本原则不能偏离，讲老实话，能够做到这一点，人民陪审员的素质要求已经很高了。

访谈人：一方面，人民陪审员要发挥老百姓的朴素正义观，符合情和理；另一方面，他也要具备一定的法律素养。

周庭长：对，要合情合理也要合法，其实法律也就是人情，无非是人情的提炼、上升而已，是不是？不要把法律和人情完全对立起来，立法的问题就不是我们能够讨论的问题了，因为法官不能够自由造法。

访谈人：现在有好多群体性的事件，影响很大，像这种案子如果有人民陪审员参审，结果会不会不一样？

周庭长：人民陪审员肯定能够起到积极作用，但是人民陪审员他发挥作用主要是在庭审和庭后评议中，而不是这些矛盾产生的过程中。人民陪审员他不会全程跟踪这些事情，据我所知，人民陪审员目前只参与了审理和庭后的评议过程。庭前、庭后、执行，实际上人民陪审员基本没有参与。当然这个想法我觉得还是很好。

访谈人：您赞成人民陪审员参与执行、促成执行和解吗？

周庭长：我们中国是个熟人社会，如果人民陪审员跟被执行人平常就认识，沾亲带故的，能够从中间起到一个润滑作用。但现在人民陪审员只参与了审理过程。

访谈人：如果人民陪审员全面参与案件审判、执行，他们不是异化得和法官完全一样了吗？

周庭长：这个无所谓，学术研究反正都是公说公有理婆说婆有理。我觉得人民陪审员可以走专业化的道路。

访谈人：有的人认为人民陪审员向专业化发展，可以像仲裁员一样根据专长进行分门别类，建成一个人才库，您觉得有没有必要这么做？

周庭长：没有必要。很简单，你说审判长不懂这些专业吗？他唯一懂的专业就是法学，实际上在审判过程中，专业化问题都已经细化了，交给中介部门去执行了，审计、鉴定、评估，在审判过程中已经全部都分出去了。没有必要强求审判庭成员一定要专业化，如果说需要的话，那也应当是法学的专业化人士，其他的专业性问题自然有专业性的人士去解决，法官只需做好评判审查。各行业专家做证人可以，但是作为裁判者，则没有必要。法律要求裁判者只要具备普通人的思维就可以了，那么，普通人是啥？能从普通老百姓的角度去思考，要求更高一点无非就是你要知其然还要知其所以然，说到底就是一个法律逻辑问题，做到有良心、懂逻辑、知法用法足矣。你说硬要具备哪一方面的专业，有鉴定人，有鉴定机构，这些专业的事情由专业的人士依照法律去做。

访谈人：有没有人民陪审员跟审判长意见相左，最后争议扩大以致提交到审判委员会的情况？

周庭长：一般没有，这里有个体制问题。体制问题是什么呢？审判长也不见得就能够自己做主，在合议庭评议之前，领导就可能已经召集庭里的审判员讨论评议过了，只是补齐一下手续而已。往往是审判长组织人民陪审员来讲一讲庭里面已经讨论过的结果，征求一下他们的意见。说老实话，换了我是人民陪审员，也会事不关己高高挂起。所以这只能是体制问题，审判长自己都未必有决定权，怎能够去强求人民陪审员呢？关键是人民法院内部的审级制度问题，只有实现了合议庭完全能够自己审自己判，才能出现像你讲的情况。如果人民法院根本就没有授权合议庭有自主决定权的话，合议庭所有成员包括审判长自己，都谈不上独立审判。其实早几年解决得比较好，最高人民法院大概在20世纪90年代末2000年初，曾经要求强化合议庭职权，但最近这一两年以来，反而倒退了。没有文书签发权的话，就会发展到谁都不愿意多管闲事，法官会认为这些环节关我什么事，我犯得着吗？除非是合议庭真正有定案权才能够谈得上在合议庭内部实现遵循少数服从多数的原则，合议庭自己都没有这个权限的话，什么都是浮云。

访谈人：我们查档时发现，贵院合议案件基本上都是"一审两陪"的模式，三名法官组成一个合议庭的有吗？

周庭长：有，但仅限于重大疑难复杂案件。之所以大都是"一审两陪"，很简单的道理，法官互相陪审的话不现实，本来就人少案子多，没有办法给你陪审，你开庭我也开庭，大家一年都是一两百件案子，现在各个审判员在合议庭都可以担任审判长，他怎么可能再去给别的审判员陪审呢？根本不可能。

访谈人：你们民二庭有十个人，您觉得人数还少吗？

周庭长：还是体制问题。一个审判员一年办一百多件案子，辛苦是辛苦。只是现在办案流程不是很细化，只要有事都要来找法官，当事人随时随地就可以上来，而且还要讲究社会效果什么的。不像欧美国家，法官平时见都见不着，谁也不敢对法官起高腔。另外，法官还承担了很多社会责任，搞文明创建，我们还要上街执勤，还要去戴小红帽、吹哨子。除非先把法官的其他社会责任给去掉，我们再来谈专业化，做法官很累的，法官是弱势群体。

访谈人：要想充分发挥人民陪审员的作用，您觉得哪些方面还可以改善？

周庭长：我觉得最关键的一点是要还权给合议庭，这其实也最好落实。其他如加强人民陪审员的培训、遴选等程序都要更简单。20世纪八九十年代，最高人民法院提出要强化合议庭职权，审判结合，审者有其权，这个权体现在哪里？体现在你的文书签发权上。合议庭有权力，审判人员的主观能动性自然就能激发出来。美国陪审团都是老百姓，一样能辨别是非对错，裁判者只要有普通人的聪明程度就可以了，不要求他们成为什么专家，只要有一颗良心，有一个基本的思维方法就行了。剩下无非就是少数服从多数，美国人也是这么干的，但是人家的陪审团说了算数。所以归根结底，最容易做的反而做不到。

访谈人：遴选方面您觉得有什么好的改革措施呢？

周庭长：像你们这样研究生二十多岁了，完全成年了，法律知识完全具备了可以胜任陪审员的工作，本科生知识可能有些不足。而且我觉得从研究生、博士生里面遴选有优势，他们本身就有学习的欲望，愿意接触这个行业，时间也能够保证，完全可以。他们既能够保证时间，又能够保证素质，何乐而不为呢？然后是高校老师，高校老师肯定是一个很好的来源。还有就是对律师界应该完全放开。现在对法官的监督很严格，但对人民陪审员的监督制约则有制度上的缺失，有的时候拿人民陪审员没办法。如果说人之初性本善，为什么要怀疑律师做不好陪审员？他们也是法律人，人家具备这个操守。如果说人性本恶的话，那就不要用人民陪审员，否则就得疑人不用，用人不疑。律师毕竟是法律人，本来就比一般老百姓要具备更高的道德要求，他已经具备了律师资格，意味着他道德也达到了一定标准。现在我们主观上先入为主地就认为，律师就不能来做人民陪审员，律师来做就会去逐利。可以定向在法学教育界、律师界建立个人民陪审员名录。讲老实话，这两类群体绝大部分素质比较高，可能比法官的水平还要高，当然也不能说现在的人民陪审员水平就不高，只是受各方面的限制太多。

三、对普通法官的访谈

（一）对 L 市人民法院赖法官的访谈

【"现在人民陪审员那么多，有些一年还审不到两个案子，不能只要求人员达到数量、覆盖面广，更重要的应该是要注重陪审员的法律知识、职业道德以及各方面的综合素质。"】

访谈人：请问人民陪审员制度的运行情况如何？如选任、培训、考核等。

赖法官：人民陪审员的选任，我认为是比较严格的。由当地的村民、乡、镇三级推荐，是品德比较好、威望比较高的，再由人民法院去考察，考察合格的，综合素质、威望都比较高的人才可以选任。我们人民法院的培训制度是每年至少有一次对人民陪审员的业务培训。

访谈人：参审的时间和内容上能够达到要求吗？

赖法官：毕竟他们（人民陪审员）的素质和文化程度参差不齐，大多没有专业知识，有专业法律知识的很少。现在我的工作主要是评查案子，以前审理案件的过程中，我就认为人民陪审员的法律水平、专业知识对于我们县级基层人民法院的作用很大，但现在的人民陪审员基本上是配相（陪衬）。

访谈人：人民陪审员在庭审当中的表现如何？通过庭审，对案情能把握吗？

赖法官：庭审过程中间，发挥的作用不是很大。不同水平的人发挥的作用也不同。比如，刑事庭的人民陪审员，在刑事庭干了五六年，可能就专业一点。像民事庭的人民陪审员，特别是现在人民法庭的人民陪审员，可能很难发挥作用，我认为是配相。

访谈人：专业一点人民陪审员会才能履行好职责？

赖法官：我觉得专业的人民陪审员还是有一定的作用。像建设工程等需要评估，都是由专业方面的人去解释。

访谈人：人民陪审员庭前有没有阅卷的呢？

赖法官：很少。

访谈人：如果不提前阅卷，庭审过程中人民陪审员能把握案情吗？

赖法官：所以我才说基层人民法院的人民陪审员是配相。

访谈人：那可否强制要求人民陪审员提前到庭进行阅卷，了解案情呢？

赖法官：不太现实，人民陪审员的补助只算开庭时间，提前阅卷肯定不现实。

访谈人：有没有人民陪审员和审判法官的意见产生严重分歧的情形？

赖法官：基本没有。

访谈人：人民陪审员在事实认定和法律适用两个方面都能胜任吗？

赖法官：实际上要人民陪审员发表一些有自己主见的意见是比较难的。表面上是人民陪审员先说意见，事实上只有主审法官发话了，把对案件的事实认定、法律适用和处理方法说清楚了，有基本的思路才能说得清楚。

访谈人：就是说人民陪审员的意见基本上不会影响到整个案件的处理？

赖法官：对。

访谈人：如何看待目前人民陪审员的代表性？

赖法官：基本都是村主任、书记或者人民调解员，普通老百姓也可能有，覆盖率不那么广。

访谈人：您刚刚提到人民陪审员的考核和选任比较严格，法院一般如何考察呢？

赖法官：主要是由人民法院到当地去考察。一是考察民意，二是看当地的乡镇两级政府部门对其看法怎么样。具体的操作政工室最清楚。

访谈人：目前能达到让普通民众参与司法的目的吗？

赖法官：目前不可能。

访谈人：实际效果如何？

赖法官：有专业知识的人民陪审员对案件的审理有一定作用，其他人民陪审员一般就缓解人员紧张的状况。在案件审理过程中究竟能发挥多大的作用，我还没感觉到。

访谈人：法官期望人民陪审员利用他的法律知识，还是以其社会阅历、经验道德来判断案情，提供合议意见呢？

赖法官：我希望他既有专业知识又有法律和社会道德。民事和刑事互通，要看审理案件的出发点。刑事案件比较教条，民事调解还是可依据社会道德，只要与法律不相冲突即可。

访谈人：您认为"我国人民陪审员制度在基层就是一种配相"的最大原因是什么？

赖法官：主要还是因为专业知识不行，人民陪审员审理案子，还是要依据法律法规来进行判处、参加调解。如果不是当地案件，不凭其社会威望调解，一般作用不是很大。

访谈人：如何改革呢？

赖法官：我觉得要精，而不是广。现在人民陪审员那么多，有些一年还审不到两个案子，不能只要求人员达到数量、覆盖面广，更重要的应该是要注重陪审员的法律知识、职业道德以及各方面的综合素质。

（二）对 L 市人民法院陶法官的访谈

【"按照现有的规定，人民陪审员和法官行使同等的职权。但现实中人民陪审员能否担此重任，与法官有很大的关系。"】

访谈人：能否简单介绍一下民一庭人民陪审制度的落实情况？

陶法官：民一庭配置了六个法官，三个法官助理，三个书记员。民二庭审理案件范围主要是民商案件，例如合同案件，其他的民事案件主要在民一庭审理。因此，民一庭的案件比较多，也比较杂。民一庭每年的审理案件数高达一千多件，主要是离婚案件、家庭纠纷案件、赔偿案件、房产案件，这些案件影响也比较大。我们的人民陪审员是固定配置到各业务庭的，其中有两个人民陪审员陪审的案件比较多。民一庭大多安排了人民陪审员来审判案件，其中有两个人民陪审员审判的案件数多一点。这边人民陪审员配置比较固定，一是因为法官对这两位人民陪审员比较熟悉；二是两位人民陪审员经常参加案件审理,对审判过程也较熟悉。虽然人民陪审员比较多,但是其他的人民陪审员一般也不会被通知。

访谈人:那您觉得人民陪审员在合议当中发挥多大的作用?

陶法官:一方面,人民陪审员偶尔会在案件审理过程中向当事人提出一两个关于事实方面的问题。另一方面,人民陪审员在案件审判过程中发挥了一定的调解作用,审判后的案件调解主要是法官发挥作用,人民陪审员一般很少参与。

访谈人:您认为人民陪审员在调解中发挥了很大作用吗?

陶法官:一般而言,当事人对人民陪审员了解比较少,这样导致当事人更倾向于和法官交流,而不是与人民陪审员。如果人民陪审员对案件比较熟悉,他们之间交流可能会多一点,就能更好地发挥调解作用。

访谈人:按照现有的规定,人民陪审员和法官行使同等的职权。在您看来,人民陪审员能否担此重任?

陶法官:这个与法官有很大的关系。有的法官会让人民陪审员提问,他们也会发表一下意见。有的主要是法官发表意见,人民陪审员只是附和。原因在于,法官的法律知识比较丰富,而人民陪审员对案件事实不太了解,他们只是在案件庭审时听一下,即使偶尔阅卷,也不会很仔细地翻阅和查看资料。更有的人民陪审员也只是在开庭时来一下,开庭后不久就离开。负责的人民陪审员会看一下案卷,但是也不会很仔细地翻阅。

访谈人:请问您在审理案件的过程中,如何与人民陪审员交流?

陶法官:一般来说,组成合议庭的案件是通知他们过来一起合议。如果法官和人民陪审员意见有分歧,原因可能在于陪审员对法律不太了解,那么我们会向他们解释相关的法律。之后,他们一般会认同法官的意见。

访谈人:如果在合议过程中人民陪审员与法官意见分歧很大,会不会把案件提交到审判委员会或者院长那边去解决?

陶法官:一般不会出现这种情况。案件审判一般不会出现法律技术方面的问题,所以也不会提交到审判委员会。只有不太好处理又牵涉到各个方面利益的案件才会被提交到审判委员会。将这种案件提交审判委员会的原因一般来是自领导的压力,由于影响到多方利益,这类案件的法律效果要与社会效果、政治效果相统一。因此,如果案件牵涉到多方利益,又要平衡各种关系,那就会被提交到审判委员会。

访谈人:现在出现了"陪而不审"的情况,同时又出现了一批"陪审专业户",您是如何看待这种现象的?您觉得这种现象的出现有什么根源或者有什么本质因素吗?

陶法官：我们法院人民陪审员的配置比较固定，有的人民陪审员因为陪审工作与自己的本职工作相冲突，就不能过来陪审；而有的人民陪审员时间充裕。最后，我们就自然固定使用了几个人民陪审员。我有两个比较固定的人民陪审员，一个女的是妇联的，时间比较充裕，还有一个是卢某，他好像下岗了。

访谈人：您觉得人民陪审员制度有哪些地方需要完善？

陶法官：目前，人民陪审员不太专业。针对婚姻、房产、合同等案件，应该注重选择专业的人民陪审员。虽然人民陪审员很多，但是能真正到法院审判案件的人民陪审员却很少。可能刑事庭中人民陪审员的人数多一些。

访谈人：在您与人民陪审员打交道的过程中，有没有印象深刻的情形？比如说，某些比较特别的案例，因为有人民陪审员的参与而发挥了比较大的作用，不论这种作用是正面的还是负面的。

陶法官：如果人民陪审员经常参审，接触的案件比较多，那么他相对来说比较专业。以前，我在刑事庭工作过几年，那时有一个老陪审员，现在已经退了，当时每个合议庭都会通知他，因此他几乎每天都要陪审案件，而他也会准时参加。他看待问题比较准确，经验也丰富。若陪审员只参加过一两个案件的陪审，则他们看问题往往不够准确，对案件的认识也不够全面。

访谈人：那您如何看待人民陪审员经常来参加案件审理，能和法官做出差不多判断这种情况，您觉得是好还是坏？

陶法官：如果他参审案件比较多，从事陪审时间比较长，经验比较丰富，案件事实判断比较准确，我还是比较认同的。参审案件比较少的陪审员，他们心里也没底。事实上，人民陪审员制度设置的初衷与现实之间是有很大差距的。

访谈人：那您觉得出现这种问题的根源在哪里？是因为他们的专业素养不够？还是对案件事实了解不够？

陶法官：如果你让他专职当人民陪审员，像我们法官一样工作，那是比较专业的。如果他们有其他的工作，附带担任人民陪审员，当我们审理一个案件时，他们不会有很多的精力投入到这份工作中，自然也不会很专业。所以，陪审中他们一般都会听法官的意见。

访谈人：您觉得理想的人民陪审员制度应该是怎样的？

陶法官：真正从制度层面上讲，第一个是选任，第二个是权利。这个事情很难说，即使像我们法官，一般情况下会统一意见，但是和领导一起，就会听领导意见，人民陪审员和我们一起，也会听我们的意见。

（三）对 A 县人民法院某人民法庭姚法官的访谈

【"最大的问题就是他们不懂怎么认定案件的事实、怎么适用法律，这个界限就很模糊了，相当于说他其实就是法官，行使法官的权力，但是他又没有法官的素质，那怎么去行使呢？"】

访谈人：请问您人民陪审员选任还存在哪些问题呢？

姚法官：我觉得还是缺乏一个如何选出人民陪审员的标准。现在的人民陪审员一般就是法院评选，或者推荐，然后再稍微考察一下，就这样确定了。其实选任的时候应该搞清楚，这个法院要多少人民陪审员，他们的工作应涉及哪些行业。还要考虑年龄层次、文凭以及法律知识多少的问题。然而这些都没有一个很确切的标准。

访谈人：从选任结果来看，您觉得具体存在哪些方面的问题呢？

姚法官：最大的问题就是他们不懂怎么认定案件的事实、怎么适用法律，这个界限就很模糊了。相当于说他就是法官，行使法官的权力，但是他又没有法官的素质，那怎么去行使呢？

访谈人：您认为人民陪审员应该行使哪些权力呢？或者人民陪审员的职责定位是怎样的呢？

姚法官：如果国家定位他就像英美法系陪审员一样，只认定案件事实，那肯定就不一样。如果按照我们现在这样的制度，既认定案件事实又适用法律，那肯定要加强他们的法律知识。最起码要懂法律，才能适用法律。

访谈人：陪审制度有一个预设目标就是司法民主，人民监督司法，人民参与司法。如果是按照这种设计，让一个老百姓来当人民陪审员，那么他懂不懂法律没有关系。从理论上来说，他是应该按照他的常识或者情理来参审的。

姚法官：如果纯粹是从一个监督的角色来看，要监督也要懂得如何监督。比方说你要修座桥，但是连工程设计都不懂，这样怎么去监督呢？你懂了这些东西才能更好地监督，你本身都不懂，那你不是去瞎指挥了？

访谈人：您觉得加强对陪审员的培训是不是一个解决问题的方法呢？

姚法官：加强培训不能说解决不了问题，但是也不能说完全能解决问题。毕竟现在的陪审员本身素质就是参差不齐的，有的就是农民，有的是老师。培训可以增加他们一些基础的法律知识，比如证据的认定、证据三性的认识等问题，你跟他讲了以后他肯定可以明白的。但是在实践中我发现好多人基本上还是依靠法官的观点来判断案情，完全行使自己权力的人民陪审员很少，至少在庭审中很少见。

访谈人：具体表现呢？比如说陪审员平时在庭审过程中会发问吗？在合议阶段他们都发挥些什么作用？

姚法官：有一大部分人会发问，也有不发问的。有些普通的民事案件，陪审员会搞得清楚，他也会依照他自己的道德标准来判断问题。合议部分，我看都是一些套话，基本上是参照了法官的语言，只是自己说得简洁一些。

访谈人：听说有的人民陪审员，尤其是在派出法庭，参与开庭之后，剩下的环节就不参与了，到时候就在合议笔录上签个字。

姚法官：这些现象也有，有些农民要出去干活，他不可能天天守在你这里。如果时间足够的话，他会参与，但是如果时间紧张的话，也就是法官说什么就是什么，到时候再过来签个名就是了，这种现象是有的。

访谈人：这种现象多吗？

姚法官：这个不好说。

访谈人：我们发现在 A 县 40 个人民陪审员当中，基本上都是干部，甚至还是有领导职务的，比如请医院的院长来做人民陪审员，他们很忙，那为什么不去找没那么忙的人当陪审员呢？

姚法官：应该说选这些人作为人民陪审员，是为了更好地处理单位之间的关系，达到政治上的平衡。因为这些人有社会地位、有威信，或者是在某些案件的处理上能够发挥作用。如果选一个普通人，他的影响力很小，在案件审理中的作用就会很小。

访谈人：从您的经验来看，您是更需要有专业技术特长的，还是时间充裕即使没有什么专业知识的人民陪审员？或者说您还有别的标准？

姚法官：我觉得人民陪审员，如果你要让他用专业的眼光来看案件，肯定达不到那种标准，其实也不需要达到那样一种标准，如果说他和法官水平相当的话，那他就是法官而不是人民陪审员了。人民陪审员就是要起到一个监督作用，或者保障司法公开的作用。我认为还是英美法系的体制更好一些，虽然他们的陪审员不需要适用法律，但他们还是可以提供专业性帮助，以及案件事实的认定。所以人民陪审员和法官的区别定位应该还是要分清楚的。

访谈人：我们来谈谈您说的角色定位这个问题。现在有的地方人民陪审员不仅参与庭审，还参与庭前调解和庭后执行，在我们 A 县有没有这样的情况呢?

姚法官:那肯定有的。但是我始终认为,调解应该要有个前置程序,但是不应该要法官来调解。我觉得现在我们人民法院是种了别人的地,荒了自己的田,下了大功夫搞调解,反而使得大家对正常的审判程序做出的判决都不服。我不知道别的国家在审判之前的调解是什么样子的,我听说美国那边好像有一个前置程序,在法院有一个单独的谈话室专门用来调解,在没有进入审判程序前,你怎么调解都可以,一旦进入审判程序,就不能调解了,如果进入了审判程序以后再调,就是法院拿当事人的诉讼权利来做交易。

访谈人:有没有已经进入执行程序的案件,还在做调解的呢?

姚法官:有,这是执行和解,但是很少。

访谈人:您所在的法庭一般有几个人民陪审员?

姚法官:我们庭都是两个人民陪审员。

访谈人:这两个人民陪审员应该跟你们很熟了,如果是当地的案件,他们会不会因为跟你们关系很熟,为当事人说情?

姚法官:这个是必然的,中国是人情社会,不管是在哪个地方,都有说情的。

(四)对T县人民法院汪法官的访谈

【"(人民陪审员存在)'工审矛盾',开庭的时间与人民陪审员自身的工作时间相冲突,特别是有工作单位的人民陪审员,他们就无法参加庭审。"】

访谈人:首先感谢您接受我们的访谈。这个访谈主要是通过第一线的法官、陪审员等了解人民陪审员制度的实际运行情况。我们所了解到的情况将仅作为学术研究。您可以给我们简单介绍一下T县人民法院人民陪审员参审的大致流程吗?

汪法官:人民陪审员参审的案件一般比较复杂,具体包括人身纠纷、合同纠纷、交通事故等类型。从人民陪审员的来源方面来说,一般是"就近"选本辖区的陪审员,因为他们离这个辖区较近,对当地情况比较熟悉,便于和法官一起做工作。对于专业性、技术性比较强的案件,如涉及医疗纠纷、会计事务以及知识产权等案件,我们会打破"就近"原则,选择具有专业知识的陪审员。陪审员的基本分类和大致情况基本如此。

访谈人:上级法院对人民陪审员的参审率是否会下指标?若有,参审率必须达到多少？

汪法官：有这样一个指标，具体指标记不太清楚。

访谈人：刚才您谈到选定人民陪审员一般情况以"就近"原则为准，但是专业性案件是以专业的人民陪审员为主，是吗？

汪法官：对，因为本辖区人民陪审员熟悉情况，工作、出行、各方面都方便参与，例如合伙纠纷。如果涉及会计这一块，就会邀请在财政局工作的专业人民陪审员。也就是说这种专业型人民陪审员大部分都来自行政部门。

访谈人：这些专业型人民陪审员主要由行政部门领导来担任吗？

汪法官：也不一定，一般是分管业务的，或是中层骨干，如果是主要领导的话，他们本身事情比较多，没有充裕的时间。

访谈人：贵庭一共有多少人民陪审员？这些人民陪审员大都来自哪行哪业呢？

汪法官：共有五名人民陪审员。有来自学校的、医院的，也有来自政府部门的。

访谈人：五位人民陪审员参审情况怎么样呢？

汪法官：这其中也存在陪审不均衡问题，例如人民陪审员在乡镇陪审案件，有的乡镇可能一年就那么几件案子，不是很多，有的乡镇可能多点。

访谈人：请问你们怎么使用人民陪审员呢？

汪法官：基本上用的是当地的人民陪审员，他们还是熟悉情况一些，主要是考虑到执行、调解更为方便。案子在哪发生，就尽量采用那个地方的人民陪审员。

访谈人：在选人方面，是法院一家选，还是和司法局一起选？

汪法官：人民陪审员是法院同司法局一起选，有时候会具体分工。

访谈人：在什么情况下需要人民陪审员参与案件的审理？

汪法官：这个是由法官视情况而定。

访谈人：是否有当事人主动要求人民陪审员参审？

汪法官：基本上没有，当事人好像没有这个意识。他们一般是追求效率，更倾向于选择走简易程序，不想让案子耽误很长时间，大部分案子还是适用简易程序的。

访谈人：如果说某个案件需要人民陪审员参与审判，如何启动陪审程序呢？比如，案件需要人民陪审员参审，是由办案法官直接通知人民陪审员，还是由政工部门负责通知？

汪法官：政工部门。他们根据主审法官的意见来选择本辖区的人民陪审员。

访谈人：关于人民陪审员参审的补助金额，大致是什么情况？

汪法官：我们这里补助金额，去年的标准是一次开庭50元，今年的标准提高到100元了。具体的都是由政工部门来负责，应该都有详细的规定。

访谈人：当人民陪审员的名单确定以后，什么时候会通知他们去阅卷呢？

汪法官：政工部门开出通知单后就会与陪审员联系。因为他们需要给人民陪审员安排工作。同时，我们拿到政工部门的通知单后，也会第一时间同本案的陪审员联系。有的人民陪审员会自己提出阅卷要求，了解情况。

访谈人：拿到通知以后直至开庭，这段时间人民陪审员会做一些什么工作？

汪法官：一般是阅卷，也会从邻里之间了解案情以及当事人的一些基本情况。当事人一般都是这个村的。村里的干部（指部分人民陪审员）一般对这些情况都是非常熟悉的。例如当事人是否在家里、家里情况怎么样、经济状况如何等都是比较了解的。

访谈人：在镇政府和村委会工作的人民陪审员参与情况怎么样？

汪法官：还可以。我们这里有一位"专门"人民陪审员，是政府干部，以前是学法律的，参与陪审的稍微多一点。有很多案件他都参与了调解，我们有很多案子都是在他的协助下成功结案的。

访谈人：其他几位人民陪审员在庭审中会提出问题吗？

汪法官：还是会的。

访谈人：到合议阶段，倘若人民陪审员和法官的意见有分歧，怎么解决呢？

汪法官：有些人民陪审员不是学法律的，他们就以道德、情理、政策为出发点，从自己的角度去分析。一般发生不同意见的时候，法官会适当地考虑他们的意见。

访谈人：人民陪审员跟法官意见不同，在合议阶段评议意见不同，是否会提请院长提交到审判委员会决定？

汪法官：没有这种情况。

访谈人：人民陪审员除了参与庭审之外，还参与其他诉讼活动吗？比如说在庭审之前或庭审之后做一些调解工作。

汪法官：参与过。比如审理前了解当事人的情况，同时根据他们对当地情况的了解，主动做一些工作。

访谈人：您觉得人民陪审员的作用发挥主要是在庭审方面还是在调解方面？

汪法官：我觉得发挥调解的作用更大一些。

访谈人：人民陪审员在审判方面和对法律适用方面发挥作用的情况怎么样呢？

汪法官：法律适用方面我觉得可能还是以法官为主，他们作为助手，提供一些观点。因为有些人民陪审员毕竟不是学法律的。

访谈人：您觉得目前将人民陪审员学历限制在大专以上合适吗？

汪法官：我想学历不是首要的，不能纯粹以学历作为选任标准。有很多村干部（人民陪审员）可能是小学毕业、初中毕业，但他们社会经验、社会阅历比较丰富，对当地的情况非常熟悉。

访谈人：请问人民陪审员参审有没有"陪而不审"的情况？

汪法官：比较少，人民陪审员还是能够问一些问题，有些问题还比较专业。

访谈人：有没有人民陪审员既参与了开庭，又参与了庭后的执行呢？

汪法官：有。

访谈人：在执行阶段人民陪审员是以什么身份参与？

汪法官：以人民陪审员的身份。例如乡里的副乡长，以人民陪审员的身份去做工作，工作更容易开展。

访谈人：经常参审的人民陪审员，你们相互都比较熟悉了，当事人是否会通过人民陪审员跟法官"打招呼"，为他们的案子说情？

汪法官：在我们这里还没有。起码我还没有遇到过这种情况。

访谈人：您觉得人民陪审员制度在运行过程中存在哪些问题？

汪法官：首先主要是人民陪审员法律方面的专业素质。刚刚就任的人民陪审员在法律程序、诉讼程序方面很不熟悉。还有基本法学理论知识的掌握还有待加强。其次还有"工审矛盾"，开庭的时间与人民陪审员自身的工作时间相冲突，特别是有工作单位的人民陪审员，他们就无法参加庭审。

（五）对T县人民法院刑事庭何法官的访谈

【"作为司法人员，是从法律角度考虑被告人情节的严重性来决定量刑的高低，而人民陪审员是从感性认识、社会舆论等方面出发来考虑。有些

行为在当地很受谴责,但不一定是违法的,陪审员带着这种情感因素来审案,往往就会与法官产生一些摩擦。"】

访谈人:您作为一名资深法官,经验丰富,请问您认为人民陪审员参审的案件和没有人民陪审员参审的案件相比较有什么不同之处?

何法官:从现状来分析,基层法院就我们刑事庭来说,组成合议庭审案,每个合议庭成员都是办案的主体,每个人单独阅卷以后共同来进行审理。因此,在审理过程中,每个人对案件事实都是比较清楚的,根据已掌握的事实材料,对案件如何定性、如何审理,这都是有规则的。当然,过去那种完全由审判员组成合议庭的模式有它的优点,即审判人员都是法律专业人员,而且法官在处理案件时有丰富的经验,所以在涉及一般案件的处理上,容易达成共识。实行人民陪审员制度以后,我们认为也有其可取的地方:第一,人民陪审员不是法律专业人员,但有一定的文化基础知识,个人综合素质较高,从法院的角度来考虑,他们可以及时反馈社会上对法院判决的评价。第二,人民陪审员参与进来后,对某些案件的最终处理结果,都能够让当事人更易于接受。比如我们基层法院附带民事赔偿的这类案子比较多,主要是交通肇事、涉及人身损害赔偿的,这样的案件在我国新的赔偿标准出台后,人民陪审员发挥的作用就比较大了。在我们当地,基层农村的经济条件相对比较落后,往往因被告人无法承担赔偿数额致使赔偿无法落到实处。而人民陪审员就是从基层和百姓的角度出发,使当事人之间接受并达成调解协议。第三,对于涉及比较专业的案件,具有一定专业知识背景的人民陪审员对案件分析的优势就体现出来了。比如我审理的一起涉及证券交易集资诈骗案件,有人民陪审员对证券的运作、资金的进出等方面相对于我们要更为熟悉一些,所以这是我认为人民陪审员参审的一个有利方面。当然,目前大多数基层法院审判力量严重不足,人民陪审制就在一定程度上缓解了这种局面。

在实行人民陪审制这么多年后,对该制度有几点建议,我没有研究过英美的陪审团制度,但就我国的国情来说,我个人认为人民陪审制还是有存在的必要,但人民陪审员在选任上还是个关键问题。我认为选任人民陪审员至少要具备三个方面的要求:首先,人民陪审员本身的形象要比较好,且有一定的威信,因为审判案件还是比较神圣的;其次,要具备一定的专业知识,比如经济类犯罪的案件,就需要比较懂金融方面知识的人民陪审员,损害赔偿的案件就要有一定医疗知识的人民陪审员等,他们可以在审理这些类型案件时提出一些建议,因为法官对法律比较熟悉,但针对专业性问题，他们还是缺乏知识储备；最后，人民陪审员还要具备一定的法律基础知识，如果没有法律基础，在处理一些情节时，如酌定情节或是法定情节，他们与我们法官在认识上就会产生很大分歧，这个问题在过去的案件审理中我就深有体会。作为司法人员，是从法律角度考虑被告人情节的严重性来决定量刑的高低，而人民陪审员是从感性认识、社会舆论等方面出发来考虑。有些行为在当地很受谴责，但不一定是违法的，陪审员带着这种情感因素来审案，往往就会与法官产生一些摩擦，所以我认为陪审员要具备一定的法律基础知识。就产生的方式来说，我觉得目前的选任方式还是比较好的，一方面是基层组织推荐，另一方面是群众自荐，人民陪审员既来自人民群众，又体现人民意志。我国法律规定人民陪审员与法官同职同权，他们的权力还是比较大的。所以我认为人民陪审员的选拔，要看一个比较完善的程序，因为人民陪审员虽然不是审判员，但审理某个具体案子时，他们就具备审判员资格。人民陪审员的选拔要有规范性的标准，要有一个管理人民陪审员的机关，我觉得这个机关应该是人大，因为只有人大才能赋予人民陪审员这种审判的权力。人民陪审员在客观实践当中，如何产生，其中涉及很多矛盾的问题，比如人民陪审员如果参审的案件过多，他们又有自己的本职工作，这样一来，工审矛盾就产生了，这样就得通过解决工审矛盾、经费补助的问题来激发人民陪审员的积极性。当然，除了上述问题以外，我个人认为还要有适合人民陪审员的培训，虽说人民陪审员与法官同职权，但还是要针对人民陪审员的特点来开展培训，使人民陪审员知道他们的职责是什么，如何发挥在陪审中的作用等。我们是从农村走到这个岗位上来的，是由当时的社会形势所决定，我们基层这一辈法官，实际上是与时代以及法律不相适应的，所以人民陪审员制度可以弥补目前法院审判力量不足，解决青黄不接的现状。

访谈人：如果人民陪审员对案件的审理结果有异议的话，会提交审判委员会讨论吗？

何法官：是的，一般是法律适用上的问题，人民陪审员如果有完全不同的意见，审判长或者审判员对判决理由进行一个说明，针对人民陪审员不理解的地方作出解释，例如哪些是酌定情节，这些情节在法律上应当在哪个幅度内量刑等。说明后如果人民陪审员认为可以接受，就达成一致意见，如果不能接受，就提交审判员委员会讨论。

访谈人：这种情况多吗？

何法官：不是很多，但也有遇到过人民陪审员对事实认定无异议，而不太认同对被告人的量刑意见，我们就提交审判委员会。在我办的案件中，合议案子时，我们会简要地介绍案件情况，并对此进行分析，但不作任何表态，一般由审判长或者审判员对案件的事实认定、证据采信和量刑底线进行说明，在审判员发表意见后，人民陪审员也会发表意见，审判长再综合三个人的意见提出量刑意见。

访谈人：在您看来，人民陪审员在审理具体案件的过程中发挥的作用大不大？

何法官：并不是在所有参与审理的案件中都发挥作用。比如专业性的案件、需要人民陪审员协助调解的案件，发挥的作用可能比较大，但很多案件显现的作用也不是很大。

访谈人：法律规定人民陪审员一般要大专学历以上，对于这个学历要求您如何看待？

何法官：在我看来要求人民陪审员具有大专以上学历是设定一个条件，这还是有必要的。但我认为加上"威信""声誉"和"老百姓认可度"更为合适。因为即使具有大专以上学历，但在人民群众的印象中，形象、声誉也不是很好的话，别人也许并不认可。

访谈人：陪审员会提前来阅卷吗？

何法官：只有一部分会提前来阅卷，不好强制他们抽时间过来。因为补贴经费只补贴参加陪审的时间，其余时间过来是没补贴的，所以没有要求他们来阅卷。

访谈人：是由承办法官还是由政工室来确定具体案件的人民陪审员呢？

何法官：我们院里都是由政工室来确定人民陪审员，比如说这个案子需要人民陪审员，我们就提出申请，然后由政工室指定一个人民陪审员。

访谈人：有没有当事人申请人民陪审员参审的？

何法官：没有。因为我们开庭之前只送达法律文书，被告人也不知道，所以没有遇到他们申请人民陪审员陪审的情形。

访谈人：您还有好的建议吗？

何法官：每个国家都有不同的体制，我认为我们现行的法律制度、审理案件的形式，还是比较符合我国国情的。陪审制作为一项法律制度，如何去开展，包括人民陪审员如何选任等，都是很重要的。

（六）对T县人民法院王法官的访谈

【"如果是站在社会群众的立场，他们也会给法官以启发，尤其是涉及一些专业领域、技术层面的问题时，如果有专业人员参与进来，还是会好

很多。"】

访谈人：请问贵院民事案件适用陪审制的多吗？

王法官：一般案子，如果适用简易程序，是没有人民陪审员参与的。只有涉及社会影响较大的案件，或者是人民法院"案多人少"的情况下，才会申请人民陪审员。而且现在也有一个人民陪审员参审率指标，所以现在适用陪审制的次数比以前要多。

访谈人：在您主审的、有人民陪审员参审的案件中，人民陪审员发挥的作用大吗？

王法官：我感觉，开庭的时候人民陪审员就是"陪而不审"，很多时候是这样。

访谈人："陪而不审"的现象比较严重？

王法官：对。一个方面是法律知识不足，另一方面是不会掌握庭审的技巧。例如审判员要他们发问的，他们会阐述自己的观点，有时候根本就问不出问题，就只是说明了自己的观点。在庭审的时候，还是不适合直接亮明观点。在庭审的过程中，可以把自己的观点变成一些问题。但是，陪审员掌握不了这一点。有一些陪审员法律审判流程也不是很懂，还有一部分就是在庭审的过程中充当听众，什么都不说。合议的时候，据我了解的情况，也是审判长、审判员说什么，陪审员就同意他们观点。总之，我感觉人民陪审员发挥的作用不是特别大。

访谈人：您认为陪审制有没有存在的必要呢？

王法官：还是有存在的必要。因为它代表了人民的呼声，就具体案件而言，如果是站在社会群众的立场，他们也会给法官以启发，尤其是涉及一些专业领域、技术层面的问题时，如果有专业人员参与进来，还是会好很多。我们法院对陪审这一块还是比较重视的，但获得的实际效果并不理想，因此，这个制度还需要完善。

访谈人：您有哪些好的改革建议？

王法官：我个人认为，第一个方面就是由人大进行选任，遴选程序就是一道门槛。任命的人民陪审员至少在法律程序方面要比普通百姓了解得全面一些，虽不要求像法官那么专业，但不能一问三不知，或者是程序方面什么都不懂，那样法官就比较为难。第二个方面是不可忽略培训，如果是资金方面有限，人民法院可以经常组织一些资深的法官，还有在刑事、民事审判领域中业务水平较高的法官对陪审员进行培训。第三个方面，要求人民陪审员遵守审判纪律。我听说过一些地方人民陪审员在外面打着法官的旗号，随意地向当事人允诺，这是不太妥当的。审判纪律的要求我认为是应该经常强调的，而且要植根于陪审员的心中。还有，对于人民陪审员的考核要把好关，考核机制应该由人大或是人民法院建立，也可以联合起来制定一些比较细的规则。另外，在人民陪审员的经费支持方面，我感觉现在比以前好多了。有些人民陪审员为什么不愿意来参审，就是因为经费补助有限，审完一个案件，前后的车费、餐费等加起来甚至都会超过补助金额，自己还得贴钱。如果经费这方面有保证的话，就有可能提高他们参审的积极性。

访谈人：在人民陪审员参审的时候，您会不会让人民陪审员提前来熟悉一下案卷？

王法官：我一般就是这样做的。开庭前我会主动地把诉状，还有一些证据材料给他们看一下，让他们对案情有个大致的了解。

访谈人：有没有人民陪审员主动要求看案卷的？

王法官：没有，都是我们给他们看。可能也因为我办民事案件的时间还不是特别长，所以对整体情况不是很了解。

访谈人：请问你们是在开庭当天给他们看还是提前给他们看呢？

王法官：没有提前来阅卷的，都是当天给他们看。有的陪审员如果按时按点到法院，根本就没时间看，提前来的话还可以把情况大致地了解一下。而且，我听说政工室联系人民陪审员要他们来陪审，一些就说有事来不了，经常有这种情况，所以有时候就只固定几个有时间的、比较积极的陪审员。

访谈人：贵院有一项新的"规定"，就是每位人民陪审员必须保证每年陪审两三个案子，您觉得这个规定可行吗？

王法官：要视具体情况而定，有时也不见得可行，如果人民陪审员工作上有更重要的事而无法脱身，那也没有办法。

访谈人：相比民事案件，刑事案件中，陪审员参审情况如何？

王法官：刑事案件陪审的可能多一些，刑事案件的审理时间一般都很短，而民事案子有时候甚至要开两三次庭，还要来合议，所以相对来说要复杂很多。

访谈人：有没有当事人要求申请陪审员参审的？

王法官：没有，这种情况很少。这与当事人的个人素质、知识水平有很大的关系。比如说，发达地区老百姓可能还懂人民陪审制，但有些地方的群众可能根本不知道有陪审制这一说，也不知道陪审员能够在庭审中发挥什么作用，是否适用陪审员制度，他们根本不管这么多。

（七）对 F 县人民法院民一庭胡法官的访谈

【"（人民陪审员的）作用可能还是有限的，至少从目前我们的体制来说，我认为发挥作用的主要还是法官，人民陪审员当然不是不发挥作用，只是目前在这种体制下发挥的作用可能要相对小于法官。"】

访谈人：您好，胡法官！请问人民陪审员参加审理案件情况如何？

胡法官：我们普通程序的案子基本上会邀请人民陪审员参与审理。

访谈人：人民陪审员的参审率有多高？

胡法官：比较高，有几方面的原因。上级绩效考核需要人民陪审员参加，人民陪审员参审相对来说也不一定都是好的，关键是人民陪审员比较受信任，有些案件处理得可能平衡一些。

访谈人：人民陪审员参与审理的程序是怎样的？

胡法官：一般的案件，我们一般在开庭前把证据交换了，心中有个数。有的案件可能在开庭前做过一两次调解工作，然后再开庭。有的案件可能就直接开庭了，还是以调解为主。人民陪审员参与案子，对案子到底有多大帮助？虽然他们被称之为人民陪审员，在调解工作中还是法官的作用比较大，我是指目前我们这里的人民陪审员，还是法官起主导作用。

访谈人：那人民陪审员可以发挥作用吗？

胡法官：应该有。

访谈人：有哪些方面的作用？

胡法官：有些事情需要人民陪审员来解释，我们在调解的时候行使释明权，有的当事人对法院其他的一些事情可能不是太明白，那么作为法官有释明权，有些时候我们可以和人民陪审员一起做这个事，但主要还是法官，以法官为主。

访谈人：在民事案件中人民陪审员调解作用会不会明显一些或者大一些？

胡法官：在我们这里，我认为还是法官的作用大。

访谈人：那人民陪审员参加调解吗？

胡法官：参加调解。

访谈人：调解中主要还是法官作用大？

胡法官：当事人走向调解达成合议主要是法官引导，人民陪审员是在整个过程起到帮助作用。

访谈人：这个帮助作用能说具体一点吗？怎么个帮助作用？

胡法官：比如有些涉及社区的陪审员，陪审员品质好的，大家对他比较了解的，那么人民陪审员说的话可能也比较被信任，在这方面有时候也有助于促成一些和解协议。

访谈人：是在庭审过程中吗？

胡法官：对。

访谈人：有的人民陪审员在调解中认为起到了主要作用，而且效果还比较明显。

胡法官：是的，有些是这样。但是有些案件，在我们这里，法官的引导作用要大于人民陪审员的引导作用。

访谈人：我们前几天在贵院开陪审员座谈会，有一位龙姓的人民陪审员，他说他参审的案子就比较多。

胡法官：对，他既陪审过民事案件，也陪审过刑事案件，我们民一庭需要陪审员时，基本上都会通知他来参加。

访谈人：基本上都通知他来参加？

胡法官：基本上是，因为他时间可能充裕一点，不像有些年轻的人民陪审员可能事情多一点，没有那么多时间。

访谈人：那他在参与陪审过程中，您觉得他称职吗？或者说他表现得怎么样？

胡法官：他应该说很称职。因为他原来在机关工作过，是人大主席，他的文化素质、基层经验特别丰富，有些案件他参加的话，相对来说，对当事人在理解上会起到很大的帮助作用。

访谈人：是不是有个前提就是当事人了解这个陪审员，因为他在当地比较有名望，是吧？

胡法官：这个原因肯定有，有的当事人不一定认识人民陪审员，但是了解他，相对来说，他做调解工作，成功率要高一些。

访谈人：请问民一庭除了龙陪审员之外，还有几位人民陪审员？

胡法官：还有几位来自社区的人民陪审员。

访谈人：这几位陪审员固定在民一庭陪审？

胡法官：对。

访谈人：有些陪审员是否从未参与过陪审工作？

胡法官：我们民一庭有这种现象，其他庭我不知道。我们庭常参与陪审工作的陪审员就那么两三个，因为他们的时间比较充裕。有些陪审员在基层，不在F县，所以我们就很少通知他来参加陪审。我们选人民陪审员的一个重要条件就是，陪审员一定要有时间参与案件审理。

访谈人：我们在调研时，有人民陪审员提出了一个建议，希望让他们能够参与到民事执行当中，您怎么看待这一建议呢？

胡法官：我们这里人民陪审员参加执行比较少。某些重大案件，我们一般会邀请政法委、政府、检察院、人大和社会上的人民监督员来对执行进行监督，直接邀请人民陪审员参与执行的案件不是太多。

访谈人：请人大、人民检察院参与案件执行？

胡法官：不是所有的案件都这样，主要是针对某一些案件。

访谈人：针对哪些案件？

胡法官：极个别案件。他们没有那么多精力参加每一个案件，而且人力、物力各方面投入也比较大。为了节省资源，我们主要是针对一些在社会上或者是在某一个地区反响比较大的案件，才把这些单位邀请过来，主要是监督人民法院执行的全过程是否存在违法现象。

访谈人：您所在庭有几名法官？

胡法官：5名法官。

访谈人：审理案件人手够吗？

胡法官：一般不够，我这个庭最起码要6名法官，2名书记员，组成两个合议庭才能够正常运作。当然，现在有人民陪审员参与也可以，但是，按照人数来说，两个书记员、两个合议庭可以正常运作。

访谈人：合议庭是怎么组成的？

胡法官：一般是两名法官、一名人民陪审员，很少有两名人民陪审员、一名法官的。

访谈人：为什么不采用两名人民陪审员加一名法官的形式呢？

胡法官：案件主要涉及法律适用，就是实体或者程序要合乎法律，如果人民陪审员多了，我们认为法律适用方面可能会有所欠缺。我是根据我们庭的情况来说，其他庭我不是很清楚。

访谈人：采取一名陪审员加两名法官的陪审形式有什么考虑吗？

胡法官：有的案件关键在法律适用。相对来说人民陪审员在法律素养方面与法官相比还是有差异的，那么他在保证案件实体结果的公正合法方面有所不足，我们是出于这种考虑。

访谈人：现在是合议庭最后对案子负责，还是审判员负责或审判长负责？

胡法官：不是。我们是这样的，合议庭的案件首先由审判长组织合议，合议完之后，向庭长汇报，然后庭长再向分管的副院长汇报，分层级的，不是合议完了就完了，这是我们内部的一个工作机制。比如说我们庭，有的案件我不参加，其他审判员参加，那么这个案件审理完了之后，我不能更改合议庭的意见，但我可以向负责法官了解案件情况和审理过程，如果我认为有些地方可能有问题，我可以告诉合议庭，让他复议一次，对案件进行复议一次后，如果这个问题仍然没有更改，那么就要提交给分管的院长，由分管院长来把关。如果合议案件仍然有问题，还可以复议一次，如果仍没有改变，那么就要提交审判委员会决定。

访谈人：有没有因为人民陪审员和其他合议庭组成成员的意见相左，分歧比较大，提交复议或者最后上交到审判委员会的情况？

胡法官：没有。我们一般坚持少数服从多数原则，包括院长在内对合议庭的意见都是不能更改的。

访谈人：如果人民陪审员坚持自己的意见呢？

胡法官：只可以通过审判委员会来更改意见，某一个人，包括庭长、副院长、院长都不能更改合议庭意见。如果要更改这个意见，只能通过审判委员会的决定进行更改。

访谈人：合议庭最后表决时是否出现过陪审员与法官意见相左，而且陪审员坚持自己意见的情况呢？

胡法官：我们这里这种情况不多。

访谈人：是否出现过呢？

胡法官：我们参加审理的案件，好像还没有。因为我们这里参加陪审的案件，在开庭之前就把相关的法律条款和人民陪审员沟通过了。

访谈人：人民陪审员会过来看案卷吗？

胡法官：有的陪审员会看，也有的不看。我们一般是争取在开庭之前进行证据交换，案件开庭审理本来就是通过质证，证据都没有通过质证就把主观意识掺进去，我认为这对于案件的公正审理是有影响的。

访谈人：你的意思指查阅案卷没有什么帮助吗？

胡法官：不是没帮助，而是基本的事实，作为法官也好、人民陪审员也好，你都要知道。但基本事实你知道以后并不代表你就要那么做，因为证据要证明的事实是开庭经过质证之后才能确定的。

访谈人：现在一般主张人民陪审员提前来阅卷，那么有没有可能像你说的一样，反而会导致陪审员先入为主？

胡法官：开庭之前就先入为主这种情况，我不赞同，我主张人民陪审员和法官在开庭之前对整个案件都不发表意见。

访谈人：在开庭前不说意见？

胡法官：不说，哪怕你有一点想法也不说，因为一旦说了就可能对其他的合议成员产生影响,产生影响就可能妨碍其他人的思考和判断,尤其是像副院长或者院长参加审理的案件,在开庭之前你就把你的想法或者意见说了,可能会妨碍其他陪审人员的正常思维,使其按照领导的思路去做,这个思路不一定是正确的,我们比较反对那种方式。

访谈人:人民陪审员会参加证据交换吗?

胡法官:双方当事人把证据交来了之后,按照简易程序15天、普通程序1个月的举证期限,我们进行证据交换,证据交换完毕再确定开庭时间,这就便于在开庭的时候节省时间。有些简单的案件,我们对开庭前的证据交换不做记录,复杂的我们会做一个庭前证据交换的记录,然后对证据先发表一些质证意见。在开庭的时候,原来没有异议的证据只用一句话确认一下就行了,不再质证了。简单的案件一般就是把证据交给对方,双方先熟悉对方的证据,然后在开庭时直接发表意见就行了。这个环节在我们庭,一般是法官主持,没有陪审员参加。我们一般也不通知人民陪审员。

访谈人:那一般是从什么时候通知人民陪审员参加庭审的?

胡法官:就是在案件开庭前三天通知他,如果他要过来的话可以把案件的情况、基本的事实熟悉一下。

访谈人:请问是你们庭里通知还是要办公室去通知?

胡法官:这个是庭里自己通知,因为人民陪审员是我们自己和他联系,不通过政工室或者办公室和他联系。

访谈人:院里面有没有分配几个人民陪审员固定在民一庭参审?

胡法官:没有分配,所有人民陪审员我们自己选择,不是分配的。

访谈人:这样的话,庭与庭之间怎么协调呢?有可能出现两个不同的庭同时通知某个人民陪审员来参加庭审吗?

胡法官:我们会提前通知,每一个案件都是至少提前三天以上,如果出现你说的那种情况,我们会更换的。一般不采用临时通知的方式,合议庭案件都至少提前三天以上通知,有的我们会提前四五天甚至提前一个星期,最多时可能提前十天,就是要避免出现你说的这种冲突情况。

访谈人:你们是采用电话通知吗?

胡法官:一般是采用电话通知。

访谈人:电话通知了还要补一个书面函吗?

胡法官:我们没有补。会像通知法官一样,比如说今天开庭需要吴法官参加,我可以电话通知他,而不需要发书面通知,因为他本身就要履行这个职责,他参加这个开庭是法律赋予他的职责。我不需要什么手续。如果说是其他单位，那我得有个邀请书之类的。法官参加审判就是被赋予了这个审判职责，如果现在进行审判，对审判人员还要发这个通知，那这个程序就有问题了。我这里是不采用，其他的我不知道。

访谈人：您在选定人民陪审员时会考虑哪些因素呢？

胡法官：我们会考虑人民陪审员的个人基本情况，比如说有的人民陪审员是医院的专家，那么我们在审理一些医疗纠纷的案件时，就请医疗方面的人民陪审员参加开庭。我们主要是找一些适合的人民陪审员，一般案件我们就不选什么专家，主要是根据案件，看它是针对哪一方面的，我们有针对性地选人民陪审员，如果需要某些领域的专业知识，相关的专家人民陪审员相对于法官可能经验要更丰富一点。

访谈人：有些法官对专业型的人民陪审员提出了质疑。如您说的医疗纠纷就请医疗方面的专家，本来就是个医患纠纷，患者告医院，结果还喊了个医院的院长或者医院的医生过来，反而会加剧医患矛盾，您觉得会不会这样？

胡法官：有，有这种情况。肯定会加剧，但是你请的这个专家不一定是这个医院的，他只要是有这种技术的人员即可。他如果是这个医院的，那这个案件的审理他肯定不能参加，要回避。因为我们这个城市小，F县就这么几个医院，涉案医院的专家陪审员肯定要回避。

访谈人：除了回避问题，您觉得作为一个医生来审理一个医患纠纷主观上会不会带有一种偏见？

胡法官：我有一个相关案件，人民陪审员主观上好像没有这种偏见。我们让他参加陪审主要是让他给我们提供专业知识，以便判断关于当事方发生的这件事具体是正确的还是错误的。他为合议庭提供一些他所掌握的专业知识或者相关的一些他能够掌握的知识和经验，然后由合议庭或者法官根据他提供的专业知识或者经验进行判断。

访谈人：对于陪审员提供的专业知识或者经验，您是照单全收还是自己要甄别一下？

胡法官：我自己会甄别。主要是他给我提供专业知识或者是经验，然后再由合议庭做出判断。我们自己通过自学或者是向其他一些熟悉的人进行咨询，去学这方面的专业知识，然后通过这些得出一些结论，再结合他提供的专业知识和经验做出判断。有些案件法官可能不是很了解某些专业方面的知识，要自己学习一些相关的知识，然后再向其他有专业知识的人请教。请教之后也可以对陪审员提供的知识和经验进行判断。我们只要求陪审员提供他所掌握的知识和经验就行了，一般不会受他的影响。

访谈人：您可以介绍一下您刚才提到的那个医疗案子吗？

胡法官：那个案件很多年了，我记不大清了。

访谈人：类似案件平时多不多？

胡法官：这种案件不是很多。有的医患纠纷可能不需要有专业知识的人参加，不是每一个案件都需要的，只是复杂的或者是涉及某一个专业领域的，我们可能对它有模糊概念的，我们才要求他参加。

访谈人：除了医疗方面还有哪些领域是需要提供专业知识的？

胡法官：在我们审理的案件中，专业方面的案件主要是医疗类的，其他的好像没有。我看人民陪审员好像没有什么具体的专业知识背景，主要是一些单位的、社区的人员。

访谈人：你们一年大概要处理多少件医疗纠纷案件？

胡法官：今年我这里没有什么医疗纠纷案件，因为我们院里有个规定，涉及法人的案件就在民二庭审理，所以我这里医疗纠纷案件比较少。以前一年两三件。

访谈人：这种医疗纠纷案件，医师人民陪审员参与进来主要就是提供专业知识吗？

胡法官：那也不是。我们也可以提供一些与案件相关的法律、法条给他，让他自己来做出判断。因为他和审判员是一样的，职责是相同的。

访谈人：除了考虑专业问题以外，F县是多民族地区，会不会考虑民族因素？比如案子当事人有苗族，就请苗族的人民陪审员参审。

胡法官：我这里没有考虑过。因为在我们管辖范围内的居民一般都能够说汉语。在苗区法庭或者其他基层法庭可能会有，因为那里是苗族聚居地，所以有些案件可能就需要懂苗语的人民陪审员参加进来。

访谈人：某些陪审员经常参与审理，时间久了，他的思维会不会被法官同化？

胡法官：被法官同化的现象我们还没发现。因为陪审的目的，一个是对我们整个审判的过程或者说事实的认定进行监督，起监督作用，这是最主要的。另一个是通过他的经验、看法发表他的意见。当然他的意见包括两种：一种可能是符合法律规定的，另一种可能是主观臆断的、不符合法律规定的。因为人民陪审员的素养跟法官相比是有差异的，有的时候他可能忽略或者不了解司法原意，不能像法官那样除了对法条进行理解，还要了解司法原意，即为什么要立这个法，立这个法的目的是什么，法官这个方面考虑要多一些，人民陪审员对这个方面的考虑要少一些，往往只单纯地就这个法条发表意见。我认为这样对案件事实的认定可能会不公正。一个法官对于法条的理解可能会出现三四种的意思，就是同一个法条，对不同法官的理解都是不一样的。人民陪审员在审理案件的时候，他在对立法原意的理解，法律素质方面要欠缺一点。有的情况下，他可能如你刚才所说的，他从一些基层的经验上，从人情上或许行得通，但是从法条上就可能行不通。

访谈人：您的意思是陪审员实际上是左右不了案件裁判的？

胡法官：人民陪审员或者法官都不能左右案件的走向。如果是合议庭的案件，必须是少数服从多数，一个人是不能左右的。人民陪审员的观点与两个法官的观点可能是不相同的，我们基层法官在一些案件上意见可能是不同的甚至是相反的。一个可能是这样认为，一个可能是那样认为，不同法官对同一个法条的理解，可能会有差异，我认为这是很正常的。

访谈人：怎么去评价人民陪审员在调解中的作用？

胡法官：不是每一个案件中人民陪审员都能发挥调解的作用，只能说相对某一种案件或者是某一个案件中，他的作用大于法官。但是据我掌握的，能够达成调解协议的基本上还是因为法官做了大量的调解工作，包括法律方面的解释和其他方面的工作。我认为法官对于调解，花的精力很多，不是说在法庭上他就调解完毕了，有的可能在庭后还要进行调解，那么这个时候，我们就不通知人民陪审员参与，直接由法官调解。

访谈人：您刚刚也说了人民陪审员的观点不一定符合法律规定，您怎么评价他在庭审中的作用？

胡法官：我们庭审的目的主要是把案件事实查清楚，正确适用法律。我认为人民陪审员在庭审过程中的作用跟法官是一样的，法官在庭审中的作用和职责，陪审员都有。陪审的目的不是说陪审员来了，案件可能就好办。

访谈人：人民陪审员的参审对案件事实的查明有没有帮助？

胡法官：查明事实方面，人民陪审员是否参审我认为这不是主要问题，这是我个人意见，并不是说人民陪审员来了案件就查清楚了，不来这个案件就查不清楚，查明案件事实与陪审员参审没有任何关系。

访谈人：您怎么看待所谓"陪而不审"的现象？

胡法官：陪而不审，我们这里基本上都是。现在庭审跟以前不一样。法官也好、人民陪审员也好，我们主要是听，一般很少发问，把更多的时间给当事人。现在是当事人向法院提起诉讼，我们是对他的案件事实和证据作出认定，一般我们很少发问，需要发问的时候才发问，如果不需要发问的，一般都不发问，把这个时间给当事人。一般是在案件审完了之后，法官履行程序，该谁发言组织一下，工作到位，就庭审完毕了。在这个过程中，我认为法官也好，陪审员也好，尽量少发言，因为你本身就是居中裁判，你不可能与当事人进行辩论，法官和陪审员不要反对过多地发言、提问，这样反而不好，为什么，因为有的案件在举证、答辩的时候，已经清楚了，我认为就不需要提问了。

访谈人：人民陪审员参不参加法庭审理对案件没有影响，是吗？

胡法官：我认为查明事实与人民陪审员是否参审没有太大影响，过去庭审工作很简单，主要就是程序工作，现在主要是当事人向人民法院提供证据，这是重点，不是说什么人参加了，这个案件就可以查清楚，重点不在这里。关键是与当事人有很大关系，与审判人员可能没有很大关系，当事人就这个案件向法庭、人民法院提供了什么样的证据，或者是提供了什么样的事实，他是如实陈述了还是没有如实陈述，这个很重要。那么我认为这就是法官和人民陪审员在甄别他所陈述的案件事实真伪的时候最重要的一点。

访谈人：当事人提供了这些证据、描述的这些事实，人民陪审员有这个能力和法官一起去判断这些证据和事实吗？

胡法官：有些证据，可能包括法官在内也没有这种能力去判断。我不是单纯说陪审员，包括法官对有些事实和证据也不能立即做出判断，因为有的事实和证据需要通过其他的一些事实或者知识来确认，作为人民陪审员在碰到有些事实和证据时，也不可能立即作出判断。无论是陪审员还是法官都有局限性，哪怕是个博士生，他所掌握的知识也有可能滞后于社会的发展，也难以对所有案件都能立即做出判断。可能有些事实要通过一个磨合期或者今后的一些证据、通过相关的法律再来验证，然后做出判断，法官也是如此。

访谈人：人民陪审员参审的作用可以说是形式大于实质？

胡法官：我认为作用可能还是有限的，至少从目前我们的体制来说，我认为发挥作用的主要还是法官，人民陪审员当然不是不发挥作用，只是目前在这种体制下发挥的作用可能要相对小于法官。

访谈人：怎么给人民陪审员定位呢？

胡法官：有一点我认为最重要，人民陪审员参审与他的素质有关系。他如果对案件负责或者他的素质好，那么在合议的时候，他的意见其实是很重要的，不管他的意见是错的还是对的，因为他是就他所掌握的知识来发表意见，他只能理解到这个地步。我本人对于法条也只能理解到某种程度，所以你不能说我的理解就是错误的，我们只是在理解上面可能有分歧。就他所掌握的专业知识、法律知识，他能够积极地发表意见，我认为无论他这个意见是对的还是错的，也无论他是审判员还是人民陪审员，他都是负责任的。每个人根据自己所掌握的知识发表的意见，并非都是正确的，但是我们要向这个正确的方向去走。

访谈人：您认为关键是要负责。

胡法官：我认为是这样的。帮助谁说话或者不帮助谁说话，他是根据他的良心、按照他的理解说的，我认为这样是最好的。

（八）对 R 区人民法院刑事庭丁法官的访谈

【"为什么我们国家的人民陪审员制度给老百姓的感觉就是陪而不审？是因为我们选陪审员的时候，就让人家感觉是那么回事儿……你没有让人家感觉到这个人民陪审员会真正起到陪审作用，你没有让当事人真正感觉到人民陪审员的重要性……要让他们觉得人民陪审员也是一种职业，形成一种职业荣誉感。"】

访谈人：请问民一庭共有几个人民陪审员？

丁法官：民一庭有 16 个。

访谈人：请问人民陪审员固定到审判庭了吗？

丁法官：是的，每个审判庭大概配置 4 个人民陪审员，基本上是 3 个法官配备 2 个人民陪审员，相对固定。审理案件时可以任意组合，由书记员去安排。

访谈人：人民陪审员跟合议庭基本上是相对固定的，是吧？

丁法官：对，相对固定。但也是随意分的，没有根据他们的专长特点等来分，院里就是把陪审员配置到不同的庭室，这样各个庭室的审判员开庭时就可以选择自己庭室的人民陪审员，一般不会涉及别的审判庭。

访谈人：您觉得有没有必要根据人民陪审员的专业特长进行分类呢？

丁法官：从目前人民陪审员的状况来看，还没有到达这一步。人民陪审员不是根据他们自身的专业素质或技能特长等进行遴选，与业务审判的需要还是有点脱节，所以现在选任的人民陪审员，客观地说，就是形式上的人民陪审员。我目前没有发现有专长的人民陪审员，人民陪审员是个"万金油"，什么案子都可以参审，实际上就是"陪而不审"。目前还没有针对性遴选的制度。

访谈人："陪而不审"的现象主要体现在哪些方面？

丁法官：我发现到目前为止，所有的人民陪审员中能真正起到作用的为数不多。人民陪审员大多数是接收的人员，重点是退休人员和退役人员，虽然也侧重遴选懂法律知识的，仍未防止陪审员专业素质不高的现象。常常是案件庭审之后，人民陪审员听都没听懂，还怎么去发问呢？目前来说，人民陪审员最大的作用就是在案件调解过程中，他有些工作可能做起来要比审判员强一点。比如说某些问题双方当事人有争议时，人民陪审员的平民身份和通俗易懂的语言与法官法言法语相比较，可以让当事人更容易接受，这是人民陪审员的长处。其他方面好像就没什么了。

访谈人：除了调解，您觉得人民陪审员制度在设计时，还应当具备怎样的功能？

丁法官：我们国家人民陪审员制度的模式，我觉得其实属于德国的参审制模式，人民陪审员和法官没有明显的职权划分。而英美法系的陪审团只负责事实认定，法律部分由法官负责。综合考虑这两种模式的不同特点，我倾向于英美法系的陪审团模式。人民陪审员应该注重于事实部分，可以辨明当事人陈述事实的真伪，但法律素养有限，不能对法律问题做出正确决断。我认为要培养一批这样的人民陪审员，并对他们进行分专业、分类型的培训。当然，首先要进行综合性的法律知识培训，在他们已经具备基本的法律知识的前提下，再适当地分专业、分领域培训，形成一个专业型的人民陪审员人才库。

访谈人：您说的这种人民陪审员人才库有点类似仲裁员，他们既具有法律知识又具有一些专业知识。

丁法官：这应该是人民陪审员制度的最佳状态，因为这个状态会达到以下效果：第一，增强法官的责任心，提高案件审判质量。如果法官主审的案件不适当的话，人民陪审员可以对案件的处理提出异议，倘若法官专业性不强或者是马虎的话，人民陪审员可能会左右案件的裁决结果。如果这个机制真正建立起来，将对办案质量的把关起到很重要的作用。第二，人民陪审员经过这种训练以后，在庭审时他会发挥主观能动性，提一些相当专业的问题。这样的话，当事人会觉得这个合议庭是真正的合议庭，人民陪审员不是白陪，他提的问题很专业。并且当事人也不敢敷衍法庭，会更认真地对待，这样，对案件专业化的处理结果也更容易使人信服。当然，这种机制的建立很难，国家要花大量的人力物力才能做好。现在的人民陪审员中退休人员较多，而退休人员具有很多的局限性，比如年龄偏大、责任心不强，没有真正起到人民陪审员的作用。作为审判一线的法官，我们认为国家应该采用专业型的人民陪审员人才库模式，这种模式下的人民陪审员制度才能切实发挥作用。第一，可以补充审判力量，提高案件的审判质量。第二，可以让老百姓知道人民陪审员在审判中的作用，实现司法民主。人民陪审员平民视角下的处理结果可以让当事人更容易接受。因为他毕竟来源于老百姓，来源于这些当事人中间，他的语言虽然不是中规中矩的法律语言，但毕竟贴近老百姓。假如陪审员制度朝这个方向发展，可以考虑给人民陪审员颁发培训证，获得培训证就可以上岗，还能按照专业特长等实现随机抽取人民陪审员，这样有利于实现司法公正。

访谈人：这种专业性人才去当专家证人或者鉴定人会不会更好一些？假如有一个医疗事故纠纷，医生作为裁判者坐在庭上，老百姓会不会反而觉得不公平？因为医疗事故纠纷本身就是一个患者和医院打官司，老百姓可能会觉得这个医生肯定是站在医院的立场，替他们医院来说话的。

丁法官：这种情况下绝对不能把他当成普通医生对待，此时他的身份就是人民陪审员，抹掉与此无关的其他一切身份特征。从陪审员来说，要让老百姓消除这种疑虑。首先，要摆正好自己的位置，此刻就是陪审员，不是医生。其次，要明确自身的职责，来陪审就是要充分利用自身所具备的医学知识查明案件事实。比如在医疗纠纷中要辨明伤口是陈旧性的还是刚做上去的，一般人他没这个专业知识就不清楚，但专业人士他就知道，就能把事实查明清楚。在这个基础上，法官就更容易调解或准确做出判决。

访谈人：您觉得在合议阶段人民陪审员有没有发挥其作用？

丁法官：说实在的，真正能够吃透案件、准确发表法律观点的人民陪审员确实是比较少。开庭之前，陪审员没有阅卷，只是在庭上了解部分事实，加上没有法律的知识和能力，指望他在这么短的时间之内把案件判断清楚，几乎是不可能的。

访谈人：陪审员基本上就是附和法官的意见？

丁法官：目前来说就是这样。

访谈人：您遇到过人民陪审员意见跟法官相左，而人民陪审员一直坚持自己的观点的情况吗？

丁法官：有，不过很罕见，并且这只出现在人民陪审员对案件事实或者涉及的专业领域比较清楚的情况下。比如一个房地产纠纷案件，屋子漏水了，是开发商的原因、物业的问题，还是业主的问题，如果人民陪审员刚好有相关的知识背景，他的想法跟法官查证的又相反，他就会根据他平时的经验坚持他的观点。一般而言，如果只是一个人民陪审员的意见和法官不同，这时直接按照少数服从多数进行裁判，如果是两个陪审员跟法官意见相冲突的话，一般是提交审判委员会讨论。法官毕竟是专业人士，人民陪审员的意见不一定准确，但这时他们的意见又占多数，不能够否定，为了更好地把握案件审判质量，就会采用提交审判委员会的方法进行处理。

访谈人：您刚才讲到在开庭前人民陪审员不怎么阅卷，人民法院会要求人民陪审员来阅卷吗？

丁法官：我们一般只是告知他开庭时间，在开庭之前他很少来看。

访谈人：对人民陪审员，您觉得加强培训有没有必要？

丁法官：这个太有必要了。不培训，人民陪审员就是陪而不审，那都是形式啦，坐那么几个小时，拿那么一点钱他也心满意足了，不符合我们现在这个人民陪审员制度的宗旨。

访谈人：您觉得"陪而不审"的症结在哪里？

丁法官：为什么我们国家的人民陪审员制度给老百姓的感觉就是陪而不审？是因为我们选陪审员的时候，就让人家感觉是那么回事儿。你选那些退休人员，给人的感觉就是这些人闲来无事，我把他拉起来做事儿，你没有让人家感觉到人民陪审员会真正起到陪审的作用，你没有让当事人真正感觉到人民陪审员的重要性。如果认真遴选具备相关能力的人，培训合格的都可以担任人民陪审员，这样现在的很多问题才能解决，如培训问题、工陪矛盾问题等。

访谈人：我们人民法院有请一些院里的家属当人民陪审员吗？

丁法官：有。担任人民陪审员只要人大任命就行了，现在是鼓励人民陪审员参审，只要是人民法院报上来人大通过了就行。因为现在没有真正树立人民陪审员的地位，没有门槛，所以很容易就把陪审制的名声搞坏了，一个本来很好的机制，一旦搞坏了，要恢复就很难了。要让他们觉得人民陪审员也是一种职业，形成一种职业荣誉感。

访谈人：你觉得有没有必要搞一个责任追究机制？

丁法官：我觉得如果建立人民陪审员制度，却不实行责任追究机制，人民陪审员只有权力没有义务，这个制度就太缺规范性了。如果有个责任追究机制，陪审员就能更好地履行职责。

访谈人：如果追究陪审员的责任，会不会更打击他们的积极性？

丁法官：我觉得责任追究机制的初衷是规范人民陪审员的行为，树立陪审员的形象，让他有这个荣誉感，而不是单纯为了惩戒。

访谈人：有没有人民陪审员帮当事人来跟你们法官打招呼之类的现象？

丁法官：有这种现象，这也是我为什么反复强调人民陪审员要经过培训,就是要他们学习并遵守人民陪审员的职业道德规范,让人民陪审员懂得基本的行为规范。

访谈人:除了市里、省里安排的培训以外,我们 R 区法院自己会组织一些培训吗?

丁法官:会的,主要是业务培训。

(九)对 R 区人民法院行政庭姜法官、齐法官的访谈

【"没有必要在审理很多简易案件中也让陪审员参与进来,人民陪审员制度可以保留在一定范围内,比如一些重大案子,而且可以由三个法官和两个陪审员组成合议庭。法制健全和人民陪审员制度是一个本和末的问题,法制建设发展到一定阶段,陪审制就会相应地完善。"】

访谈人:请问行政庭一般有几位人民陪审员?

姜法官:两位人民陪审员,相对固定的。

访谈人:相对固定使用这两位陪审员有什么考虑吗?

齐法官:因为他们参审行政诉讼案件次数比较多,相对比较熟悉。而其他有些人民陪审员经常搞民事案件,对这一块不熟悉,很容易造成陪而不审的情况,其中一位陪审员来自长沙市 R 区劳动和社会保障局,另外一位是区里面退休的公务员,他们的本职工作使他们相对比较熟悉这一块,所以就常常选他俩。

访谈人:行政庭有意这样安排的吗?

姜法官:这都由院里安排,我们当时都不认识这些人民陪审员,甚至搞不清楚他们是干什么工作的。院里面发了一个人民陪审员名册,政工科是不是征求了人民陪审员的意见我们不太清楚。说实话,实践中人民陪审员中有负责的也有不负责的。很多人民陪审员因为工作受限不能经常参审,而这两位陪审员基本上通知就到,比较敬业。

访谈人:您一般提前多长时间通知他们?

姜法官:一般提前三天。

访谈人:每次开庭都是这两个人民陪审员来参与?

姜法官:基本上都是,除了特殊原因他们来不了,我们再另行安排。这种相对固定一方面便于对人民陪审员的管理,另一方面也有助于提高他们的参审能力。如果今天是刑事案子,明天是行政案子,会让他们无所适从,他们不可能各个方面都去了解。这也是我们人民法院内部专业化在陪审领域的一个折射。

访谈人：只分两个人民陪审员够用吗？

姜法官：基本够用。一般行政案件不算很多，比如去年是130件，今年到目前为止，只收了51件。此外，我们还负责行政执行案件的合法性审查，这是执行前置程序，我们审查后认为它没有问题，再转入非诉执行局去执行。我们今年合法性审查收了20件，人民陪审员也参与合法性审查。

访谈人：合法性审查是一种诉讼程序吗？

姜法官：不是诉讼程序，各省的做法不一样。H省590号令规定，政府行政决定必须要经过合法性审查的司法程序才能执行。

齐法官：合法性审查有两种情况。法律关系简单、涉及的金额不大的案件采取书面审查方式；案情复杂、影响较大的或者数额比较大的行政处罚、房屋拆迁等采取听证审查形式。陪审员会参与听证程序，参与到我们做出裁定的过程中，只是参与程度不同。让陪审员参与合法性审查的听证程序，一方面是由于法官人太少，另一方面也是上级法院的要求。

姜法官：合法性审查不常开庭，我们换了一个名字叫听证。目前《行政诉讼法》没有统一规定，我们根据H省高级人民法院的一个指导性司法文件，即《审查与执行非诉行政执行案件的若干规定》来操作。

访谈人：行政庭里，人民陪审员的参审率有多高？

姜法官：百分之百。因为我们庭一共只有四个人，三个法官加一个书记员，案多人少。

访谈人：院里对每个庭有没有陪审率的硬性指标？

姜法官：没有。院里鼓励我们要尽量利用陪审资源，解决我们案多人少的矛盾。

访谈人：案件来了，你们联系人民陪审员需要通过政工室吗？

姜法官：不需要。庭里每个月都由内勤统一将陪审员参审的情况报给政工室核准，由院里统一给人民陪审员发放补助。

访谈人：在行政诉讼案件中，人民陪审员主要起一个什么样的作用呢？

姜法官：他们跟审判员的作用是一样的，所有的权力也和审判员一样，但他们不主持庭审，不能当审判长。当然你不能要求人民陪审员对法律很专业，人民陪审员大部分不精通法律，人民陪审员的业务水平参差不齐，发挥的作用是有限的。人民陪审员制度基于中国国情有存在的必要，至少从形式上让老百姓看到有人民陪审员在庭上，可以增加审判的公开透明度。虽然说行政案件不易调解，但人民陪审员可以做一些协调工作，有些话我们法官讲出来，当事人可能不信。但是通过人民陪审员说出来，就更容易被接受一些。据我所知，人民陪审员制度起源于英国，它是在资产阶级革命以后，革命派和保守派相妥协的产物。在大陆法系国家，陪审制好像还不太发达，只是在特别重大的案件中要组成陪审团，大量的民事案子都是由法官一锤定音，我了解的不一定对。英国当时的法官是站在保守派这一边的，新生的资产阶级不太相信法官，所以必须要有陪审，要让他们的声音体现在司法领域。法国由于资产阶级革命很彻底，所以是参审。而且行政法在法国最发达，这与它的历史相关，是可以找出它的历史根源的。我们现在推广人民陪审员制度是基于法院案多人少的现实国情，三个法官组成合议庭确实是有些忙不过来。

访谈人：您认为人民陪审员主要是在解决案多人少问题？

姜法官：说实话，他们在专业领域很少发表意见，他们大都来自基层，人民陪审制度只是为了体现司法民主而已，而且从某种程度上说已经体现了。陪审制当然有它积极的一面，目前只是将它当作权宜之计，要解决案多人少的矛盾，我们真正的工作重心还是要深化司法领域的改革和提高法官素质，加强对法官的培训和管理等。没有必要在审理很多简易案件当中也让陪审员参与进来，人民陪审员制度可以保留在一定范围内，比如一些重大案子，而且可以由三个法官和两个陪审员组成合议庭。法制健全和人民陪审员制度是一个本和末的问题，法制建设发展到一定阶段，陪审制就会相应地完善。我们现在的司法制度还不太完善，我们面临的很多具体问题跟国外也不一样，如何探寻我们自己的法制之路，建立我们相应的法律制度，这是一个大课题。

访谈人：行政诉讼是"民告官"，人民陪审员会不会更倾向于老百姓的一方？

姜法官：他们不是倾向于老百姓，而是站在公正的角度看问题。人民陪审员在庭上不会轻易发表意见，因为审判长都是由法官担任，整个庭审的诉讼指挥，整个案情如何查明，要具体调查哪些问题，都是主审法官在主导。人民陪审员只是在合议时，根据他对案件的理解发表他的意见，而且他基本上都同意法官的意见。

访谈人：那有没有两个人民陪审员的意见相同，但跟法官意见不同的情况？

姜法官：没有。我没有碰到过这种情况。合议时，一般先由人民陪审员发表他的个人意见，当然他不一定对，然后由法官进行总结，他认为有道理，基本上就都同意。有时候他们发表的意见能给我们的案子开阔思路。从我们实施的过程中来看,形式还是比较好,人民陪审员能积极参与到每个案子的审理,从他的角度发表一些意见,这对我们的审判工作当然有所帮助,能够拓宽思路。当然我不认为他们所有的观点都对。

访谈人:在合法性审查过程中,人民陪审员一般做什么?

姜法官:听庭,基本上是坐在那里听,有时候也问一些问题,有时候还帮我们维持法庭秩序,做一些辅助性的工作。

访谈人:人民陪审员在监督法院这一块您认为有没有作用?

姜法官:监督法院这一块比他在具体案件中参审的贡献还要大,至少在合议中能体现出公开透明,从形式上看他们也保证了合议庭的完整。

访谈人:人民陪审员要真正在行政诉讼案件上发挥作用,您认为还要做哪些改进?

姜法官:在目前体制和国情下,陪审制有它的积极意义,这是无法否认的。要想更好地发挥作用,第一,全社会要加强对陪审制的宣传,扩大该制度的影响,全社会要尊重人民陪审员。第二,加强人民陪审员的选任,要选拔法律素质更高的人,选任的视野要更开阔一些,甚至可以从高校老师、律师以及政府公务员中间去选任。现在的人民陪审员大多数都是一些退休的老同志,扩大范围更能体现广泛性。第三,做到劳有所得,他们参与人民法院的陪审工作,待遇要有保障,应该由政府拨款,专款专用。人民法院本身经费就比较紧张,我们还有些临聘人员。很多考过司法考试的年轻人都不愿到人民法院来,因为待遇差,而且不自由。落实人民陪审员制度也是一个道理,物质保障一定得跟上。第四,增加陪审员之间交流学习的机会,比如建立人民陪审员协会等团体组织。他们有他们的交流方式,有他们的共同语言,这样肯定能对制度完善更有帮助。另外,可以定期组织他们参加培训,这样也便于管理、便于交流、便于制度本身的完善。

(十) 对 R 区人民法院杨法官的访谈

【"(合议)也不是法官说了算,法官通过分析事实,给人民陪审员解释适用法律。人民陪审员毕竟不是专门搞法律的,他们在事实判断方面还是可以的,在法律适用方面就有一些欠缺了,不能和专业法官相比,所以我们会适当地给他们做一些阐述和引导。"】

访谈人:请问你们庭有几个陪审员?

杨法官:庭里 2001 年分了两个小组,每个组大概有四个人民陪审员,相对固定，要不然安排人民陪审员参审时会有冲突。如果合议庭成员随意变动，有些当事人会提出程序不合法的异议。各组配备人民陪审员时比较随意。

访谈人：一般都是一个法官带两个人民陪审员？

杨法官：对，一般是这样的模式。简易程序不用人民陪审员。案子来了以后，我们首先决定是排普通程序还是排简易程序，如果决定排普通程序就会安排人民陪审员，安排好了再和他们联系，和立案庭没有关系，立案庭主要负责立案，立案之后将案卷移交到庭里，之后的事情由审判法官负责。

访谈人：你们一般提前几天给人民陪审员打电话联系呢？

杨法官：人民陪审员开庭前三天通知。有些陪审员会提前看一下案卷，了解案情。有的人民陪审员一天都在法院，中午也在院里吃饭。

访谈人：有没有因为和工作冲突，来不了的情况？

杨法官：来不了的话，他们会提前打电话，我们会变更，变更之后按照程序给原被告送达变更手续。

访谈人：通知人民陪审员时，会不会给他们发一个书面函件？

杨法官：不会。我决定安排合议庭以后，在排庭表上注明哪两个人、哪一日开庭，然后由书记员打电话通知人民陪审员。

访谈人：开庭之前会给人民陪审员寄送案卷吗？

杨法官：不会寄送，有的人民陪审员会自己来法院看起诉书、答辩状等案卷材料。

访谈人：他们经过这样的一个了解之后，在庭审中有没有说外行话的现象，或者听不懂案子的现象？

杨法官：法官引导庭审、法庭调查、法庭辩论、证据交换等。人民陪审员不得发表非常有针对性的言论，他们如果不了解案情的话，可以发问，发问主要是针对案件事实，开庭的过程中他们不会去做一个评论。如果是法律问题的话，在庭审中他们不会发表个人的评论。

访谈人：在民事案件中，人民陪审员怀着朴素正义的观念、站在情理的角度，提出的观点会不会与法律有一些冲突，从而发表一些与法官不同的意见？

杨法官：有，但是我这里的合议庭基本上都能达成统一意见。

访谈人：这种情况由法官说了算吗？

杨法官：也不是法官说了算，法官通过分析事实，给人民陪审员解释适用法律。人民陪审员毕竟不是专门搞法律的，他们在事实判断方面还是可以的，在法律适用方面就有一些欠缺了，不能和专业法官相比，所以我们会适当地给他们做一些阐述和引导。

访谈人：在事实认定方面，他们提到的一些观点，有没有对法官起到明显的帮助作用？

杨法官：有，并且我觉得在专业问题方面帮助更大。因为法官的专长在法律方面，对于特定领域的专业问题则不太好把握，比如以前我们有一个案子涉及房屋漏水，正好我们安排的人民陪审员是学建筑的，有些证据法官不好认定，那个人民陪审员就了解很多。

访谈人：那排期的时候会不会刻意这样去挑选人民陪审员呢？

杨法官：陪审员的安排不是刻意而为的。如果他确实有专业优势的话，我们也会刻意地去排，这样对案件的处理有利。我们有个人民陪审员以前是公交公司的，现在安排他参审交通事故的案子就多一些。

访谈人：您觉得在整个审理的过程中，人民陪审员的明显作用是什么？

杨法官：可能是调解方面。我们的法官还算是比较年轻，但是我们的人民陪审员年龄偏大，见的世面肯定比我们要多一些，加上他们又是站在一个普通老百姓的角度，而不是一个法官的角度去做当事人的调解工作，会比我们更有说服力。我觉得设置这个制度就是为了让人民陪审员和法官互补，可以给法官提很好的建议，真正做到以事实为依据，因为这个事实是我们普通人根据证据得出的符合常理的事实

访谈人：美国陪审团只负责事实认定，而我们国家规定人民陪审员与法官同职同权，事实认定和法律适用都参与。您认为哪种做法好？

杨法官：客观地说，我觉得美国的做法更好。陪审员毕竟不是法官，事实认定方面一个常人都可以做好。法律适用方面每个法官都可能有不同的认识，不可能要求一个人民陪审员在短时间之内掌握，尤其是现在很多人都是退休之后来做人民陪审员，让他们学习法律并上升到一个什么高度也不太现实。这样强求的做法也是一种不负责任的表现。

第二篇 人民陪审员访谈篇

一、群体访谈

（一）L市人民法院人民陪审员座谈会

访谈人：今天召开这个座谈会，想请你们谈谈自己为什么来当人民陪审员？在履职过程中有哪些体会？在参审的过程中遇到哪些实际的困难以及你们和法官互动的关系如何，你们的待遇如何，以及你们的工作建议等。

卢陪审员：我是民主党派的，2005年最高人民法院决定在全国法院补充人民陪审员的时候，单位就推荐了我和陈某到法院担任人民陪审员，通过审查以后，人大常委会对我们进行了任命。我当时为什么想当人民陪审员呢？因为我对中国的法律还是比较感兴趣的。我记得1991年的时候，我到L市酒厂搞企业转制，就在L市法院打了一场经济官司。当时我对法院的工作很感兴趣，同时我觉得法官对各种案件做出自己的处理，解决人民中的一些矛盾，这样的工作是有意义的、光荣的，所以，当时我就想，如果能够当法官当然是最好不过的事情了。没想到几年以后，当民主党派主任问我愿不愿意参加人民法院人民陪审员的工作时，我就说非常愿意，希望组织上能够帮我实现这个愿望。2005年3月，我们在省高级人民法院培训，当时L市选了18名人民陪审员在省高级人民法院统一参加培训，共培训了5天。当时省高级人民法院的院长，现在最高人民法院的副院长江必新亲自为我们上课。但是，第一次开庭的时候，确实还有点不自然，上面坐那么多参与审判的法官，下面还有一些旁听的群众。经过一段时间的实践后，慢慢地就适应了这个东西。但是，自己光凭着一股热情是不够的，还要懂得一定的法律知识。这以后，我基本上就自学，培训以后发了一些书，我边实践边自学。当时，我首先是做刑事庭的陪审工作，碰到一个盗窃案或者是故意杀人案等，在案件中遇到一个问题，我就找相关的法律书籍去看，通过自学，加深自己对法律方面的了解，边干边学确实取得了一定的成效。这几年来我连任了两届人民陪审员。我陪审的案件，统计一下也不少，每年平均也有一百多个案件。几年下来，不仅自己取得了一定的成绩，也得到了人民法院领导的肯定。这是我一生中非常有意义的一段经历，因为我们以自己的微薄之力，为我国的司法改革、法治建设做出了贡献，所以我感到非常光荣。另外，我想谈一下我对人民陪审员工作的一些看法。中国的人民陪审员制度确实有自己的特色，人民群众直接参与法院的审判工作，确实对实现司法的公平、公正，实现人民群众亲自参加案件的审理工作起到了非常积极的作用，这点是必须肯定的。但是我觉得美国的大陪审团制度可能比我们的优越性还大一点。大陪审团的陪审员也是随机抽取的，大陪审团好像是十几个人，我记得是单数。我们院长今年给我们开大会的时候，也说了他的一些想法。他说，为了解决上诉的问题，他提议第二审再按照美国的大陪审团制度，不然到时候又到省里面上诉，我觉得这个也有道理。现在，我们的人民陪审员制度虽然是合议庭，三人合议庭一般是两个人民陪审员一个法官，但起主要作用的还是法官，我觉得人民陪审员的作用相对美国的大陪审团制度来说，还是要小一点。他们有他们的优点，我们也有我们的优点。我总觉得美国陪审团制度要好一点。不过，它可能也有问题，像辛普森案件，一个明显的杀人犯，最终陪审团判决他无罪，美国当时是一片哗然，显然这个制度也有它的问题。但是，2009年我们在C市中级人民法院培训的时候，培训老师也说了中国的人民陪审员制度还有待改进。比如说随机抽选，一般都难以做到，因为我们好多人民陪审员都是有工作有单位的，有时候不可能把单位的工作丢下来，去搞陪审工作，因此很难做到这一点。为什么我能够经常来参加陪审工作？因为我原先是企业员工，企业改制以后，我基本上就处于一种下岗的状态，所以我有时间。像我们的张总，他就忙不过来，有时候通知他来参加，他没办法过来，他参加陪审确实是很困难的。所以，我们这个制度也有自己的缺陷。目前，我们现在陪而不审的情况是很多的，有时候是个人原因，对案件不了解，对法律不太清楚，有时候难免听法官的，这种情况也是比较多的。

访谈人： 在参审的过程中，您跟法官之间是怎么互动的呢？

卢陪审员： 因为我参加少年审判庭的陪审工作比较多，我们开庭之前都是要去看案卷的，对案子都是比较了解的。但是，其他的刑事案件，有时候因为案子太多，我们也没时间来阅卷，一般我们都是没有阅卷。但是，在庭审中，我们都是很仔细地听了，我们对案子一般还是比较了解的。作为我来说，我都是有自己看法的，L市法院的法官对我还是比较尊重的，刑事庭的法官，他们都是先听取我的意见。当然，发生分歧肯定也是存在的。发生分歧以后，法官对我们的意见还是比较尊重的，万一发生争执的话，一般还是不会当庭宣判，到时候案子还要重新研究一下，改变结论的情况也发生过。但是一般情况下，人民陪审员跟法官的意见都是一致的，产生分歧的时候很少。

张陪审员：本人2009年担任人民陪审员。谈几点理解，第一点，我感觉人民法院在审判制度中借助我们人民陪审员不是因为法律专业知识，而是我们在行业、社会方面的一些知识。我之所以在民一庭担任陪审员，也是自己工作经历的问题。我以前也是从事经济工作的，我们在审判过程中，根据平时对社会的一些惯例或者规定的了解，对法院提出一个审判建议，对法官来说影响还是比较大的，而且他们非常注重这一点，同时对法庭的调解工作也可以起到促进作用。第二点，为什么要从事人民陪审员这个工作？我以前是学法律的，当时参加人民法院考试差九分没通过，担任人民陪审员也是一个圆梦的过程。法律也在不断地更新，通过参加庭审，了解这些案件，可以进一步巩固以前所学到的东西。另一个，可以指导我们经济工作中的一些具体工作，对自己来讲也是受益匪浅的。我也从事过代理人的工作，有代理将近五十个案件的经历。从这个方面而言，对自己专业知识的提高以及在社会实践中对一些法律知识的运用还是很有好处的。我们认为待遇是可以忽略不计的，可有可无。像我们有些同志在外面出差，为了及时参加庭审，自己打的赶回来，陪审工作好像赋予了我们一种使命一样，我们就会把它做好。第三点，关于相关工作建议，我觉得人民陪审员队伍应该加强专业知识。我们接触案子时间太短，到庭以后才能够阅卷，如何做出一个准确的判断，就是对自身专业知识的考验了。在这个方面，我的一个建议就是，人民陪审员制度肯定要改革。年龄偏大，像我们这种四十岁以上的人民陪审员比较多，应该多吸收一些年轻人进来。第二个建议，对专业这一块还是要提出更高的要求。培训方面，也还要加大力度。还有一个矛盾就是本职工作与陪审工作的处理。有时候法院只是提前一两天通知，有时候甚至是当天通知，这与我们本职工作之间的矛盾确实是没办法排解的，工审矛盾对我们来说是一个很大的困境。

访谈人：你们有没有以陪审员身份调解成功的案例？

张陪审员：有，我跟老卢参加的一起关于租赁合同纠纷的调解，最后当事人之间还互相做了一些让步。但是作为人民陪审员，我们也不是法官，而是人民群众的一员，跟他们地位是一样的，彼此是平等的，没有任何强制性，我给他们提出的建议，他们可以接受，也可以拒绝，最后不是人民陪审员说了算的，是当事人自己说了算。

访谈人：在这个过程中，您的陪审员身份相比法官的身份，会不会更容易促成当事人达成调解协议？

张陪审员：对，更容易拉近这种关系。因为我们讲的内容不带有强制性，也没有身份上的强制性，所以当事人还可能跟我们多讲几句，能缓解一下矛盾。我们经历过几起类似的非常激烈的案件，最后，跟当事人沟通以后，他觉得我们讲得很有道理，或者是说他放弃自己一些过分的要求。

卢陪审员：参加调解是人民陪审员的一个重要的工作，这一点应该肯定。问题是，法院要放手让人民陪审员做这方面的工作，这一点还有待加强。这是我们人民陪审员的一个强项，因为我们跟他们（当事人）身份平等，我们不是法官，我们也是人民群众，所以，我们说的话，他们肯定还相信一点。

访谈人：相对于卢人民陪审员来说，张总他可能是有职有业，比较忙，那么就出现了一个我们现在比较关注的问题：参审既不是我们的职业，也不是谋生的技能，你们会怎么去处理工作和陪审的矛盾？

张陪审员：我的办法是这样的，先跟单位领导沟通好。只要手头上没有事情正在进行，领导一般都会支持。L市现在新增了60个人民陪审员。L市现在的案件也比较多了，但本身要求人民陪审员参与的案子还是有限的，不是很多。我们陪审案件多一点，是因为我们住得很近，我离法院就几分钟的路程，灵活性强一点。不像有些乡镇的同志，你要他过来，他可能要花一两个小时，很多时候也来不了。

卢陪审员：所以有时候陪审不均匀，有的人陪审比较多，而有的人比较少，这也是有原因的。你把住在乡镇的同志叫过来也不太现实。

张陪审员：比如今天的会议，人民法院是昨天跟我们预约的，那我们就会考虑平衡性，其实我单位今天还有个会，但是我觉得这边工作很重要，我就跟我们领导沟通了，他就批准了。

咸陪审员：我是2009年L市法院第二批的人民陪审员，分配在刑事庭。人民陪审员制度是我们国家一项重大的法律改革举措，对老百姓和国家来说，是一种实现长治久安、和谐稳定的举措。第一个问题是任期制，我认为，不要规定任期制，也就是说不要限于五年、十年。公务员干部参与到国家行政机关，不存在要你干五年、十年，你能干多久就干多久，你有能力且能力强你就继续干下去，人民陪审员也要根据个人的能力大小，优胜劣汰，不要限于五年的任期，这是我对任期制的明确表态。第二，关于人民陪审员提前阅卷的问题，我本人是非常愿意提前介入的，但是恰恰没有提前介入的权力。对阅卷问题，我认为法律说得非常好，人民陪审员与法官享有同等的权力。但是我们没有提前阅卷的权力，等于是小学生上课，老师心里有底了，学生心里没底，这种现状也要改革。既然要发挥人民陪审员的作用，就需要他提前介入。只有对这个案件有比较正确的认识，才能做出正确的判断，这是最重要的第一步。你临时参审坐在这里，对案卷都不熟悉的话，怎么能提出自己的看法呢？（人民陪审员提前阅卷）第一，体现了人民陪审员跟法官平等的权力；第二，对案件肯定是有益而无害的。但是，我还是理解人民法院的做法，可能是法院担心我们泄密。

访谈人：我想问您一个问题，就是说您有没有跟法院提出提前阅卷？

咸陪审员：没有提出过。

访谈人：您一般是审哪一类的案件？

咸陪审员：刑事案件。我是刑事庭的。但是，我对工作非常负责任，所以参与的案件比较多。

访谈人：提前阅卷是你们的一个权力，你们可以提出来。

卢陪审员：其实我经常查阅案卷，并不是说法院不让你翻阅案卷，而是你自己没来，你有时间也可以去看。

咸陪审员：根据老卢说的，你是可以来阅卷，但是，人民法院没有明确说明可以不可以。如果法官明确说"我明天安排你什么案子，你最好今天来看一下案卷"，那可以，对不对？这个问题我就说到这里。关于追究人民陪审员审理案件的责任，我个人认为，可以追究。也就是说，要提高人民陪审员的工作责任心，你真的坐到那里像个菩萨一样，不承担一点责任，那要你这个人民陪审员干什么呢？但是这也有前提，既然要追究人民陪审员的责任，那所有的政治待遇和经济待遇都要跟上来。陪审员陪审一个案件，只能拿到二三十块钱，那他就不会承担这个责任，但是如果给人民陪审员和法官同样的待遇，那陪审员也可以承担同样的责任。第三个就是随机抽取的问题。像我们退了休，虽然我62岁了，但身体很好，随叫随到，风霜雨雪从不怕。但是有很多在职的，他们有时候来不了，所以我们就参审得就比较多一点。整体而言，我认为中国的人民陪审员制度，在民间、在社会、在老百姓心中，还是有很好的反响。也就是说，人民法院也好，国家也好，还是把我们老百姓放到了一定的位置上。换句话说，老百姓也有权利来参与国家大事，老百姓也可以参与法院审判。所以，我们作为人民陪审员，坐在法庭上，代表群众，代表老百姓，又支持和维护了国家的法律尊严，在这一方面，人民陪审员制度起到了作用。

陈陪审员：我是2005年第一届被推荐为陪审员的，第二届又受聘了。我是年龄最大的人民陪审员，63岁，是民主党员。我讲四个方面。第一，我认为人民陪审员制度意义重大，无论是对于实现司法公正公平还是对社会都有很大的作用。以前有些不了解司法系统情况的人对人民法院持负面评价，比如老话说的"衙门八字开，有理无钱莫进来"，当然现在也有类似情况，如报纸报道的贪污受贿的官员那么多，公检法也不例外。但是就我的感受而言，我参加陪审已经7年了，接触到的人民法院领导也好，法官也好，确实还是认真负责。极个别随意一点的法官，也不是说贪污受贿，只是说工作随意一点、马虎一点，但也一年比一年认真了。这是大势所趋，而且上面有文件，要求司法不断完善，对法官的要求一年比一年严格。从我本人来讲，我对陪审比较感兴趣。作为一个资历很深的老民主党员，我以前是在粮食部门工作，对司法方面很生疏，但是我感兴趣。通过推荐和人民法院的面试、考试等一系列程序，我被聘任了。20世纪80年代时，我们L市只有8个人参加陪审工作，我把它作为一个平台，也是一个参政议政的途径。为了做好陪审工作，我有两个想法，一个是庭审时我要认真看、认真学，笨鸟先飞，所以我就一直做庭审笔记，到现在也有几本了。第二个是我被聘为人民陪审员后，自费订了法制周报，到现在已经是六七年了。报纸上有一些新的政策方面和法律条文方面的内容，还有一些案例，比较与时俱进，看了还是有一定收获的。有时候参加庭审后如果有时间的话，我也会和法官交流。总的来说，通过这几年的培训，我有了很大提高。现在审理案件时，根据相关法律的规定，我可以做一个八九不离十的判断。庭审中，一般有机会我就会争取发言。但不是每个案子每次庭审都发言，有时因为时间比较仓促或案情比较简单，审判长已经讲得比较全面了。至于合议，培训时也有这个要求，我自己也有意识地做到这一点，合议的时候我要先讲，至于讲得对不对，需要一次次慢慢地提高。现在我基本上还是坚持每次合议都先发言，而且不会很有很大偏差。我认为，人民陪审员制度无论是对社会还是对个人都有很大意义，只是需要改进。第二，我想讲一讲现实中庭审的一些不足情况。有些同志提到过的提前介入的问题，我也有同感。我参加过培训，一次是2005年，一次是2009年，一次是在中级人民法院，一次是在省高级人民法院。在培训中，我了解到，人民陪审员有权查阅全部案卷。但是实际上，如刚才有几位同志所言，人民法院可能当天通知、提前一天或几天通知，大部分情况是上午8点或8点多到了法院就开庭了，我争取在开庭之前问清楚是哪个案子，有机会我就先看一下案卷。如果是上午去早点还有时间看案卷，但下午就是3点钟开庭，如果去早了，人民法院还没上班，等到法院一上班离开庭时间就只剩几分钟了，案卷是在法官或书记员那里，拿过来就要耽误一两分钟，开庭了就没有时间看了，也不可能再耽误那个时间了。提前介入的问题，原则上是可以，但实际上有些困难。还有一个问题，到现在为止，7年间，我参审过刑事庭的刑事案件，民事庭的民事案件，还有审监庭的案件等大部分案件，比如刑事庭的案件，案卷中会有起诉书，其中有记载基本案情，当事人、被害人的情况，案发情节和过程。但有时候民事诉讼中没有起诉书，我们也已经向法院提过这个问题，可能人民法院没有对当事人提这个要求，或者打印的份数不够。如果在有两三个当事人的情况下或者案情比较复杂的情况下，我就无法在庭审中搞清楚案情了。就如刚才有个同志打的那个比方，法官是老师，我们是学生，我是个认真的学生，听一次我就能听得清楚，但是我光听清楚对办理案件根本不够，要是有书面材料，就不需要花费很多时间和精力去了解案情了。第三，人民陪审员制度的双重启动制度。实际上用得少，我还是在培训中或领导开会时才知道的，比如范院长在今年4月22日召开人民陪审员及全L市各村镇司法协助员大会时讲到这一问题，意思是说，当事人起诉的，主要是民事方面，或刑事案件中被害人、被告方面，都有权申请人民陪审员参审。不知当事人知不知道，我是最近才知道的。但实际上这方面确实做得不够，现在的情况一般都是人民法院指定某人民陪审员，2010年基本上没有当事人主动申请适用的。第四，还有一个问卷上的问题，追究人民陪审员的责任，我非常赞成，但是要有个配套的措施。我为什么非常赞成呢？因为做一个事情，就要有责任。比如陪审时我不能闭着眼睛打瞌睡，在那无所事事，不考虑问题，不积极参加。还有一些不发言的，或者笑一笑只说同意的，即便随便发一点言法官也不会反感。就是说，现在对人民陪审员没有追究责任的机制。如果要搞好人民陪审员制度，就一定要追责，但追责要有相应的措施，比如刚才讲的提前介入看案卷等书面材料。

刘陪审员：我是民二庭的，个体工商户，以前自己有很多案子在人民法院审理，对人民法院比较熟悉。2009年通过自己报名和社区推荐，被聘任为人民陪审员。以前多是和民二庭打交道，比较了解，所以自然被分到民二庭。我主要讲的第一个就是范围、时间。今天来的一二十个人，估计都是住在城区的，因为现在像我们L市第二批聘用的60个人，当时是按乡镇分配的，估计在时间和路程方面问题不大。第二个问题是待遇的问题，我觉得待遇方面应该不是问题。像我们在座的，肯定不是因为钱来的。当时报名的时候,我还不知道有补助,后来听说好像是有 55 块还是 60 块钱,去年我领了几百块钱。我们来的目的,第一,能成为人民陪审员,有资格参加对案件的审理,我觉得是一种荣幸。第二,为我们国家的法治建设做一点贡献,同时提高自己、充实自己,多掌握一点法律知识。像我们都是有正当职业的,我是个体工商户,一个下午参审一个案子能拿到五十块或者六十块补助,但是实际上陪审工作耽误我生意,造成的损失还不止五六十块,有次开庭开到一点钟,连饭都没吃。第三,阅卷的问题,像我们民事庭的,案情可能比刑事庭的简单一点,刑事案件案情可能要复杂一点。我们一般是 8 点半开庭,首先我是 8 点过几分钟就到了,然后直接是去二楼审判庭,以前是直接去四楼民二庭办公室,找法官或者书记员,把案卷看一下。毕竟我接触经济案件十多年了,看一下诉状基本上心里还是有个谱,肯定也有不懂的地方,毕竟我不是专业的,不懂的地方可以问法官,也可以开庭的时候自己慢慢听。现在来得迟一点,8 点半开庭,基本上是 8 点 20 直接到审判庭,因为法院通知 8 点半开庭,9 点能够开庭就不错了,当事人姗姗来迟,特别是被告,还有很多不来的。第四,人民陪审员陪审案件多少的问题。退休人员当人民陪审员时间比较充足,而像我现在做生意养家糊口的人民陪审员,时间上就不能保证。有些人搞得少,可能法官今天打电话通知你明天要开庭,你明天有事,后天打电话给你,你后天有事,大后天打电话给你,还是有事,那下次法官就叫别人了。这个情况我觉得也很正常。第五,法律知识问题。说实话,像我们法律知识不丰富的,对法律只是知道一点皮毛,我的文化水平只是高中,人民陪审员最低学历要求是高中毕业。但是法院实施人民陪审员制度,并不一定要求人民陪审员是什么专业的,更多的是关注人民陪审员的社会经验,毕竟还有调解工作。所以对人民陪审员的法律知识肯定要有一定的要求,但也不能要求过高。以前我听说,人民陪审员好像要求是人大代表或政协委员,我们第二批招人的时候把这个要求降低了。第六,追究人民陪审员责任的问题,我觉得在现实情况下不太可能。说实话,人民陪审员陪审一下午,拿了几十块钱,意见错了,人民法院要追究人民陪审员的责任,追究什么责任?经济责任还是刑事责任?追究到什么程度?如果陪审员做得好,法院怎么奖励呢?再者,像我们合议庭有三个人,审判长、审判员和人民陪审员,说到法律知识,陪审员懂得最少,人民陪审员的意见肯定只是个参考,不能起决定性作用。一个案件错判、误判,如果是人民陪审员主观上导致的,陪审员可以承担责任;若不是主观上的原因,仅仅是知识不够,否则不可能导致错误判决。还有审判长、审判员、书记员、审判委员会呢,他们的责任怎么追究?如果是专业知识不够导致一个案件错判误判,审判长要负95%的责任,人民陪审员只要负5%的责任。

杨陪审员:我是2009年被任命的人民陪审员,只读了中专,因为喜欢法律,后来参加湘潭大学的法律自考,取得了专科文凭。2009年,我看L市日报时知道法院在招人民陪审员,我很高兴就报了名。我还记得我当时对面试的法官是这样说的:"我虽然没有什么法律知识,但是我会用我的正直和良知去看待这个案件,希望能够提出自己的一点看法,能够对案件提供一点参考。"我非常想成为一名人民陪审员,后来得到聘任通知时,我真的高兴了好几天都睡不着觉。我总共参加过30个刑事案件的陪审,感触很深。首先,法官对我们人民陪审员提出的看法都会认真看待。我记得在一个合同诈骗案件中,被告人有56岁了,量刑幅度是3年到几年之间,法官就取了量刑幅度里中间那个点进行量刑。后来我对法官说,这个老人家前几次开庭时精神状况好一点,但这次精神状况没那么好了。我看了他的家庭情况,他虽然有子女,但拿不出退赃的钱,不能给他减轻一点经济上的负担。我感觉他有一点忧郁,觉得他也比较可怜,毕竟他是一个老人家,而且确实是拿不出钱,他老婆当时在庭上哭,给我一种凄惨的感觉,考虑到他家庭情况和本人现实的精神和经济状况,我问法官是否可以减轻量刑。法官听了我的意见,马上给庭长打了电话,庭长也答复,人民陪审员既然提出来了,我们也认真考虑了一下,给那个被告人按照最低刑量刑。我作为人民陪审员提出的意见得到了采纳,当时我很高兴,这是在陪审过程中的感受。关于对人民陪审员5年任期的看法,我认为5年对于一个热爱且经常参加陪审的人来说,不算久。以我个人的追求来说,一辈子做人民陪审员我也愿意。但是,对于有些因为工作原因不能参加人民陪审而又占据了人民陪审员名额的人来说,能否采取一些方法,让更多的人可以参与到案件的审理中来,让更多的人用自己的社会经验和独到见解来参与案件的审理。也希望人民法院多采取点措施提高人民陪审员的积极性和热情。

罗陪审员:人民陪审员在中国来讲,不能真正起到作用。让我感受最深刻的是,我前几天参与的一个工伤的案子,当事人在上班的路上出了交通事故,然后劳动局不认为是工伤,为什么呢?因为他无证驾驶。但是当时这位当事人家里经济条件不好,发生这起交通事故之后,对方没赔偿,当事人自己又是双腿截肢,对于这个家庭来讲,如果判定为工伤,说不定有二三十万的补偿。不论是作为陪审员还是作为法官,在调解这个案子的时候，情理上都会倾向这位当事人。网上也有很多类似的案子，有判工伤的，也有不判工伤的。当时法官参考中级人民法院的一个类似案例和最高人民法院给安徽省高级人民法院相关案件的答复，这两个案子都没有判定为工伤，因为无证驾驶本身就违反了治安管理处罚法，违法的情况下出了交通事故，就不认定为工伤，中院也是不认定为工伤。最后，法官试图去调解，试图要求企业适当地给伤者一些补偿，但是企业没做出任何的让步。在这种情况下，我觉得作为人民陪审员，甚至是站在法官个人的角度，在情理上是非常倾向这位当事人的，但是能够这样做吗？最后当事人的妻子在闭庭之后说，如果不判他们工伤，她就搬东西把她丈夫送到法院来。最近一个案件可能大家印象最深刻，常德集体自杀事件，为什么会造成这个后果？为什么这件案子16年了还未能解决？集体自杀死了6个人之后，这事仍然解决不了。事实上，在这种机制体制下，人民陪审员到底能够起到什么样的作用？我觉得其实大家心里都有数。

访谈人：最高人民法院出台了有关规定，对人民陪审员培训的课时作了要求，您觉得有必要吗？

陈陪审员：我认为这个培训很有必要，岗前培训36学时，岗后每年培训24学时，但事实上我们的培训只做了部分，打了折扣，达不到每年24小时的要求，时间上还有待增加。这几年我先后参加过两次培训，我认为收获还是很大，我的笔记也做得比较系统，这是提升自己的一个途径。要提升自己还可以通过自学，另外，还可以多方面去提升自己，但是，系统的培训我认为还是很重要的。

访谈人：培训没有要求强制性参加，而是由人民陪审员自己决定是否参加，所以是不是陪审员自己可以请假？

林陪审员：当时16名陪审员参加培训，有一些因为身体、工作等其他原因没去的，最后只去了10个，我感到有些遗憾。我觉得通过培训学习，只要认真听，就有收获。我认为培训的知识内容还是很丰富的，发了资料，课程也安排得比较满，我认为其他人民陪审员应该也很想参加培训，但是因为名额有限不能参加。而在得到培训机会的人民陪审员中，有些人最终又没去参加。对于这个情况，应该有一个强制措施，比如给予一定批评。

……

访谈人：合议时是不是由法官介绍案情之后，再由人民陪审员对案情发表意见？

林陪审员：不用介绍，庭审调查时全部一目了然。

访谈人：对法律适用的一些问题呢？

林陪审员：法律适用也不用提示。

访谈人：犯罪构成要件之类的呢？

林陪审员：也没有提示。它不在研究范围内，陪审员独立发表自己的意见，可以站在法律的角度，也可以站在事实的角度。

访谈人：最后案件提交的时候，如果意见不一致怎么办？……

林陪审员：不会到这一步。

访谈人：庭审之后，人民陪审员会不会再去跟踪上诉的情况？或者对上诉情况进行回访之类的？

李陪审员：跟踪过，问问家里的情况，看看表现怎么样，这也是对当事人的一种负责。有一次一个合同纠纷案件，我们就跟踪了后面的执行情况。

访谈人：是法院要求的，还是自愿的？

李陪审员：自愿的。

访谈人：我们都知道，审理案件更多的是社会经验的介入，不是法律知识的介入，但是经过一段很长时间的参审，思维会不会跟法官趋同？

李陪审员：有这种情况，表现在对案件的分析和处理上。情理之下会有些影响，但是我们都还是有自己的看法。我们是从老百姓的情感角度出发，根据社会经验去做陪审工作。

访谈人：人民陪审员在定罪量刑时，一开始会更多考虑家庭、经济、心理状况等各方面因素，但是长期的任职之后，会不会受到法官的影响？

林陪审员：那肯定，长期接触之后会有这种情况。

王陪审员：我认为有这个结果，表面上好像有这种趋同的情况，但是不是这个原因，我要在这里进一步讲清楚一下，事实和法律是这样的，法官有专业的知识，但是我们作为人民陪审员也在慢慢地学习更多的法律知识，渐渐接近一个法官的标准。如果有一个考试，法官不在旁边，要我判个刑，判个几年几年的，基本上八九不离十，最后会跟法官趋同。但这并不代表我跟法官一样，是因为我根据我的社会经验掌握了这个事实，也熟悉这个法律。如盗窃罪基准刑是 3 年，盗窃金额每增加 500 元刑期增加 1 个月，这都是规定好了的。所以，现在量刑就没有以前随意了，以前盗窃 10 000 以上，就是 3—10 年，但是现在就不行了，盗窃 10 000，3 年刑期，盗窃 15 000，就每增加 500 元就增加 1 个月，5 000 元，就是 10 个月，总刑期是 3 年零 10 个月。所以说现在就很标准了，以前有个活动的空间就不好掌握，现在基本上是算来的，不用解释。

张陪审员：我从事人民调解工作八年了。法律跟情理这两个概念是有差别的。人民陪审员在参审的好多经济案件中，尤其是在我们民事庭这边，最适合的就是调解，调解就有于情于理于法，可以根据法律来调解。在刑事庭那边就不可以这样，按照法律规定，该是多少年就是多少年。办理民生案件只要合法，于情于理都可以根据双方当事人的意愿，在一定的基础上进行调解。作为人民陪审员，特别是在调解的时候，法官可以让其充分发挥作用。因为像我们人民陪审员，好多是在基层，和老百姓生活在一起的，对有些事情的看法，不是跟法官的知识相违背，而是更合理，更加贴近人情，更讲究理而不是法，所以，作为人民陪审员，我们专业法律知识是有限的，只是根据自己的一些经验、见解发挥作用，调解的时候比较用心。

访谈人：前天我们查了102个合议案件，调解结案的差不多只有两个，昨天查的663个案件中，调解结案的也只有58个。从这些数据来看，调解率还是没有想象中的那么高，对于这个数据，各位有一些什么样的看法？

张陪审员：一个是发挥作用，第二个就是讲究结果。发挥作用的话，人民陪审员的作用是更大一点的，人民陪审员是在利用自己的一些生活经验或者是情理与法裁判案件。你讲的结果的话，民事案件是双方当事人表示一致就可以调解，若不一致，还得做出判决。调解的作用大于结果，和你那数据是一致的。

访谈人：你觉得自己倾向于用法律知识来解决问题，还是仅用你的社会阅历和个人良知就可以胜任这个工作？

卢陪审员：单纯靠阅历和良知还是不能够判决的，必须要结合法律知识。但是，人民陪审员运用他的阅历和良知来处理案子确实还是有他的好处。我跟你讲个案件，2007年，有一个未成年人，他是在邻居家入室盗窃，当时有个女孩子在里面，他在盗窃的时候，被女孩发现了，于是他把女孩子捆起来了，然后盗窃就转化成了抢劫，要判10年以上，在当时这种情节很严重，绝对不能判缓刑。我参加陪审，提出要判缓刑，法官说不行，我和另一位人民陪审员，找到了主审的刘书记，说了我们的看法。通过我们和领导共同努力，最终把案子定下来，只判了该未成年人有期徒刑3年，而且缓刑3年。当时案子宣判的时候，他和他的妈妈都是眼泪双流，我们对他进行了法庭教育，告诉他一定要记住这次的教训，好好做人，但是这确实起到了很好的效果。

访谈人：做出这种判决的主要依据是什么？如果从程序法上来说，如此之大的量刑差异是不合理的。

卢陪审员：站在我们老百姓的角度，给一个还在读初中的未成年人判个五六年的，他这一辈子就毁了，社会影响也不好。再说，他还是个未成年人，有悔罪的表现，且没有造成严重的后果，所以我们就争取个判3年，缓3年，在法律允许的范围内打个擦边球。我们注重的还是人情。

文陪审员：我是从事综合治理工作的。当时担任人民陪审员也是单位推荐的，因为综合治理工作也比较忙，在刑事庭总共陪审了3次。这个工作是非常有意义的，作为一个老百姓，人民陪审员不算职务，人民陪审员虽然只是一个普通的民众，但在推进中国的法治进程方面应该说还是起到了很好的作用。周围的邻居、老百姓把我们当作人民调解员。我们中国的人民调解员制度是最好的制度，是世界上最值得推荐的制度。我觉得我们的人民调解员制度要比人民陪审员制度好得多，这是我个人的观点。要推进人民陪审员制度，在中国的体制下比较难以运行。事实上，人民陪审员制度形式多了些，内容没有到位，作用不大。我们以后要在各个方面加强培训。

张陪审员：人民陪审员制度刚刚起步，要成熟、要完善肯定还要一个过程。

柳陪审员：我是街道办事处的，两年只参加了4次陪审，我认为人民陪审员是站在老百姓这个角度的，不需要懂多少法律。我是市妇联推荐的，从事妇女工作，市妇联推荐我们单位通过人民法院审查推选当人民陪审员。4次陪审我都是站在老百姓的角度凭自己的生活经验，去发表自己的意见，法院采用就采用，如果不采用，我也还是坚持自己的观点。因为我工作太忙了，每次法院通知我的时候，我也经常没有时间参加。作为人民陪审员，我也不知道自己的职责、权利、义务之类的。我没有参加过培训，上次通知培训，我也是很忙，又没有时间参加，所以非常遗憾，可能不太称职。

邓陪审员：参选人民陪审员是我的初衷，因为我从事执法工作有二十多年。我觉得《行政诉讼法》出台以后，对促进我们城管等行政执法机关依法行政有很大的作用。基于这种原因，我就参加了人民陪审员的选任，单位也推荐我参加，现在我在L市法院行政庭担任陪审工作。通过这两年的陪审工作，我将自己掌握的法律知识和二十多年的工作经验结合起来，我的行政执法工作能力有比较大的提高，行政执法经验也有所丰富。因为行政案件不仅讲究实体合法，也讲究程序合法，我也乐意积极参加我们L市各个行政执法机关因为民告官而产生的案件。我曾参与一个工伤事故的调解，被告是劳动社会保障局，当时被害人被聘请到一个水泥厂，工作两天，也没有签劳动合同。有一天中午，他在骑着摩托车去上班的路上，被一台无牌照的车撞死了。因为是因工致死，要确定工伤，这个案件诉讼到法院。而在此之前，我去 C 市中级人民法院参加了人民陪审员培训，我也就这个事件向一位庭长咨询过了。按照有关的法律法规，因为被害人无证驾驶，是有过错方，有违法行为，所以不能认定为因工致死。就这个原因，参加培训的时候，我就跟我们局长商量过，这个人是家庭的主要劳动力，只要确认他是因工死亡，还能给这个家庭带来一些帮助。作为陪审员，基于社会良知，根据以人为本和构建和谐社会这个理念，我觉得还是应该调解。我把这份意见跟审判长和法官表达以后，他们都非常尊重我的意见，非常热情地邀请我和肇事者单位一起协调，后来达成 10 万经济补偿的协议。这件事我自己也非常满意，一方面，我的意见被法官采用，另一方面，也解决了被害人家庭的部分经济负担。在以人为本、构建和谐社会方面，我们人民陪审员积极献言献策，积极参与协调，我也感觉到一种成就感。自从担任人民陪审员以来，我特别的感想就是我不仅提高了自己的专业水平、法律知识，而且增强了用法律保护自己的能力。前几天，有个单位在拆除违法建筑的时候损害了合法建筑，原告就不知道用法律的手段保护自己。后来他跟我说这件事情的时候，我说一是它程序不到位，二是可以申请被损坏合法建筑的鉴定。我们人民陪审员也充当这个法律服务者的角色，我就建议他可以到法院去诉讼，请求法院确认该行政行为是否违法。通过这一年多的陪审工作，我们将专业素养和社会良知、社会经验相结合，在解决老百姓告状难、不知法、不懂法的问题上有很大的进步。

访谈人：我国的人民陪审员制度在不断完善，这必然需要民众的参与，或者说民众的觉醒。从我们今天讨论的过程来讲，我发现我们根本就不缺乏这种参与的热情与责任感，问题是我们要怎样保持这种参与的热度，并让这种民众参与的作用充分地发挥出来，我想这将是我们人民陪审员制度下一步改革的方向。

（二）A 县人民法院人民陪审员座谈会

访谈人：……请你们站在各自的角度谈一下担任人民陪审员的体会。

罗陪审员：首先，我以前在教育战线工作了 23 年，2007 年才调到文化旅游局，我想当时大家推荐我担任人民陪审员是考虑到我在教育局、教育工会的工作经验，对教育这一块是比较了解的，而教育这一块，尤其未成年人的保护问题比较突出，所以我想这是大家推选我做人民陪审员的理由。当人民陪审员，我自己觉得非常荣幸，这是一份荣誉，也是一份责任。我原是教外语的，后来到教育局工作，其实一个人的知识结构需要不断地完善，我想我来到人民陪审员这样一个岗位，就应该多学习法律方面的知识，多跟广大的群众去接触、去了解社情民意，所以我就非常爽快地答应了做陪审员。再说，我老公也是教师，他也热爱法律工作，他拿到了律师资格证，所以自从我当了人民陪审员以后，家里的氛围就好多了，他以前经常看《今日说法》等法制节目，也看法律方面的书籍，我也时不时地和他一起看，一些自己拿不准的案件也和他讨论。另外，我当了人民陪审员以后，结识了很多A县人民法院的法官朋友，从他们身上也学到了很多。再说，我们A县的人民陪审员工作在全市全省里都是先进，他们对我们陪审员真的是高看一眼、厚爱三分，所以我们也觉得做这份工作非常开心。其实我们是2004年去学习（注：有点记不确切），2005年任命的，我们是参加了三次培训，人民陪审员问卷上有一个题目，是关于培训效果怎么样的，我们去培训的人还是非常认真的，但是培训的时间很短，我觉得收获不是很大，可能它就是指向性地告诉我们从哪些方面加强学习。但是我们平时工作又特别忙，我刚才跟我们刘导说，有时候法院的同志们、领导们给我打电话，问是否有时间参审，我经常只能抱歉地说："对不起，那天正好很忙。"所以，错过了很多陪审和学习的机会。

罗陪审员：人民陪审员层次高一点对提高整个人民陪审员的素质、提高人民陪审的质量可能都会有帮助，更好一些，这也是我们县人民法院的出发点和初衷，所以，你看我们在座的这些人民陪审员，那边的廖校长是我们A县名校的校长，这边的林主席是负责妇女儿童权益保障的，还有我们的龚院长、申老师，我们都是来自各个基层的，我也觉得这是人民法院和人大对我们的器重，我们没有理由不去好好地工作，但是有时候心里确实存在很多愧疚，因为各个岗位的人民陪审员最突出的问题——比较忙。我前几年还没调到文化旅游局当副局长，那时候在教育局机关工会，时间要多一些，每一次法院通知我都能到，这两年很忙，陪审的次数越来越少了，我都后悔占着这个名额，我很后悔继续答应做陪审员。

赵陪审员：总结起来有三点：第一，参与。我是学自然科学的，作为自然科学领域的人能参与到社会科学领域来本身就是个典型的认识、熟悉、提升的一个过程，所以，参与陪审工作对我的综合素质是一种提高，虽然我是学自然科学的，但是我们的工作在某些领域还是有社会科学的内涵的，另外我个人对社会科学领域也有一点感兴趣。第二，关注。关注社会工作，关注社会的热点，因为全社会都很关注司法工作，尤其是司法公正、司法为民与民生关系很大，我们应怀有这样一种理念来从事这项工作。同时，作为党和国家一项重要的制度，我们通过关注、参与，也可以向社会发布一些信息，告诉大家司法究竟是怎样的，不是常有人讲"司法腐败""司法不公"吗？这是社会最头痛的事情，也是老百姓最关心的事情，而我们通过参与、关注这项工作，可以向社会提供一个反馈。第三，提升。它对我们综合素质的提升还是有好处的。这项工作能提升我们处理其他一些事情的能力和经验。因为平时我们工作比较忙，参加陪审的几率比较低，提前熟悉案卷、了解案情、查阅资料、充分思考的这种机会不多，所以在参与过程中、在实践过程中，参与的程度不够，还没有很好地发挥陪审员的作用。

聂陪审员：我在医院当院长，是2009年成为人民陪审员的，担任人民陪审员已经两年了，在陪审员里面属于一个"新兵"。第一，选我当人民陪审员，我很乐意；第二，医院、卫生系统里的医患矛盾很多，纠纷也很复杂，所以我担任陪审员的目的之一是为了在医患纠纷的案件中，从专业角度给法官们提供一些医疗行业的参考依据，因为法官毕竟不具备相关医学知识，只是依据法律条文来审案。目的之二，人民陪审员还有一个监督作用，人民陪审员在参审中发现问题，有权发表自己的看法和意见。我参与陪审案件比较少，一是因为当人民陪审员的时间比较短，二是我自身工作的原因，在医院当院长的时候事情比较多，我分管的任务较重。我们卫生系统的人民陪审员不是很懂其他案件，但医患纠纷的案件我们还是能从专业角度给法官提供参考。第三，按照现在法治社会的要求，我们如何引导医患矛盾尽量地走正规法律程序，起个疏导作用，这是我的几点感受和体会。

孙陪审员：我以前是教育工作者，关于人民陪审员我和你们谈三点体会。第一，消除了法律的神秘感。过去我们觉得公检法是高高在上的，我参加了一个刑事案件的陪审，这个案件是关于烟草方面的，按照法律条文规定，烟草的支数不同，有不一样的结果，我认为这个事实认定以后，法律就像把尺子拿去量，消除了法律的神秘感。第二，增强了法律意识。第三，我觉得要"依法治校"。任何事情只要是违法的我就不做，《未成年人保护法》中有一条规定，禁止在未成年人活动的场所吸烟，我就把烟戒掉了。《未成年人保护法》中不良行为和严重不良行为是两个完全不同的概念，这个每年我都跟我们全校学生的家长讲两个多小时，告诉他们不良行为对青少年自己的成长不利，严重不良行为不仅对自己不利而且还影响他人，像打架斗殴这些行为威胁到他人的生命健康安全就属于严重不良行为。作为基层学校的校长，在法律方面多提高一点自己的认识，给学生他们讲法律，能够最终影响到学生。作为校长，特别是作为一个教育工作者能够参与人民陪审员工作，在增长自己知识的同时能起到带动并影响一片的作用。这是我的三点体会。

  林陪审员：我在妇联当主席，我参加陪审工作的时间要久一点，我从1997年就参加了陪审工作，1996年左右A县人民法院开始采用人民陪审员制度，在刑事庭未成年人犯罪案件中组成合议庭，当时聘请了三个人作为人民陪审员，一个是教育局的谭某，一个是团县委的副书记，另外一个就是我。期间我参加了刑事庭未成年人犯罪案件的审理工作。省高级人民法院在2002年左右举办了一个人民陪审员培训班，当时还发了人民陪审员证书。在后来建立人民陪审员制度的时候我们妇联就成为了人民法院选任人民陪审员的第一单位，当时我们单位推荐了我。我本科函授的时候取得了法律文凭，在妇联工作的时候我负责分管维权。当人民陪审员对个人来说确实是个很大的提高，对于我们新入行的，每审一个案件，比如交通事故方面的案件，我们就必须要在参审之前了解一下交通方面的知识，做好准备。审案的时候肯定也要发表一点自己的建议，但也不是每个案件都听得懂，民事方面还好一点，但是我们对于一些证据的可采性不是很懂，这方面的法律也不是很了解，所以在最后合议的时候大都听法官的，因为法官毕竟还是专业人士。在民一庭参审一些离婚案件时，因为接触很多，我们就可以发表自己的意见。在刑事案件中，对于量刑，由于我国刑法的量刑幅度很大，比如3年到10年，对于强奸案件，因为判刑的时候大都是判中间刑期如五六年左右，但我就会要求判重一点。特别是有个父亲强奸女儿的案件，民愤很大，法官认为应该判处10年以下，我当时坚持认为应该判重一点，判最重的刑，案件提交到法院审判委员会讨论，最终还是支持了我们人民陪审员的意见，判了12年。这种情况有几次。当时我觉得我们人民法院还是很重视我们的意见。以前在法律方面我们每一年都会进行培训，由市法院各个庭的庭长讲课，这和老师的讲课有所不同，他们更多的是从实务角度讲课，正是我们需要的。他们给我们每个人都发了一本省高级人民法院制定的量刑指南，我觉得那本书很重要，每一次开庭前我都会翻一下，做好准备。2005年选任的第一届人民陪审员只有8名，那时候法院经常组织我们学习，互相交流，谈谈各自审判过程中的感受，还是蛮受益的。现在第二届的时候，好像人民陪审员比较多，交流变少了。原来是由人民法院指派人民陪审员开庭，现在好像把每个人民陪审员分到了庭室。我工作忙不过来，刑事庭的工作又相对简单一些，一天就可以判完，所以去年就把我分在了刑事庭。我觉得每个庭都应该参与，每开一次庭自己都会增加很多方面的知识。（部分人民陪审员反映没有分配）我觉得还是要由法院来调配人民陪审员参加各个庭室的陪审，这样会有很大的收获。

蔡陪审员：我是一名人民教师，通过法律自考获得了大专文凭。我参加陪审工作有两个目的：第一个目的是希望能把我所学的知识应用到实践中，并在实践中能有所提升；第二个目的，到法院参加陪审，能够了解到我们 B 县人民法院在法律方面是否做到了公平公正。到目前为止，我总共参加了 5 次陪审，有刑事庭的、民事庭的、林业庭的、经济庭的、行政庭的，五种不同类型的案件。我第一次参审的是刑事附带民事案件，我还参加了民事部分的调解。我有两点体会：第一，担任人民陪审员，使我在实践中运用法律的能力有了很大的提高；第二，在我们 A 县，司法对人民群众都是公平公正的。

廖陪审员：在人民陪审员中，我应该是年纪最小、资历最浅的一个，能来参加这次座谈会我非常荣幸。看到湘潭大学的朋友们我感到非常的高兴，也非常的亲切，因为那时候我也非常向往读研究生，由于能力有限没有考上。后来参加了村干部的考试，当上了村干部，分到了 A 县东坪镇镇政府。我是由我们老办公室主任李主任推荐当上了人民陪审员，我特别荣幸也特别激动，当时我觉得这是一种荣誉，更多的也是一种责任。我来参审了，我也认真参审了，借着这个机会我谈三点体会：第一，我觉得我成为了一名法律方面的学习者，我觉得人民陪审员是我学习的一个平台，当我接到出庭审理案件通知的时候，心情非常激动也非常着急，因为我毕业于湖南农业大学，学的是管理专业，和法律没什么关系，这时候我自己必须要去学习法律，一方面我在网上查阅资料，另一方面和学法律的朋友同学联系，在如何来审判、如何来看待案件这方面征求他们的意见，最后再整理出自己的意见。在陪审的时候，通过和法官的互动交流，我对案件的判决意见就比较明确了，所以担任人民陪审员，对于我个人自身的提高是非常有帮助的，我非常感谢人民法院的工作人员对于我法律知识以及其他知识的培养。第二，我成为了一名法律的宣传者。我是当村干部上来的，村里的老百姓对法律非常关注，又十分陌生，不少犯罪发生在农村，他们的法治意识非常淡薄。在我当村干部期间，我通过村里的宣传栏和咨询室，和农民朋友交流，虽然我在法律知识、理论方面比他们了解得深一些，但在实践中面对具体案件的时候，其实农民朋友们比我还懂，他们对整个事情的认识还是有一定框架的，即使模糊，但有他们的道理。在宣传以及和他们的互动中，我受益匪浅。第三，充当了法院工作和我自身工作的联络者。我在法院审理了一个案件或者参加了培训后，首先会将培训的精神和村委会、村民代表进行沟通联络。其次，我也可以将村里的信息带到法院，在二者之间发挥桥梁的作用，可以促使人民陪审员工作或者其他工作的开展更加顺利。以上就是我的三点体会。下面我还想讲两点不太成熟的建议：第一，就我自身而言，人民陪审员加强学习是必须的、一定的，这也是人民陪审员一项长期的功课，对人民陪审员工作的开展会有帮助，法院应该加强培训。资历老一些的人民陪审员参加培训的机会可能多一些，我参加过两次，我觉得培训的时间有点短，作用不是很明显，当然有部分可能是我自身的原因，投入的精力比较有限。这是从学习方面来说。第二，关于人民陪审员工作的管理方面应该完善一点。

李陪审员：我是2009年被任命为人民陪审员的，和廖人民陪审员是同一年被任命的。我是积极争取成为人民陪审员的，但是在2009年的时候，我对于担任人民陪审员的这份荣誉和责任认识不足，比较惭愧。那时候，我和廖人民陪审员都在办公室工作，工作确实也很忙，记得有一次我还因为人民陪审员的工作批评过廖人民陪审员，我说这是一份兼职，年轻人对人民陪审员工作感兴趣，想去学点东西，接触一下自己工作以外的世界，我可以理解，但是我认为首先还是要搞好自己的本职工作，所以2009年，我仅仅在双休日参审了一次，其他时候都是廖人民陪审员去参审。对于这份荣誉我确实很惭愧，但是我认为人民陪审员制度对我们国家来说有很大的进步意义，它让政法系统以外的人能够对于我们的司法程序有一个比较全面的了解，以前没有接触过这方面的东西，确实不知道。对人民法院的工作者，包括我以前一些在司法系统工作的老同学有一些误解，但是通过多次的参审，尤其是去年，既看到了人民法院的工作人员在维护社会公平正义中比较风光的一面，同时通过参与案件的审理工作，也体会到了他们为执行法律、维护社会正义的不为人知的很心酸很为难的一面。我国现在正处于社会主义初级阶段，正如温家宝同志说的，我们还没有形成一种道路，还没有形成中国模式，正在走向改革开放的道路，所以，我们的每一个行业都在摸索中前进。在这个前进阶段，注定我们每一个行业都有很多为难的地方，有许多不为本行业以外的人所理解的地方。所以，我们国家目前普遍存在的一种现象就是幸福指数不高。我在基层工作，感觉到我们的老百姓，包括人民教师、医生、人民法院工作者等对政府干部都很不理解，认为这个贪污腐败就是政府造成的，我认为这是改革开放必然的一个阶段，要走上正确的道路，肯定要经过短时间内的曲折，但是经过这段时间以后我们将走上康庄大道。就像我们建立人民陪审员制度，希望获得行业以外的其他人的认同、理解、支持，这和我们其他政府部门搞党务公开、政务公开是一样的，把我们的工作向全社会公开，邀请外界的人参与这项工作，在做的过程中我们会征求您的建议和意见，只是说法不同，实质是一样的。第一，我认为人民陪审员制度很好，确实很好。从小的方面说，对于我们政法系统形象的改善起了很大的作用。从大的方面说，对于我们整个社会、每个行业、我们国家形象的打造以及人们幸福指数的提高都有帮助。第二，我认为人民陪审员制度在一些方面还可以进一步改善健全。这个想法很好，但具体的实施需要我们人民法院领导和我们人民陪审员的共同努力，这是个长期的过程，这项制度本身也在这个过程中稳步前进、逐步改进。还有一个，人民陪审员的面应该要广一点，人民法院在选拔时更多考虑人民陪审员的政治地位和社会影响力，而大部分人民陪审员也把它当成一种荣誉。我认为法院主要也是想通过人民陪审员的工作来进一步改善自身的形象，通过人民陪审员的工作和影响力来宣传法院的工作，提升人民法院的形象，在我看来这有点本末倒置的味道。所以我建议今后任命人民陪审员的时候是不是应该考虑向更多的行业而不仅仅局限于当地各个政府部门的领导或者重要岗位的领导。第一，这样做类别不是很广，选来选去还是走那条老路，就是所谓的精英治国的老路，但如果总在精英中选，社会的绝大部分人即广大基层老百姓的感受就被抛到一边去了；第二，从陪审工作本身来讲，我认为应该多选基层的支部书记，因为现在支部书记的待遇提高了，相对来说他们的时间也比较充裕。我认为人民陪审员要做到至少80%的陪审次数都能参加。

王陪审员：我是来自最基层最基层的工作人员，是一位社区的工作者，每天接触的都是基层的老百姓，有时候也会做一些调解工作，但是很难让当事人心服口服，自从担任人民陪审员以来，接触了更多这方面的事情，也加强了学习。曾经有一起纠纷，我进行了3次调解工作，心里确实也很着急。当事人知识面较窄，不熟悉法律，认死理，钻牛角尖，我不知道怎么样去理顺这个关系，怎么才能让当事人心服口服地接受我们的调解，后来通过陪审员培训学习，了解了很多法律知识。后来在社区给党员培训的时候，我会事先看录像带、备课，然后讲给他们听，有时候讲一下我们在培训中学过的一些案例，他们反映这些内容都很有用。

访谈人：非常感谢大家精彩的发言，现在进入到问答环节。我先请问一下廖陪审员，您是村干部，请问当地的村民对人民陪审员是否有所了解？

廖陪审员：说实话，整个村就我一个人民陪审员，大部分人都不是很了解，可能只有少部分人了解人民陪审员，认为人民陪审员就是开庭时坐在审判席上的人，但是由于人民陪审员在审案的时候不是经常能够发言、发问，所以老百姓大都并不是很了解人民陪审员具体是做什么的，只是知道有这么个称号。

访谈人：您现在还在当村干部吗？

廖陪审员：我从去年考上选调生以后在县政府工作，还是做基层工作。

访谈人：人民政府的工作人员对人民陪审员的了解程度是怎样的呢？

廖陪审员：和村里差不多。由于我参加陪审，有些时候和本职工作相冲突，领导一般就不是很支持，因为工作可能受影响。

访谈人：陪审和本职工作冲突的时候怎么来解决呢？

廖陪审员：如果在接到陪审通知的时候，我已经有工作要做了，那可能就不会陪审了；如果通知的时候，刚好我没有什么工作要做，我会事先和领导商量，告诉领导如果没有什么紧急任务要安排的话，我想去参加陪审，这种情况下领导还是很支持我的。如果是提前一天或者提前半天通知的话，一般能安排好。咱们人民法院做得比较好，一般会提前三四天通知我。

访谈人：您认为是不是应该加大对陪审员制度的宣传力度呢？

廖陪审员：是的，很有必要。应该加强宣传，应该让老百姓都知道有个人民陪审员在法庭上是代表他们来审理案件的，对于案件审理的公开、透明、公正，还是非常非常有作用的。

访谈人：一般会提前三四天通知你们来参加陪审，你们会事先来人民法院查阅卷宗吗？

廖陪审员：会的，在开庭的前一天，会用半个小时到一个小时左右的时间查阅卷宗。法官也会事先简单介绍一下案情。我们一般会在开庭之前稍稍了解一下案情。

访谈人：您在庭审过程中发问要主审法官同意吗？

廖陪审员：不用，法官一般会提醒我们不需要他（她）同意，可以直接发问。

访谈人：合议过程中，发问的顺序是怎样的呢？

廖陪审员：在合议的时候，首先是让人民陪审员发表意见。法官会根据法律条文先给一些指导性意见，在庭审结束合议之前陪审员会确定下自己的审判意见。

访谈人：您总共陪审过多少件案件呢？

廖陪审员：8件。

访谈人：这些案件案情您都能够了解和掌握吗？会不会涉及一些比较专业的案件呢？对一些专业术语是否都了解了呢？

廖陪审员：专业术语可能不会全都了解，但是大概案情我还是了解得比较清楚。与我一起审判的那个法官素养比较高，我跟他学到了很多东西，他审理案件的过程比较清晰。

访谈人：在庭审中，您自己能总结出案件的争议焦点吗？

廖陪审员：有的时候可以，有的时候做不到，基本上还是靠法官。

访谈人：通过陪审，您觉得自己更胜任事实认定还是法律适用的工作呢？

廖陪审员：法律适用稍微欠缺一些，对于事实认定部分更清晰一点。

访谈人：您做过调解工作吗？

廖陪审员：没有，因为是刑事案件。我一直比较困惑，板上钉钉的事情改变不了的，所以说调解的机会不是很多，民事案件才有调解。

访谈人：您在合议的时候，和法官的意见有过分歧吗？

廖陪审员：有一个案件有过分歧。当时如果有另外一个法官和我的意见一致的话，最后就会听从我的意见。

访谈人：那个案件最后是如何处理的，具体情形是怎样的呢？

廖陪审员：当时那个案件在量刑的时候我主张应该加重，但是法官认为被告有自首等情节，判刑应该偏轻。休庭合议的时候，我们进行了讨论，我的主张还是偏重。

访谈人：如果错案追究制度适用于人民陪审员，您如何看待？

廖陪审员：因为错案而追究我个人的责任，不说冤吧，我毕竟不是学法律专业的，起码也是一种心理负担。但我觉得这么做对完善这个制度也有一定的好处，能够督促自己更加认真地对待陪审。

访谈人：我想请问一下您，当地的村民有没有打官司而找您求情的呢？

廖陪审员：我本村的村民来找过我，因为回避制度我没有在我本村当村干部，我成为人民陪审员，通过电视台公示过，所以本村村民知道我是人民陪审员。我们村有个孕妇因为在医院住院没多久就流产了，就想起诉医院，来找我咨询过问题，问我审案的过程法院是不是公平公正，或者请我帮忙监督法院工作的公开透明度，担心会不会有人搞名堂。老百姓其实最担心的就是这一点。在咱们国家，你说法律是特别的公平公正吗？人们心中没有这杆秤。正如刚才李主任说的，现在实行精英治国，咱们的老百姓永远是最基层的，去打官司的话会输掉很多的钱，他们心里会有一种恐惧感。我和他们说明这些，他们心里稍微会平复一些。

（三）T县人民法院人民陪审员座谈会

访谈人：我们召开这个座谈会主要是想了解一下各位当人民陪审员的感受、对人民陪审员制度的看法、在陪审过程中所遇到的一些问题以及你们对人民陪审员制度的改革有什么建议等。

周陪审员：人民陪审员制度，概括起来有"三个有利于"：第一个是有利于法律的普及工作。人民陪审员来自各个行业，有的是毛遂自荐，有的是单位推荐来的，有的是选出来的。我是单位推荐来的，从去年开始担任人民陪审员，陪审了几个案子。第二个是有利于自身法律知识的提高。没有当人民陪审员之前，很多法律都不是很清楚，担任陪审以后有了很大提高。第三个就是有利于人民法院的建设。人民陪审员是人大审查通过任命的，可以监督人民法院。人民陪审员制度最重要的就是要加强培训，通过系统的学习加上老师讲解案例，提高陪审能力。我参加了几次陪审，总体来讲，案卷的查阅、庭上发问很少，有时候又因为对法律了解很少，对于一些案件难以发表意见。所以我建议，对法律知识的培训应当加强。

吴陪审员：我担任人民陪审员有好几个年头了，首先谈一点个人认识。我们国家建立人民陪审员制度的初衷应该是推进民主和法治建设，特别是县一级的法院，做出了很多的努力，还是有效果的。但这个制度还有待改善，我觉得西方的陪审团制度还是可行的，今后可以朝这个方向努力。法律不仅是发挥惩戒作用，还要发挥教化作用，可以把典型的陪审案件公开转播，或者做成光碟公开发放，教化作用很重要。我们的人民陪审员制度还是要走上正规化的轨道，我只参与了院里的一次培训，另外也可以组织我们参加县外、省外的培训，组织我们观摩典型案件的审判等。还有，我觉得人民陪审员的身份很尴尬，我们对相关的案件做调查时，当事人不知道我们是什么人，防范意识很强，司法部门应该给我们配备一个证件。我们坐在审判席上的时候，衣服不正规，可以给我们制定一套统一的服装，缓解尴尬的地位。

郑陪审员：我是自己申请当人民陪审员的，在我们县里，自己申请的很少。今年我也参审了几个案子，总体上，人民法院和法官对我们很尊重。我有个建议：简单的培训达不到掌握基本法律的效果，法律很深奥，培训还是要不间断。现在，很多人民陪审员"陪而不审"，因此这个制度还是存在很多问题的。

王陪审员：我是通过推荐来当人民陪审员的。我个人有两点建议：第一个是建议多吸纳一些自荐的人民陪审员。为什么这么说？自己申请的才会对这份工作充满热情。第二个建议是要增加培训的次数，切实提高人民陪审员的法律素养。人民陪审员首先要有维护法律公正的良知，其次是要有能力去参与审判，这两点通过一两次的培训是无法做到的。

冯陪审员：我来自乡镇，是由单位推荐担任人民陪审员的，很感谢领导给了我一个学习的机会，通过每次陪审可以学到很多法律知识，了解许多社会现象。作为人民陪审员，我个人认为还是要增加培训的次数。因为我们是来自基层，了解、学习法律知识的机会不是很多，通过培训才能提高陪审的技能。

陈陪审员：我来自一个国有企业改制的社区，是去年加入人民陪审员队伍的，在此我谈几个感想。人民陪审员制度首先是一种维护司法权威、建设法治H省的需要。其次是我们以人为本、提高社会整体法律意识水平的需要。最后是人民群众与法院沟通联系的一个桥梁和纽带。我做人民陪审员时间不长，在此提两个建议：第一个建议是需要加强教育培训，提高人民陪审员的业务素质。法律素质提高了，再通过我们到人民群众之中去宣传、去引导教育，人民群众才能真正信仰和遵守法律，也更能理解人民法院的工作难处。第二个是建议多通过编书、宣传的形式将基本法律知识带到群众中去。

谢陪审员：我来自社区，已经连续两届当人民陪审员了，我就对这几年陪审员工作谈几点感受。首先是人民陪审员要自己定好位。人民陪审员和法官还是有很大的区别，人民陪审员毕竟不是学法律的，对法律的了解与法官相比仍有差距，因此，人民陪审员就要通过自己对社会的看法、对人生观价值观的看法、对事物的抽象思维来判断案件事实，真实地表达自己对案件的见解。"二审一陪"的合议庭组成模式的目的就是在法律的范围内融合三个人的意见，达到一个司法的平衡。我觉得人民陪审员要用不同于法官的视角来提出自己的看法，定好自己的位。其次是要履行好自己的职责。第一要提前阅卷。在审案之前对案件必须有一个基本了解，然后再根据有关的法律知识来判案；第二是参与庭审。在庭审过程中要找出争执焦点，这样就能更进一步了解法律、认清事实的真相以达到参审的目的；第三是表决。在人民法院陪审的时候，审判员都非常尊重人民陪审员，往往都是先听人民陪审员的意见再合议，特别是在意见不统一的时候，他们还会认真地跟人民陪审员解释为什么要这么判；第四是同等的表决权。之前参加省高级人民法院的培训，杭州市的人民陪审员代表做典型发言时讲了一个例子：一个案子在庭审过程中他持反对意见，因此在庭审笔录上没有签名，最后发回重审，这个事例对我的启示很大；第五是参加调解。在庭审过程中，有些案件特别是民事案件是可以调解的，可以在双方当事人同意调解的情况下积极进行调解，以达到和谐稳定的目的。最后，人民陪审员要积极学习法律法规弥补自己的不足。

蒋陪审员：我来自T县技术局，是单位推荐当人民陪审员的，参加陪审的时间不长。我就谈点自己的体会。第一，应该进一步加强人民陪审员制度的宣传力度。在单位推荐我当人民陪审员之前，我根本不知道人民陪审员制度是什么。像税收一样，每年都有一个税收宣传月，经过这么多年的宣传，公民的纳税意识都得到进一步加强，税收秩序也有好转。加强对法律、人民陪审员制度的宣传，让人民知晓和了解这个制度，增加民众参与的积极性和热情。第二个是大家都谈到的，培训力度要加大。我当人民陪审员以后参加过一次简单的培训，培训中发了两本书，目前我对整个制度和法律知识的了解还是比较欠缺的。第三，我个人感觉人民陪审员在庭审中的实际作用有待进一步加强。我参加过两次庭审，觉得人民陪审员真的就只是"陪"，可能也因为自己法律知识欠缺没有发言，只是坐在那里，所以认为人民陪审员在庭审中所发挥的实际作用并不大。

沈陪审员：我当了两届的人民陪审员，今年是第二届，在这里讲一些自己的感受。我是一个老人民陪审员了，从自身体会来讲，有几点是应该注意的：第一是应该庭前阅卷。也就是说在审理案件之前对案件要有充足的了解，这个法院做得还是比较好的，每次参审之前，法官都能及时让我了解案情。我觉得提前阅卷不仅是法院该做的，也是我们作为人民陪审员应该履行的职责，只有对案件有充分的了解，在庭上才有"发言权"。第二是每个案件从开始审判到最后合议，人民陪审员都要充分发表自己独立的见解。有个案件我印象比较深刻，是刑事案件，当时我发表了与法官不同的看法，另外一个法官和我的意见一致，审判长最后还是采纳了我们的意见，就是少数服从了多数。

访谈人：能不能给我们大致介绍一下这个案子的具体情况？

沈陪审员：我简要讲一下，就是几个团伙成员约定在一个地方打架，被告和他儿子都是屠夫，被告在得到那些团伙成员约定打架的信息以后，就要儿子躲到楼上去，法院认定是被告纵容他儿子行凶，但当时确实是被告要他儿子躲到楼上去。几个歹徒来了以后趁被告不注意时就砍了他一刀，被告反应也很快，立马回了凶手一刀，把凶手的脸砍了一边下来。当时我认为被告是正当防卫，因为他遭到了不法侵害，当时被打到地上没有选择才回砍了凶手，主观上没有故意，被告也没有怂恿他儿子去行凶，而是要儿子避开争端。所以我对此案发表了自己的意见。其中一个法官不同意我的看法，产生了争议，不过最后经过合议还是认定为正当防卫。

访谈人：正当防卫是一个非常专业的法律术语，你是在培训的时候学过这类知识吗？你是怎么来判断正当防卫，运用常识判断还是法律上的解释？

沈陪审员：我是自学法律，对这个有些了解。我当时就坚持了自己的观点，自己的"话语权"要争取，不能人云亦云，亦步亦趋。

沈陪审员：第三是调解，民事案件在判决前一般都是先行调解，有几个案子我都调解成功了。

访谈人：您在民事案件的庭审中也参与法官主持的调解吗？

沈陪审员：是的，做一下双方当事人的工作。

访谈人：您发言的时候说到您认为人民陪审员更应注重对事实的认定，法律适用方面法官更合适一些。在您担任人民陪审员期间参与过案件的审理吗？

谢陪审员：民事、刑事、行政案件我都参审过。

访谈人：那么能不能拿一个具体的案例来说一说您是怎么判断客观事实与法律事实的？

谢陪审员：一个离婚案件，当时男方说女方有第三者，并出示了一份证据，即第三者写的保证书，但女方说不知道这回事。后来我们进行证据审查，发现这是一个孤证，男方没法提供其他的证据，女方也不承认，所以我们最后认定：有可能发生过这样的事，但在法律上不予采信。这个事有可能发生过，单凭一份保证书作为证据在法庭上法官是不能定案的，我也认为不能采信。

陈陪审员：人民陪审员起到的是监督法院、公正民主的作用。我在此提几个建议：第一是大学生、研究生直接可以毛遂自荐当人民陪审员；第二是从责任心比较强的、工作热情比较高的人里面选陪审员。不能说增加法院的编制就能代替人民陪审员，人民陪审员制度是有存在必要的。

程陪审员：以前听到一些民众关于法院不公正的谣传，我们当了人民陪审员之后，发现人民法院确实是非常公正的。

访谈人：为什么在T县的法庭都是两个审判员一个人民陪审员？

王书记：那个不是固定的，但"二陪一审"模式的合议庭从来没有组成过，因为人民陪审员只能有三分之一。

访谈人：法律规定是不少于三分之一。

王书记：法律规定是法律规定，但我们审判是根据案件的需要。如果只有审判长和两名人民陪审员，那谁是主审法官呢？人大规定的人民陪审员有几个职能，例如审判、监督、宣传、调解等职能，如果只有一个审判人员，那么有什么法律方面的问题他和谁去合议？人民陪审员所具备的法律知识还是不如法官，因此在案件审理过程中只要求发挥代表人民的意见来考虑问题的作用就可以了，法律方面对其并没有过多的要求。人民陪审员站的角度不一样，人大对陪审员的规定是并不要求人民陪审员和法官一样专业，在案件审理过程中，人民陪审员注重的是情理，法律工作主要还是得由法官来负责。

访谈人：假如我们现在按照"二陪一审"的方式来组成合议庭，你们（指在座的人民陪审员）会不会觉得参审积极性会更高、发挥的作用更大？

程陪审员：我们的法律功底不如法官，毕竟这是在断案，人民陪审员参与人数多于法官还是不行。至少目前不违反法律的规定——组成合议庭人民陪审员不少于三分之一，也没有规定人民陪审员要达到三分之二。

周陪审员：我认为人民陪审员只要在情理和法律相冲突的时候，知道怎么去做当事人的工作又不违背法律的规定就可以了。

访谈人：但如果是"二审一陪"，法官占主导的话，会不会使人民陪审员沦落成一个配角，发挥不了应有的作用？

谢陪审员：我觉得"一审二陪"照样也可以维护法律的公正。可以当人民陪审员说明其道德品质、综合素质等各方面都是比较高的。既然有这样的文化素养和辨别是非的能力，那么一定会尊重法律。只有在尊重法律的情况下才能做到合理合法、公平公正，所以我觉得主要还在于人民陪审员的文化素养和道德品质，无论是"二审一陪"还是"一审二陪"都没有差别。

访谈人：在陪审案件过程中，当人民陪审员意见同法官不一致的时候，你们（指人民陪审员）会不会坚持自己的意见？

冯陪审员：一般是少数服从多数。多数情况下我都会改变自己的意见，因为法官会跟我们解释清楚，我们也同意。

蒋陪审员：我想我会坚持自己的意见，就算最后要提交到审判委员会，只要是合情合理合法的，我就会坚持自己看法到最后。

周陪审员：还有一个问题，如果是"两陪一审"，人民陪审员的积极性可能提高了，但也有可能会降低法官的积极性。

王书记：我觉得不能把缓解"案多人少"作为充分发挥人民陪审员作用、完善人民陪审员制度的最终目的

谢陪审员：通知我提前阅卷，但后来因我没有时间就没看了，是我自己的原因。我参加的案件比较少，所以感觉我还没有发挥作用。

访谈人：咱们人民陪审员总数是52个，当时是基于什么因素来确定这一员额的？

王书记：这是硬性规定，即人民陪审员必须是法官的二分之一，如果达不到这个比例，人民法院院长要到中级人民法院去解释原因。

访谈人：在选任人民陪审员的时候要考虑很多因素，补助这一块是不是也有考虑？

王书记：选任人民陪审员必须符合五个法定条件，靠参与陪审拿补助作为生活来源的肯定是不符合人民陪审员选任要求的。人民陪审员的补助经费只解决差旅等费用，并不发工资的。人民陪审员是一个法律制度，我想因为生活所迫而去参加陪审的人基本上是不存在的。

访谈人：昨天晚上我做公众问卷的时候，我问一位擦皮鞋的五十多岁的妇女对人民陪审员的看法，她表示非常愿意做人民陪审员，但根据我们的"规定"，她这样的人可能进不来。

王书记：不能否认通过人大任命程序选任的人民陪审员能够维护"擦皮鞋人"的精神的、物质的利益，这个完全可以放心。

访谈人：我想现场可以模拟一下美国陪审团的情景。由王书记担任主审，八位作为美国陪审员模式的人民陪审员，你们只需对事实进行判断，现在跳过协商的过程，对龚主任说的那个屠夫的案件，我想请你们发表各自的看法。觉得这个案子应该怎样认定，是有罪还是无罪？

周陪审员：我认为是无罪，理由是正当防卫。

吴陪审员：我认为是正当防卫。从法律上来讲，被害人虽挨了一刀值得同情，但不能给实施正当防卫的人定罪，就算定罪也不能定过重的罪。

郑陪审员：我的看法是这个屠夫是无罪的。

王陪审员：我也觉得屠夫是正当防卫，应该是无罪的。

冯陪审员：我也认为是正当防卫，但是目前我们法律是怎样规定的就应该怎样判。

陈陪审员：我认为应该是正当防卫。

蒋陪审员：我也认为是正当防卫，屠夫应该不负责任。理由是别人闯入他家里首先打了他，主人顺手反击不存在防卫过当。在美国也是这样

的，非法擅自进入别人住宅是可以直接对其开枪的。

（四）F县人民法院人民陪审员座谈会

访谈人：非常感谢大家的光临。F县是我们"人民陪审员制度H省行"考察的第四站，非常感谢大家对我们的支持，从百忙之中抽出时间来参加这次座谈会。我们期待从这次座谈中获得很多真实、客观的第一手资料，我们也期待与各位人民陪审员一起共同展望人民陪审员制度未来发展的方向。会议的内容主要有两部分，一是问卷调查，各位刚才在会前已经做完。二是请各位谈谈陪审工作的体会，参审的原因，你们的收获，在陪审过程中遇到的困难，对今后人民陪审员制度的改革，你们持何种观点？陪审改革是否有必要？改革的方向是什么？

周陪审员：我参加人民陪审员工作将近3年，始于2009年。我认为人民陪审员制度非常重要，在这里我首先讲个插曲。1997年时还没有人民陪审员制度，那时候我在政府工作，有一个土地纠纷的案件，在人民法院经过了两审终审，最后把土地判给张三。案情的背景比较复杂，当时县、乡、村在土地管理方面的工作不是很规范，除非人民政府重新颁发土地证，否则难以弄清楚土地真正的权属问题，这个案件的工作量就相当大。当时无论法官怎么处理，当事人双方都会觉得有偏见，老百姓不愿意跟法官吐露心声，所以就容易造成一些冤假错案。我们作为人民陪审员，更能亲近老百姓。并且，我认为作为人民陪审员，在品行方面一定要进一步加强，还要进一步加强与法官的沟通，做好听证等工作，人民陪审员只有和法官进行充分的沟通，才能很好地将这个案件确定下来，做出正确判决。最后，我呼吁我们要进一步完善人民陪审员制度，促进社会和谐。谢谢！

梁陪审员：我们人民陪审员的职责应该是协助法院一起维护社会公平正义，弘扬正义、帮助弱者。然而我在信访部门上班，半年以来，我看到很多判决书都不是那么公平。刚刚我们主席举了一个例子，我这里还有一个例子。在我们农村，土地都是属于自己的，都分给了个人。有两家人都建了房子，当时说好了前面那户人家要留出空地让后面那家通行。过了几年后，前面那家人说家里兄弟姐妹比较多，要用空地建房子。后面那户人家不肯，不肯的那家人比较有钱，就向法院起诉，法院居然判了前面那户人家设置的障碍物必须要拆除，然后又判了前面那户人家的户主要坐牢。他的妻子过来上访，我觉得他们很可怜。这个案子的裁判很不公平。法院仅判令败诉方拆除障碍物就好了。假如我当时参加陪审的话我绝对要提议，既然后面那户人家利用了别人的地，那肯定要补偿，不然就显失公平。我认为我们没有帮助好弱者,法官也没有判好。我认为这一点是有问题的,但是当时我没说,因为我们还要维护政府的形象,政府要维护社会的稳定发展。但我看了那个案子的当事人,真的觉得好可怜。他又不懂法律,他认为这是他自己的地,为什么要他走?丈夫被判了3年,缓刑2年,家里还有儿女。那怎么办呢?前面那户人家的户主确实是可怜。说实话,我们人民陪审员在基层的工作其实做得不是很好。我是社区人民陪审员,是通过推荐上岗的。但其实真正参加陪审的次数很少。有时一年只有一两次,有的干脆就没有。我希望以后人民陪审员能真正参审案件,发挥监督作用,切实帮助弱者。一些弱势群体正是因为在沟通方面差一些,才诉至法院。人民法院应该要帮助他们。但是从我刚刚举的例子来看人民陪审员并没有帮助到弱者。再者,我们主席刚刚说到的,要多与法官进行沟通。但在实际工作中我们与法官的沟通很少。就我本人来说,有时候就是法官说了算,我们好像没有什么能力去监督。社会也是一样的,我觉得社会也必须要监督,因为司法是公开的,这一点每个人都知道。现在上访的比较多,特别是针对司法部门。为什么上访会这么多?因为当事人觉得判决不合情、不合理,有的虽然合情合理但却不合法。我们刚刚说的情、理、法要相结合,我们人民陪审员还是应该发挥我们的作用。还有一点是关于陪审员的职责,希望人民陪审员以后最好是可以参与执行,有的案件法院判下来了,但是没有执行。就像是田里面有个障碍物,建了个房子都拆不了。为什么不能拆,就是因为执行不到位。如果能让我们代表其他群众,切实维护好他们的利益,就能更好地展示我们政府的形象,维护公务员形象。

鲁陪审员:我是学法律的,大学毕业后一直从事法律工作,参加人民陪审员工作已经五六年了,我现在年纪也大了,已经接近退休的年龄了。你们今天找我们座谈、调研,这是贴近社会生活。其实如今的社会生活相当复杂。通过陪审工作看到了很多问题。第一个问题是人民法院工作非常难。怎么难?第一,执行难度大。第二,各种关系复杂。法律是全国人民代表大会及其常委会制定的,可现在有些地方是"官"大于"法",所以现在很多人民法院处在中间的尴尬位置,执行工作难度很大。我对司法事务很熟悉,还参加过公安工作。参加过民事审判、刑事审判,真切体会到法院的执行工作真的很难。那这个工作到底怎么进行?公安工作是重头,法院工作是一杆秤。看你做得怎么样,上面只要一个当事人上诉,法院工作就不好做。我处理的案件也不少,民事审判参加,执行也参加,法院每个庭的工作我都参加过,总的说来,法院工作确实很难。工作到底怎做？我认为法律太多了，通过近几年的普法工作，人们的法律意识提高了。不管怎样，今后法院要按法律规定去谈，在民事方面，人民陪审员最好到基层去调查，这样交流也容易些，人民陪审员代表人民群众，群众很怕法律机关，看到法院同志去了就紧张，而群众认为人民陪审员是帮他们讲话的，所以比较信任人民陪审员，也就好交流。对陪审员，群众一般心里想什么就说什么，方便工作的开展。

沈陪审员：我也讲一下，我是连环村村主任，认为人民陪审员主要是起着两边沟通、创建和谐社会、加强社会的稳定性这样的作用，我觉得陪审员在这方面起的作用较大。很多事情，坐下来心平气和很好解决，在调解的时候两边沟通，到法庭各自说清楚事情的各种关系，各显神通，人民陪审员调解作用更大。

谭陪审员：我来自社区，做人民陪审员已经几年了，陪审工作却还没参加过。我谈谈对这方面的看法：我认为做陪审员是一件非常光荣的事，也很想履行好这项工作，我的看法是要真正将人民陪审员工作落到实处。

朱陪审员：在我们社区有的居民发生纠纷，其实往往是些芝麻小事，如果处理不好他们就上访，影响和谐，但是我们人民陪审员是可以调解的。我认为作为人民陪审员应是中立的，不应偏袒某一方，没有参加过陪审的同志有 3 个？参加最多的是龙陪审员，我参加过 6 次陪审，以调解为主，要是调解成功的，双方都和和气气地走了，要是判决结案，双方都不是很和气，最理想的还是调解。

访谈人：您是哪种方式当选人民陪审员的？

朱陪审员：我们是推荐当选人民陪审员的，今天参会的几位人民陪审员，龙主席是 2005 年当选的，其他的都是 2009 年当选的。

访谈人：能参审那么多的案子？是因为时间保证充裕，还是你们有其他方面的一些考虑？

龙陪审员：这是代表人民法院也是监督法院审理案件的工作，所以参加陪审工作我是很喜欢的。

访谈人：您现在退休了吗？

龙陪审员：快了。

访谈人：还没退休，参审时间也能保证吗？

龙陪审员：时间基本都能保证。案件就是命令！只要通知到了，就马上去参与。

访谈人：请问人民陪审员参与执行有什么优势？到底该怎么参与？为什么要参与执行？

朱陪审员：可以发挥人民陪审员的协调作用。有些人不理解，我们就可以做群众的工作，由于我们人民陪审员是群众的代表，最贴近群众，那么我相信他会信任我们的话。法官也好，人民陪审员也好，都是在维护社会公平，为我们创造和谐社会做贡献。我们当人民陪审员，主要是两个工作，一个是说服，一个是监督。如果能够说服的话最好，不用强制执行，因为现在人都讲面子，说服教育比较人性化，对当事人的伤害也相对小一些。一般的人都还是比较懂道理的。此外，我们人民陪审员对这个案情比较了解，什么都比较了解，参与执行的话更有针对性一些，可能有力度些。

田主任（政工室主任）：陪审员对案件比较了解，对双方当事人心理的情况都清楚，那么在做工作的时候，讲话就能讲到点子上。再加上他们的身份，他是人民陪审员，来自群众，是帮群众说话的，所以老百姓也相信他们，也听他们的话，这个也是我们在今后的执行当中考虑的一个方面。刚才陪审员讲的一个执行的案件，被执行人被判了刑，这个案件我当时也参与了执行。这个案件基本情况是这样的，他们两家本身是亲戚关系，就是一个家族的，原告方是居民身份，就是在那买了地建了房子。原先他是从另外一条路走，因为跟别人有矛盾，然后和这个亲戚说，从亲戚家进门的左侧开辟一条。路，走了十几年了，后来两家有矛盾了，就后悔了，不想让他们走这条路了，然后把原来的路上种了庄稼，种了果树，等等。所以原告方就没有地方走路了，于是就起诉到法院，法院就是通过多方做工作，在做不好的情况下进行了判决，判决了以后又多次做工作，并且通过人大，通过政府，还有村里面做工作，我印象中，做了十几次的工作，都没做好。后来我们考虑到他们是邻居又是亲戚，伤了和气就不好，虽然判决下来了，但是从维护团结和和谐邻里关系角度来考虑，我们法院就帮忙垫付了四千多元钱，然后做另外一家工作，因为原告方现在通行的这条路，上面有一块菜地，虽然可以买一条路供原告通行，但是两方都不同意这样的解决方案。被告在原来的通道上建了一个厨房，这样，别人就不能走路了，所以在这种情况下，就只能强制执行。当时政府去了二十几个干部，还有人大的、政协的，其他的就是监督员，到了很多人。但是执行的时候，他母亲70多岁了，情绪比较激动。她当时刚刚洗衣服回来，我们就帮她把衣服晾好，并且让她认清这个事情，现在判决已经生效，必须执行，按照法律规定就是这样。然后她跑到房子后面诅咒工作人员。我就制止她，跟她做工作，然后她的媳妇就一起做她的工作，我们都分工了，哪个负责哪一个……一进门把刀子等利器都收了，当时执行就很圆满地结束了。但是我们一走他们又马上把那个房子建起来了，所以在这种情况下，法院就以他拒绝执行生效判决的事实，判了刑，是在这种情况下判的。

访谈人：据我了解，人民陪审员参审一个案子，我们F县人民法院只补贴30元，你们担任人民陪审员的时候，完全没有考虑到这个费用问题？我想听听各位最真实的想法。

朱陪审员：都是群众工作需要，也是当时没考虑到这些因素，因为我觉得都是去工作，做什么都是做一份贡献，增长一些知识。

沈陪审员：我们参审，不是为了金钱工作。如果是为了金钱，那么100元、200元都少了。现在是市场经济，你要讲钱，你叫我来，那么我就要讲价，100元少了，200元也少了。现在是为党工作，人民需要，人民需要我们，就不能讲钱。

朱陪审员：我们主要讲的是社会效益，经济效益不怎么考虑的。

访谈人：你们希望得到哪些方面的培训或是怎样的学习机会呢？比如说培训、观摩还是发教材、发资料学习？

朱陪审员：资料学习好些。一个是法律知识，一个是观摩，肯定要的，因为你要实践。

沈陪审员：培训教材我们没时间看，看了也记不住。但是你们给我们发的《法治宣传手册》和《法律法规汇编》小册子，我会随身带，随时都可以翻看，一看就知道。我还有个建议，要加强律师职业的道德自律。很多律师怂恿当事人去打官司，有的律师和当事人就说"放心，这个官司我帮你打，肯定能赢"，当事人本来不怎么愿意打官司的。我觉得人民陪审员要提前介入，将事实真相调查清楚。

访谈人：您觉得刑事案件和民事案件人民陪审员都要提前介入吗？

沈陪审员：人民法院受理案件后，人民法院去调查就应该叫陪审员一起去。

梁陪审员：刑事案件我认为不必要，主要是民事案件。现在矛盾主要集中在土地纠纷、房屋纠纷、家庭琐事纠纷。其实人与人之间，朋友和朋友之间存在一些经济纠纷，这些纠纷是很好办的，因为会有欠条等相关证据。但是家庭纠纷就不好怎么定论了，双方各执一词，其实都有自己不对的地方。

周陪审员：刑事案件主要监督一下法官不徇私舞弊、贪赃枉法就行了。

访谈人：人民陪审员能监督到位吗？你觉得陪审员能够起到监督作

用吗？

周陪审员：我认为能。为什么呢？比如说，一个案子，当事人想要行贿什么的，就算法官本人不知道，肯定有其他人知道，那么人民陪审员可以从侧面了解到是否有行贿受贿行为的存在。有一次，我的一个朋友，他取证的时候，先在调查记录中间留下一段空白，然后念给被调查的对象听，一个字都不差。念完以后，被调查者就说"是事实啊"。然后他就签字、摁手印了。最后他再在签过字的调查笔录上做手脚。这些事情法官是不知道的，被调查的人也被蒙在鼓里。

龙陪审员：这不是职业道德问题了，是作伪证的问题了。

沈陪审员：我举这个例子，就是想说明，我们人民陪审员可以从侧面了解到更多的信息和真相，而这些法官是不知道的。

访谈人：我还想请问一个问题，如果没有经过培训，陪审员的法律知识是如何获得的？

朱陪审员：我们自学的。县人民法院发的普法教材。每年都有配发教材和居民宣传册。

访谈人：您觉得这个够不够？

朱陪审员：不是很够，刚才我说了还需要观摩。社会比较复杂，人际化的事情也比较多，我们监督，我觉得监督很有必要。

访谈人：之前访谈有了解，在民族地区，情理法三者的冲突，可能比非民族地区来得激烈一点。陪审员在冲突中能不能起到协调作用，就是在情与法、理与法，以及风俗习惯之间，有没有起到一个平衡作用？有没有例子可以给我们讲讲？

朱陪审员：我们这边订婚的习俗是男方要给女方买"三金"，或者吃饭、送衣服、送鞋子之类的。假如女方提出退婚，那就要退钱。如果男方提出退婚，那就不存在退了。在这方面就是民俗民风的问题。法律上没有这些东西。现在我们调解，男方送得太多了一点，相比以前现在送得比较多了，有些几万都有，这时我们适当地做工作，要女方退一点，但是按照我们的民俗来说是能不退的，经过调解，有些人愿意退，有些人还是不退。

周陪审员：我认为作为人民陪审员，同时也是村干部，一定要注意防微杜渐，将群众的纠纷在第一时间处理好，避免事态扩大。举个例子，我们邻村有两户人家，其中一家有一个老人过世了。过世以后，这家人就把坟地选在另一户人家正对面大概两百多米的位置，虽然隔得也算有点距离，但这个坟头正好对着另一户人家的房屋中央，按照我们当地的风俗来讲，这是坏了风水，这在我们农村是非常忌讳的。两个家族要是为了这个事起了纷争，可能矛盾会越来越尖锐。这种事情如果让人民法院来判的话，那你们怎么判？我们第一时间通知了政府，并且找来了两个村的村干部，给双方当事人做工作，将事情平息下去了。

访谈人：这种情况下，人民陪审员的身份对您有没有作用？

周陪审员：人民陪审员身份村干部知道，但是村民们并不知道。群体性的事情，通过村干部和政府协调来处理。

周陪审员：现在国家能给每个村、每个社区及人民陪审员多投入点钱，工资比以前多多了。还有一些资料印制发放给社区居民，加强法律知识宣传教育，不只是给人民陪审员进行培训，还要给村干部进行培训，还要给村民培训，这样为和谐社会的建设打下坚实的基础。

鲁陪审员：现在好多人都不知道还有人民陪审员，人民陪审员的社会地位不被认可。在社区及居民中间只有司法调解员，人民陪审员在社会没有地位。

访谈人：在你们担任人民陪审员之前，你们知道人民陪审员的职责及地位吗？

鲁陪审员：以前也不知道！因为也没有社会权威性，自己加入后加以宣传。当事人参与诉讼后自然而然就会宣传，这比人民陪审员自己去宣传好得多，群众宣传和媒体宣传比我们自己宣传的效果更好。现在是人大任命，片区产生，各个地方推荐一下，填好表格。公示之后，没有问题就担任人民陪审员。

访谈人：在座的人有不少少数民族陪审员，假如一个官司涉及不同民族，同民族的陪审员是不是在民族风俗习惯方面，能够更好地与当事人沟通，做好工作，这个工作是否好做？

众人民陪审员：是的，有！

石陪审员（苗族）：我是苗族人，苗族是有语言而无文字的民族。他说的话你理解不了，只有翻译了，你才懂他的意思。你说普通话他理解不了，也需要进行翻译。同本民族人民说话也有种亲切感。

访谈人：这个是不是有个民族认同在里面？

石陪审员（回族）：肯定有，当官的在这里我不好说，但事实上在老百姓中间的确存在民族观念。几千年留下的传统，肯定有那个意思。如果一个苗族人与一个汉族人打官司，法官判决偏向苗族人一点可以，但是偏向汉族人就不行。苗族当事人会说法院看不起苗族人，而且苗族人比较集中，心也比较齐。我们是回族，是从麻阳过来的，但是我们与汉族人关系很好，没有种族区别。苗族的种族观念比较明显，土家族都没有这样，我们这里城镇居民与乡村生活条件还是有区别的，乡村还是贫困些。我们接访时，你不会说苗话，苗族当事人就不跟你交流，信任感不知怎么建立。

访谈人：你们中有村支书、村主任，如果以村支书、村主任身份去做调解工作，与有人民陪审员资格的村民去做调解工作，效果会不会有不同？

石陪审员（回族）：效果肯定不同。我们社区主任及基层干部如果没有一点能力的话，也不可能当人民陪审员。当上基层干部也是通过居民选上来的，并且具备一定的能力，因为现在是公平选举，基本上居民都是服这些干部的，不被信服的人不会被选上来。

龙陪审员：基层干部可以分析双方情况，从民族、背景及双边关系作出适当调解，不需要过分考量诉讼的情况。换个角度，如果我们陪审员能左右法官的意思，这个事情就不一样。如果我们的人民陪审员比法官的权力还大，这方面的工作就好做了。

鲁陪审员：当事人不知道人民陪审员有这么大权力！我们担任人民陪审员不是为了名誉、金钱，是为了这份责任感，所以既然当上了人民陪审员就要让一方百姓平安，大家和谐共处！去打官司搞得不和谐，各说各有理，有的人因为打官司现在与儿女都没有来往。既然打官司，双方肯定都有道理，要不然不会去法庭。

访谈人：在座的人民陪审员能不能给我们提出一些建议，无论是人民陪审员的参审还是选任甚至包括管理，应该注意一些什么？

石陪审员（苗族）：我就是少数民族的人民陪审员，我认为在少数民族与汉族中如果选人民陪审员，包括选干，一定要懂苗语，应考虑到有利于工作的开展与沟通，要懂苗语。还要尊重他的民俗民风，在当地选一些很有名望、有知识的人去当陪审员。我发现我们的乡镇调解员和一位有名望的老年人说的话比较有效，有"一言九鼎"的感觉。那位老同志威信比较高，村民可能不听村干部、不听乡干部的，就听那老同志的。

访谈人：就是民间威望比较高的长者。

石陪审员（苗族）：说话就算数的那些人。

龙陪审员：动之以情晓之以理，最后运用法律。我们去那地方工作先可以请这些家族里说话比较公正的长者，先由他来沟通，然后由他跟我们一起再做双方的工作，效果会更好些，这么做也是尊重他们的感情。这些长者往往会劝双方不要打官司，以免到时候又执行不了，所以调解比较好，这是第一点。第二，无论是平时还是工作中，都不能说脏话，因为有的人一听脏话就会火冒三丈。无论是我们平时做工作还是解决案子，一旦有这样的情况就很难办。再者就是尊重当地的一些老族长、老长者，说话谦和一点。第三，做好思想工作，做好了就达成协议，万一不行就进入诉讼程序。

访谈人：昨天我遇到一个六十多岁的退休干部。他说他很想做一名人民陪审员，他根本就不知道有这种事情，但他自己有这种想法。我想知道对于这些人你们怎么看？因为他意愿非常强，他昨天晚上还给我打电话，已经六十多岁了，我觉得真的很不容易。

周陪审员：六十岁已经退休了，甚至到了七十岁左右也可以的。但是人呢，步入老年后，可能已经形成了思维定式，这对处理事情，不一定有好处。所以，六十岁退休这个政策，肯定也是有些学者通过某些研究制定出来的。我们周围也有很多老干部，六、七十岁的退休了，没有事情做，总是有事没事地找到单位七七八八说这说那的，就是非常郁闷，非常不高兴。我们问他现在有什么打算，他说没有，就说要做报告。这是什么意思？都退休了，谁还听你做报告呢？我之所以举这个例子，是想说有的上了年纪的人说的话或者做的事不一定是正常的。人到了一定的年龄以后，思想不一定就是正确的，有些力不从心。

访谈人：我们从昨天做的两百多份问卷中也发现一些问题，我们做的都是对当地人的问卷调查，当地人知道人民陪审员制度的很少，他们几乎不了解人民陪审员是怎么回事。这就导致F县人民都存在这种疑问，F县人民对人民陪审员制度的信任度也会降低。我不知道法院是否有宣传举措，就是让老百姓更多地知道人民陪审员制度，让他们知道人民陪审员是为老百姓做事的，让他们更加信任人民陪审员。不知道是不是有更好的宣传途径，让老百姓更多地知道这个事情。

沈陪审员：一方面人民法院加强宣传。另一个方面，我也可以这么说，有人民陪审员参加的案子基本上都让老百姓非常满意。他们自己自然清楚了，这个制度从20世纪70年代末才开始的，在我们中国也没有多长的历史，宣传的角度也不是很大，肯定也是很多人都不知道，打过官司的人，他们就知道，不打官司的肯定就不知道。

鲁陪审员：要靠他们宣传，也要靠法院宣传，多方位的宣传。因为很多人不知道，我们的人民陪审员制度威望还不是那么高，是一个新事物。

沈陪审员：一个新事物出来不可能一下子就让全社会都知道，我们做宣传活动，发放宣传册，但不会有很多人真正去看这些资料的。

鲁陪审员：有这样的人，因为事不关己，高高挂起，平常根本不关心时务的。就像有些人考干，到了二十四五岁要考干了，而我们现在考公务员是 28 岁以下吧，他就说哪里有这种规定。他们信息化不是那么平等，他不自己去捕捉这些信息，他不懂得去发现新事物，所以这个东西与自己有关系了才会知道。

访谈人：我问了很多打过官司的人，庭审中是否有人民陪审员参加，他们说不记得了。他们不会有去关注人民陪审员的这种意识。

鲁陪审员：对，是这样的，因为这个事情跟他没有多大的关系。不仅老人，年轻人也没有这种意识。信息不对等造成了好多不公平的现象。

访谈人：咱们的老百姓对人民陪审员这一制度还不是十分了解，在此情况下，如何保证人民陪审员的代表性？老百姓根本不知道，他怎么能代表我？这种"代表"的合法性在哪里？

鲁陪审员：这个代表性不是说每个人的利益都能顾及，只是少数服从多数，原则就是这样的。

朱陪审员：我们坚持公平公正的原则就行了，你要我代表你打官司，不现实，但是只要保证案件公平公正就可以了。其他人不打官司了，就和人民法院没有什么关系了，只有这个法律下乡还起到宣传作用了。

访谈人：说到代表性，我了解到这里很多人民陪审员都是人大代表，请问人大代表和人民陪审员在工作上有没有什么关系？

沈陪审员：人大代表来自人民，可以说是比较公正地替人民讲话的。人大代表也是基层老百姓直接选举产生出来的，可以监督政府和两院的工作，这样人民陪审员到基层了解情况时可能更加真实一点，同时人大代表也可以更好地监督政府工作，看哪些做得好，哪些做得不好，可以直接跟人民陪审员说出来。一般普通老百姓在判断案件的过程中可能有不同意见，法官对于是否采纳他们的意见都比较随意。但是人大代表对案件的理解能力可能还是要好些，有时候也会产生一些偏执的想法，但是我也不确定是对的。

朱陪审员：人大代表也是人民推选上来的，其文化水平和素质在当地都是比较高的，所以当时我们也着重考虑这一点。国家推选人大代表，省里的代表再到全国的代表，他了解的也是当地的，了解的也是大多数人的心声，不可能我是 F 县的还去代表北京人来说话，所以你说的是比较宽的范围。我们在选择的时候肯定会考虑他们的家庭背景、生活情况、文化水平，这样选任出来的人民陪审员，讲话能讲到点子上，了解当地生活习惯，工作会开展得更好。要是从北京派一个人来，因为他不了解当地的一些情况，所以他们没有办法开展工作。

访谈人：想问各位人民陪审员，你们觉得最能发挥你们作用的是不是调解，用你们的语言、风俗习惯、你们心中的良心来跟当事人做工作，来化解纠纷？

周陪审员：我认为我们这边人民陪审员的文化水平还不是很高。像我们仅具有高中学历，知识是很有限的，人民陪审员中间的知识面是参差不齐的，有些专门搞法律的可能还是懂。

梁陪审员：要通过观察，因为我参加了几次民事审判，基本上都是开庭之后再调解，能够调的就调解，在调解中我们还是能做主的，台上我们是监督，台下我们起的作用还是大些。

齐陪审员：我们一般都是以调解员的身份发挥调解作用，所以对于调解还是很熟悉的。再说调解省钱，也不伤和气一些，审判伤感情、资金耗费大。人民法院要求我们能够调解的尽量调解。

（五）X县人民法院人民陪审员座谈会

访谈人：请各位谈谈陪审工作的体会，参审的原因，你们的收获，在陪审过程中遇到的困难，对今后人民陪审员制度的改革，你们持何种观点？陪审改革是否有必要？改革的方向是什么？

孔陪审员：我想结合我这几年的陪审工作实践，谈几点想法以及对以后工作的一些建议。首先，我谈一下我们人民陪审员的组成。关于人民陪审员的男女比例，当时我们县里面任命的人民陪审员共8名，我是其中唯一的一名女性人民陪审员。如今人民陪审员有31名，但还是只有我一名女性人民陪审员。其次就是关于人民陪审员的农村城镇比例，农村有22名，其他9名是来自城镇。这些组成和比例构成是否有相关的制度和一些管理规定，我也不是很清楚。但是我想谈一下自己的想法和看法。第一，我觉得人民陪审员在学历上如果按照管理制度，需要具有大专以上的学历，而我们县里面的平均学历好像还是高中学历；第二，从我们的工作实践来看，我觉得相对来说来自农村的人民陪审员比例还是过高了点，农村有22个，其他9个是由城镇机关干部、医生、教师等组成。针对这两个问题，我建议：第一，要扩大人民陪审员的选任范围。建议扩大专业技术人员、专家型人民陪审员的范围，比如科学技术、医疗卫生、教育、网络等方面。因为现在有些案件，像信息领域等方面的纠纷在增加。第二，应该适当增加女性人民陪审员的比例。女性人民陪审员有一些性别上的优势。一般来说，她们感情细腻，在长期的工作中相对来说有耐心，而且有一定的亲和力，特别是我们妇联的干部。我们妇联系统的干部，很多工作在农村的第一线，像我们县妇联每年一般都要接待150起左右的来信来访，在这么多件来信来访里面有 85% 以上是关于婚姻这方面的纠纷，其中的 15% 是最终通过法律渠道、诉讼渠道诉诸法院解决的。妇联最开始就接触了当事人的资料，了解案情，所以在陪审工作中相对来说对案情熟悉一些，能够提高案件的办结效率和办结的质量。第三，应该加强建立陪审案件开庭前的阅卷制度，这有利于陪审员对案情的了解。这块工作在我们县里前几年相对薄弱一点，这几年相对来说有所改变，并且从今年开始，人民法院一般会提前一个星期通知我们开庭，但我们对案子还是缺乏一个整体的了解。我觉得从充分发挥人民陪审员作用这方面来说，建立开庭前阅卷制度，人民陪审员在庭审前与主审法官对案件的意见进行交流，能够使人民陪审员事前整体了解情况，结合我们自己的知识，结合我们主审官的法律知识，实现优势互补，我觉得这个制度是必要的。第四，应当建立培训制度。毕竟人民陪审员不是专业队伍，对法律知识有些欠缺。人民陪审员是由人大任命选任的，培训工作应归于哪个部门？法院或人大应定期或不定期组织些业务培训，开展一些观摩活动，如座谈会、交流会，以此提高人民陪审员的能力，也有利于人民陪审员协助人民法院审理案件，提高工作效率。

曹陪审员：我就提几点建议。第一，应该按不同地域、行业比例来确定人民陪审员人选，不论多少，先确定比例。目前人民陪审员主要来自基层，比如说村主任、村支部书记、调解员或者通讯部的领导同志，等等。有比例的好处在于便于当地老百姓之间简单民事纠纷的调解。另外，现在新型案子比较多，涉及海事、海商、金融、医疗、建筑等方面，我建议在这个比例中吸收一部分专业人才。第二，我认为，开庭前应当至少提前 7 天或者 15 天书面通知人民陪审员，并且要把原告的诉状、被告的答辩状、基本的证据，包括法官对一些复杂案件的审理报告事先送给人民陪审员，使人民陪审员事先对案情有所了解，因为人民陪审员在庭上也是正儿八经的"法官"，如果事先对案情都不熟悉，只是在庭审时随便看一看案卷是难以发挥作用的，而且陪审效果也就不会好。

赵陪审员：我是党委书记，也是人大代表，我很荣幸能经民主推选担任人民陪审员。这几年来，我参加的案子大概是 10 起，对这些主审法官我比较熟悉了解，他们很专业，水平比较高。2008 年我参加培训，观摩了戴院长主持审理的案件。观摩的是案情分析。深感有些建议很合理、很正确。

严陪审员：总的来讲，人民陪审员的工作我以为有以下几个特点：第一，行业分布和地域分布的广泛性。从行业分布来看，每个行业都有人民陪审员;从地域分布来看,保证每一个乡镇有一个人民陪审员,大的乡镇,人数比较多的地方,我们就有两三个,甚至四个。这是一种广泛性。第二,人民陪审员发挥了很大的作用。除了在法庭上进行陪审外,还做调解工作,发挥了积极作用。人民陪审员的安排原则上是这样的:案发地在哪里,法院就邀请哪里的人民陪审员。他们是当地的人,对于案件的发生和案件的发展以及有关当事人的心理状况比较了解。同时他们在当地很有权威,通过他们的调解,能够缓解许多当事人的矛盾。案件的处理过程他们也参加。我们法院对于案件比较多的了解,与他们工作的努力是分不开的。第三,陪审经费有所提高。2005年的时候,是比较拮据的,那几年平均每年的经费是三万块钱,最近两年,特别是在戴院长的积极努力下,经费逐年提高。拿参审的案件来讲,我们以前是每件补助20块钱,现在起码是60块钱以上,虽然对人民陪审员来讲还是微不足道,但是比以前有一定的增加。第四,管理更加规范化。对人民陪审员的管理建立了各项制度,包括参审案件、审理案件,案件的纪要等。而且对这些制度的实施情况实时地进行总结。每年我们对人民陪审员的工作,包括每个人的意见进行总结,指出存在的问题和需要改进、努力的方向。基本上我们每年评选两位优秀人民陪审员。这是近几年的工作取得的一些比较好的方面。下面再说一下存在的问题。第一,人民陪审员抽选的问题,法律明确规定,人民陪审员参审案件应采用随机抽取的办法确定,这个规定在我们实际操作当中流于形式。有些人民陪审员,一年到头没有参审一件案件,这就是流于形式。第二,经费保障的问题。人民陪审员参审一个案子,只补助60块钱,餐费、交通费就不再予以补助。人民陪审员为了一个案子来来回回花了几百块钱,就补助60块钱。如果说人民陪审员按实际花费报销就存在较大的差异和问题,主要是有些费用报不了。怎么来规范这项工作有待进一步研究。第三,法律知识欠缺的问题。规定人民陪审员有权要求阅卷还是可以的,但是事实上,绝大部分人民陪审员,像我们31个同志,80%是农民出身,文化层次不那么高,阅卷基本上是不可能的。我们法律知识的重要来源就是中级人民法院的一次培训以及省高级人民法院每年组织的资格能力培训。第四,经费问题。我们X县法院前年专门邀请政府、人大、政协对我们监督。以前是被动监督,现在我们是主动要求监督。通过这样的途径,我们陪审经费得到了比较大的支持,情况大为改观。但是经费还是比较少,因为工作量比较大,费用比较多,远远没达到要求。所以建议确定一个经费标准,来解决这个后顾之忧。这个问题必须解决。

华陪审员:我是2009年从企业被选为人民陪审员的,工作经验少,总的来说对人民法院工作还是比较满意的,我边陪审边学习。我要向院长提一个问题,我是人民陪审员,但是我进人民法院的门却被拦住。我告诉保安我是人民陪审员,保安却说你就喜欢乱讲,我就被拦在门外了。有很多人民陪审员有车的,他们也不放行。

金陪审员:我是第八年担任 X 县人民法院的人民陪审员。今年参加过两次案件的陪审。近几年,人民陪审员对于一些案件仅起到"陪"的作用,走一下过场而已。什么原因呢?就是对人民陪审员的义务和权利规定不够明确,只能够像演戏一样,走过场。所以建议采取一定的规范措施。我们都是在两三天前或在当天收到通知要求去陪审,我认为这导致了陪审效果不明显。另外,在管理方面提个意见,我们陪审员把车放在外面不安全。还有,关于参审的问题。我今年接到两张通知,一个是 5 月 26 日接到刑事庭的通知,后来原告撤诉了,但是人民法院没有通知我,这个撤诉的情况应该及时通知我的;第二个是 8 月 8 日的一个案子,推迟到 9 月 2 日,人民法院事先又不通知,这样不合适。我认为管理部门视人民陪审员的地位或职务无关紧要。但应有制度明确人民陪审员的权利和义务,像这种情况人民法院应该提前通知。制度不健全,大家就会认为人民陪审员可有可无。这些方面,人民法院都要认真对待。我就提这些建议。另外参加陪审的补助问题,多也好少也好,这个无所谓。路程远近与多点少点没关系,形成制度了,按制度办事就行。院里对我们人民陪审员人熟,也很关心,案件也处理得很好。我就讲这些。

(六) Y 县人民法院人民陪审员座谈会

访谈人:非常感谢大家来参加座谈会。我们这次活动——H 省人民陪审员制度考察,是我们湘潭大学法学院一个暑期调研项目,Y 县是第六站。我们之前已经到了 H 省东部、北部、东北部、西部、西南部。自 2005 年全国人大《关于完善人民陪审员制度的决定》出台以来,应该说从中央到地方、从上到下都投入了很多资源来推动人民陪审员制度的完善,在实践中也产生了积极成效,尤其是在制度层面取得了长足的进步。但是,成效归成效、问题归问题,目前的问题是虽然我们投入了那么多资源,但是从上到下、从理论界到实务界对这个制度好像并没有形成一个广泛的共识,这是一个很值得深思的问题。今天非常有幸邀请到那么多 Y 县的领导,还有人民陪审员、检察官、法官一起同堂共议,我们希望从你们的发言中获取最基层、最原始的第一手资料,作为我们研究的宝贵素材。我想说的是,从人民陪审员角度来讲,我们很希望了解到你们参审的意愿、你们参审中遇到些什么样的问题、你们有一些什么样的感受,我们也很期待通过你们不同的视角来反映出我们这个人民陪审员制度实践的现状，很希望从你们的发言中获得良言、对策和建议。

孟陪审员：我是水产局的党组成员、工会主席，2009年人大常委会任命我为人民陪审员。我年纪不小了，49岁了，我以前在部队是自学的法律，出于对法律的兴趣参加了1988年的律师资格考试，获得了司法部的律师资格证。但是从部队回来以后，司法局在Y县招干的时候我成为招聘干部，没有再从事法律工作了，一直做行政工作，担任武装部长、乡镇副书记，然后就调到县畜牧水产局来了。我成为人民陪审员差不多三年了，陪审的案件有三起，都是民事案件，比如人家欠钱不还的案件。据我看来，这类案件的案情还是比较简单、事实比较清楚的。一般来讲，如果是事实比较简单、容易的案件，在陪审的过程中，都是由一名法官、两名人民陪审员组成合议庭，所以在调解中，或者在其他程序方面，都没有太大的争议。欠债还钱是天经地义的事情，没有多大的异议。一般的案件在判决以后还是能够得到执行的。今天来之前，我还不知道这有一个问卷，我看了一下这个人民陪审员的问卷，到底是随机抽到我的还是指定抽到我的，这个问题我也答不出来，只能空着，主要是我不太清楚。总的来讲，人民陪审员制度还是有必要存在的，但需要改革。人民陪审员的作用：一个是协助法官，另一个是监督法官。有时候在做工作的时候，参与到案件中也是对权力的一种制约、一种制衡；在我的心目中，作为法官应该是比较神圣的，因为他们是法治建设中解决人民矛盾的最后一个关口，如果这个关口突破了，那这个社会就会乱套了。一个案件的判决如果不是依事实依法律作出的话，对这个社会还是有很大冲击的。所以，我对法律、对依法治国还是充满期待的。

宋陪审员：根据我的社会经验和参审的案件来看，人民群众对这一块大体还是比较满意的。对于人民陪审员参审的案件他们心里感到比较踏实，这与我们中国具体社会情况是有关系的。人民群众认为人民陪审员跟他们的距离要近一点，而法官在我们社会当中处于比较高的层次，群众感觉有距离。所以，人民陪审员参与案件的审理，对于群众来说，就有了距离比较近的感觉，他们会感觉自己的诉求得到了人民陪审员的认可。人民群众虽然不知道我们的法律制度具体是怎么样一个情况，但是有人民陪审员参审，他们还是比较放心的，这是一个方面。第二个方面，人民法院对人民陪审员制度态度还是比较积极的，在人民陪审员参审这一块，我认为我们县人民法院还是做得比较好的。第三个方面，我们人民陪审员对陪审、参审合议案子还是比较积极的，比如说有人民陪审员就提前来阅卷、了解案件情况。第四个方面，陪审员还是发挥了一定的作用，比如说调解，以人民陪审员的身份调解人民群众容易接受。也许法官讲的和人民陪审员讲的可能是同一句话、同一个道理，而群众容易接受人民陪审员讲的话，这个我是有一定的感触的。这都是几个比较好的、正面的方面。另外，我是2009年应聘的人民陪审员，在这两年的实践中也发现了一些问题。第一个方面，作为一名人民陪审员，在合议案子、参审中间一定要有主人翁的精神，我们是做主人而不是做客人，所以说我们人民陪审员在陪审中应该以主人的姿态参与案子的审理。要积极地调阅案卷、积极地与法官沟通了解案件事实，总之要主动积极地参与而不是像做客一样。如果法官没和你沟通的话，你要主动地和法官沟通、主动地了解案件，不要把自己当作客人，我的感觉就是这样的。第二个方面，法院也一定要主动地为人民陪审员参审提供必要的支持。比如说现在，我们人民法院可能经费比较紧张，当然，经费这方面，地方人民政府是应该支持的。根据我掌握的情况，今年我们县人民陪审员的经费好像是8万块钱。而隔壁的省份，那些县比我们县还小一些，去年他们光办公经费就是一万块钱。若经费足，它就能够保证陪审的各个方面，培训、补助等相应的条件就会好一些。如果财政预算少的话，对人民陪审员的培训，专业知识的学习、交流、沟通可能就要欠缺一点，这一块可能就要我们法院主动地反映一下情况，更好地解决经费方面的问题，从而保证人民陪审员制度能够更加完善。第三个方面，陪审中，对人民陪审员的着装是没有要求的，是否统一人民陪审员的着装是个问题，如果不统一着装，到参审的时候，是否应对着装方面有要求。这是我通过这两年的陪审合议得到的感受。

　　安陪审员：我是中心小学的校长，2005年成为人民陪审员。我参加了两次培训，一次是在市里面、一次是在省里面，七年的人民陪审员的工作，我感触比较深。第一，人民陪审员制度是适合当前社会人民的利益要求的。为什么呢？人民陪审员是代表人民的，所以每当发生案件纠纷的时候，我们人民陪审员一参与，不管是原告、被告，他们心里面都有一种轻松的感觉，认为人民陪审员一定会公平公正地为他们说话、为他们办事，这是给他们心理上的感觉。第二，作为人民陪审员，我的感触就是要扎扎实实、认认真真地做好自己的工作，因为我们作为人民陪审员不是为名誉、不是为地位、更不是为金钱做这些事情的，而是认为自己担任人民陪审员就是要为人民做好事、为人民法院做好监督工作，保证人民法院的工作公平、公正、公开，使人民对我们的司法制度有更进一步的了解。第三，这几年，我感觉到作为人民陪审员要不辞劳苦、认认真真、扎扎实实干好自己的工作。

郭陪审员：我是2009年成为人民陪审员的。当时单位通知我，我就很主动地报名参加，经过严格的筛选以后就很荣幸地成为了一名人民陪审员。当时我自己对陪审这一块很感兴趣，而且我觉得能够代表我们人民群众去监督审判过程。参与审判过程感到很荣幸。第二，我觉得我们Y县人民法院对人民陪审员工作很重视。每次我们来，人民法院的同志对我们都很热情，逢年过节，他们会给我们寄卡片、给我们发短信，好像我们就是人民法院的家人一样，这就是我自己的感觉。第三，谈一下我自己参审的一些情况。参审前，人民法院一般都会提前给我们通知，我们会提前抽时间了解案件情况、看一下案卷。基本是一个人民陪审员或者是两个人民陪审员，三个人组成合议庭参与审判，每次在合议庭讨论的时候，我们人民陪审员能够充分发表意见。我们有什么想法，认为怎么判，都可以积极向法官提出来，然后大家讨论一下。我们每一次合议完毕，无论作出何种结果，都会就此次审判签字。第四点，我们人民陪审员参加完陪审工作回到单位后，有时候我们会跟领导谈一下情况，因为有的民事案子会牵涉到公司这一块，我是做企业管理这一块儿的，有时从这些案件中获得的经验和知识，对处理合同、公司这一块的工作有很大帮助。有时候，我也会借机会跟朋友宣传一下，讲一下人民陪审员制度是怎么回事，就自己参与的案件中吸取的教训发表一些看法。我感觉，不管是自己的朋友也好，还是我们公司也好，我来当人民陪审员除了感到很光荣，也得到了大家的认可，因为这是比较好的制度。

田陪审员：我本身是一名私营业主，参与审理的案件一般是民事案件多一点。我本身接触民事纠纷也挺多的，可以这么说，有的时候我就像他们的参谋一样。在合议的时候，我基本上能和法官达成一致。人民陪审员在业务方面、专业知识方面肯定没有法官那么专业，我建议多开展培训或者组织陪审员集体观摩学习一些比较好的陪审案件。

黄陪审员：我以前是学法律专业的，但是当时我并不是很想去选择法律专业就业，所以当时学得不是很认真。但是毕业了以后还是觉得有必要，觉得已经学过这个专业应当要继续把它学好一点，而且我一直都是以一种很敬仰的态度去看待法官、律师的。于是，在2009年时一名老人大代表告诉我法院需要招一些人民陪审员，我就自愿报了名。经这位人大代表推荐，经过严格的筛选、考试，我最后被录用了。从2009年到现在我参审过的案件，可能有三十多起，不算多也不算少。刑事庭、经济庭还有民一庭，这三个庭我去得比较多，每次他们通知我去开庭都是打电话通知的，我每次都能够积极准时地到庭，我参加的那些案子最后都是判决结案。我没遇到过需要我个人去调解的案子。合议庭一般都是一个法官两个人民陪审员组成，这一点还是都能做到的，没有缺少的情况。开庭的纪律是很严肃的，都是公开开庭审理，我觉得在开庭结束、合议的时候法官很尊重我们的意见，能够考虑我们的建议，然后综合我们的意见，这一点我觉得还是做得很好。不过，由于自己感觉不是很专业，所以有时对案件不敢怎么说，也怕说错。但是，我还是会主动地、虚心地（请教），比如说哪一块知识我不知道，我就会让法官找相关的书给我看，翻相关的条文，具体地告诉我，在我明白后，大家就再一起讨论。我觉得自己不够专业，想要并且需要人民法院组织一些培训，这是我想说的。去年我在市中级人民法院参加过几天的培训，那一次的培训比较系统。而且，就在这个县人民法院的楼上我也参加过一次一两天的培训。我觉得培训的机会、次数少了一点。我觉得国家推行人民陪审员制度是很好的。正如我自己学习法律是一个任重道远的过程，国家推行人民陪审员制度也是一样的。我就谈这些了。

伍陪审员：我来自环保局，是2005年年初成为人民陪审员的，现在是第二届了，第二个五年。因为我是离退休人员，时间比较充裕，所以参与陪审的案件也比较多，每年平均接近90到100件，好像有一年超过了一百件。主要是因为我退休了，没有事做，什么时候喊我，我就坐摩托车来，又快又方便，而其他的陪审员都是在职的，有时候工作忙抽不出身来。谈到人民陪审员制度，我们国家从50到60年代就有这项制度了，我们县也有，是"文化大革命"以后这个制度就中断了。人民陪审员制度是我们国家司法制度的一项重要的民主措施，人民陪审员就是法院和人民进行沟通的桥梁，把人民法院和人民群众联系起来了。所以，现在人民陪审员的地位很重要。我之所以参审这些案子，关键是我对陪审工作很感兴趣。我认为法官在主持社会公平、公正方面的职责是很神圣的，我心目中的法官是至高无上的、给人以公平感的，所以我才积极参与。这个调查问卷里有很多问题，其中就是人民陪审员与审判员有不同意见的时候是怎么处理的，我个人的经验是少数服从多数。这说明两个问题：第一个问题，人民陪审员的地位是得到尊重的，人民陪审员的地位与法官是一样的。我曾经历过这样的事情，在一次合议中，就我们要不要利用合议庭的职权去外地调取证据这一问题，我投了赞成票，另外一个人民陪审员也投了赞成票，而法官有不同意见，但最后他听从了我们的意见，从这一次经历中我就体会到了人民陪审员和审判员的地位是一样的，这对我还是一个很大的鼓舞，提高了我参与的积极性。另一个问题，有的人民陪审员参审的案件多，有的参审的案件少，对这点要正确理解。据我了解，在我们国家有些省份实行了一种这样的制度——专职人民陪审员、兼职人民陪审员，所谓专职人民陪审员，可能是经常参与案件审理，我们县里面没有分专职和兼职。为什么有的人参审案件多一些有的人参审案件少一些？最大的原因是有的同志工作确实是很忙，他们大多数人在单位有职务，这个办的主任、那个局的局长的，这种情况下他们要完全摆脱自己的工作来当人民陪审员也是有困难的，所以对这种情况要正确理解，并不是说法官看得起哪个人、人民法院对哪个人重视一些，我觉得主要不是这个原因。对这个事情我说完了。

罗陪审员：我年纪也快 50 岁了，从 2008 年任命到现在只参审了两件案子，我是单位推荐的，在单位时经过了考试。我个人来讲，如果有什么案子，法院通知我，我一般还是会来的；不通知的话我一般也不轻易来。人民法院有没有请我对我无所谓，有没有钱也无所谓。我参加工作 20 多年了，以前在基层做司法工作，专门调解纠纷。我认为在民事案件方面（刑事案件我还没有参与过）我还是基本能够胜任陪审的，我大专学过法律。经过那么多年的工作，对法律的把握还是比较好的，即使在讨论案子的时候对有些法律条文不大熟，咨询一下法官，还是能够胜任的。我个人认为人民陪审员存在的问题：第一个可能是人民陪审员的地位问题。虽然人民陪审员和法官的地位表面上是平等的，这也只在文字意义上。我们这些人要坚持立场，不能够法官说一就是一、说三就是三。再者，那些参加社会活动少或者刚从学校毕业的人，刚开始做人民陪审员难免会有要么纯粹按法、要么偏向于情的现象，我认为我们人民陪审员要找到法与情的最佳结合点。我们现在推行的这个人民陪审员制度，我认为它有这么几个方面的好处：第一，有利于找到情与法的结合点。因为人民陪审员不是专门的法官，他是社会上各个部门各个阶层的人，他对社会的脉搏感受比较敏感、对社会的感受比较敏感。第二，有利于当事人认可判决。根据我的工作经验，因为不是法官，各个部门选出的人民陪审员就代表了各个阶层的利益，对于同一阶层的利益，我们人民陪审员可能更熟悉更容易使当事人认可判决。第三，有利于制约法官。因为人民陪审员不涉及利益，我们来自各个单位，会减少很多利益方面挂钩的事情，减少利益挂钩能够便于这些案子得到公正的调解、判决。这是三个"有利于"。但是，今后这个事情要怎么去搞，初步想法，首先就是如何提高这些人民陪审员的能力和素质；其次就是完善管理体制。人民陪审员既有单位的员工，又有老百姓、又有老板，这种体制的管理又是个问题，现在我自己也无法回答这个问题。我就讲到这。

谢主任（司法局）：关于人民陪审员制度在我们县起到的作用。我觉得首先现在审判人员比较少，人民陪审员可以弥补审判员的不足，这是第一个优势。其次人民陪审员跟人民接触比较多，在办案过程中更容易沟通，而且人民陪审员来自各个行业，每个行业的特点都熟悉，不像审判员只在法律方面比较专业，对具体行业的某些方面的情况并不清楚，通过人民陪审员可以弥补工作的不足，这是第二个优势。

但是，人民陪审员制度还是有些不足的地方。首先，我觉得在命名方面，"人民陪审员"可能会对人民陪审员的地位有所影响，"陪"审这一名称反映了人民陪审员的地位是次要的作用，是陪衬的作用。其次，人民陪审员在参与的时候没有统一着装，这在工作中也体现出地位的差异。审判员是有制服的，而人民陪审员只是穿普通老百姓的服装，对他们没有一个统一的标准，这是其中一方面的不足。此外，在人民陪审员参加陪审工作的时候，有些管理方面存在不足。刚刚他们已经说了，很多人民陪审员都需要进行培训，他们的法律知识有所差异，那怎么去改变这种差异呢？我认为，将来对人民陪审员这一块要进行一个大的方面的分工，虽然说他们能够固定在某一个庭室，但是考虑到某些人民陪审员着重在行政审判，有些着重在刑事审判，还有些着重在民事审判，所以在这些大的方面还是要进行一下分工，这是工作方面。还有在地域方面，人民陪审员来自的地域方面也是要考虑的因素，即地域的范围。比如下面的基层法院分布了很多庭室，为了方便工作还是要考虑在设置基层法庭的有关乡镇任命部分人民陪审员，这样会更加利于人民陪审员的工作。

蔡律师：我是律师事务所主任，从事律师工作已有十多年了。对于人民陪审员制度，我们从开始到现在，看到了其进步的过程。从这几年来看，由于人民法院的审判人员不足，很多案子都没能及时审理，所以人民陪审员能够及时地弥补法院审判员短缺这个问题，使这些案件得到及时审理。事实上，从这几年我们接的案子情况来看，人民陪审员起到了几个比较明显的作用。以前当事人与法官是一种对立的关系，而近几年人民陪审员参加陪审以后，这种关系得到了很大的缓和，因为当事人认为人民陪审员不是人民法院的法官，却能够提供一些参考意见，所以缓和了法官跟当事人之间的关系，这是第一。第二，人民陪审员参加审判有利于案件公平公正的审理。以往审判员比较少，很多案子都是独任审判，而在确定人民陪审员制度后，很多案子都是通过合议庭的方式解决，通过合议庭的方式审理案件，对案件公平公正的审理有了很大的促进作用。第三，让人民陪审员参加法庭的审理，弥补了法官在认识上的一些缺陷。因为，法官看案子一般是从法理上去理解，而人民陪审员是以他的实践经验和社会阅历去理解，这样有利于法官对案件事实作出正确的判断。事实上，我认为人民陪审员并不需要有法官那样的法律素养，因为人民陪审员本身来自各个地方，如果把他们都培养成法官的话，这个成本也太大了。人民陪审员要敢于参加陪审、敢于说出自己的观点，这才是最重要的，因为人民陪审员主要是根据自己的社会经验和自己对这个事情的判断能力去影响案件的审理。我认为，人民陪审员只要做到怀有一颗公平的心去参加陪审，就能够起到人民陪审员的作用了。

杜律师：第一，案件陪审的次数还是很多的，凡是合议庭审理的案件基本上都有陪审员参加。第二，我个人觉得这些人民陪审员的品行都很好，我作为律师对他们表示认可，我相信案件的当事人也和我的感觉一样。前面几天，我跟这些同志交流的时候我也说了，人民陪审员只要有高中以上文化就行了，学历、专业知识不是关键，关键是人民陪审员的品德好，而且他的观点能够代表普遍的群众的一般观点，使案件的审理能够达到情与法相融合。我就谈这两个方面。

霍主任（人大内司委）：借着这个机会跟大家一起探讨一下人民陪审员制度的运行情况。人民陪审员制度实施以来，重在"陪"，往往错失了"审"字，重陪轻审，这也是我们的现状。我今天发言的题目是"要从发展的角度来看人民陪审员——应该变陪为审"，我的重点就是四个字"变陪为审"。怎样才能实现变陪为审，第一，要充分地认识人民陪审员的作用。对于陪审员的作用，第一个就是审判作用，第二个就是审判过程中的调解作用。据我了解，我们人民法院的民商事案件的调解率已经到了60%～70%，甚至有的到了80%，调解结案率在逐年的上升，这是个好现象。第三个是在调解过程中与双方当事人的沟通作用。就是双方当事人对我们人民陪审员有种信任感、有种亲和感。第四个就是在案件审理过程中的监督作用。这个监督作用还是很重要的。有些当事人他对主审法官是有异议的，刚刚我们律师说的二者间的对立情绪比较重，这个作用也是在这里淋漓尽致地发挥。第五个是有利于案件的执行，达到案结事了的作用，这是最重要的。如果光是一纸判决，那么就变成了法律白条。这是我要说的第一个，要充分地认识陪审员的作用。认识了这些作用以后，那么我下面要说的就是发挥人民陪审员的这些作用。不能把人民陪审员的作用当成是弥补法院审判力量的不足，应提高对人民陪审员作用的认识。第二，要高度重视人民陪审员的培养。人民陪审员的产生是经过符合条件自愿报名，再经过人大和法院共同考察、参加法律知识考试、人大常委会投票选举等一系列程序，最终由人大主任颁发的任命书，这是很神圣的、很庄严的，我觉得不能把它当成摆设。

下面我提三点建议。

首先从法院角度。第一，人民法院要进一步加强对人民陪审员的培训力度。虽然经费不足，但是还是要加大培训的力度，刚刚人民陪审员的发言，我听了一下，这一块提的比较多，所以必须不断地提高人民陪审员的法律素质，磨刀不误砍柴工。每年我们县级人民法院要培训一次人民陪审员，还要选派部分到市、省培训，过去做得比较好，但是培训还是少了。第二，培训的内容、资料要齐全，如果只是听一些人民法院的法官或者基层领导的讲课，那是不行的，还要发资料，课堂授课以后还要把资料带回去温故而知新，所以这些资料要齐全。第三，刚刚我听到一个人民陪审员说了一个很好的建议，要组织参加庭审比较少的人民陪审员观摩参加陪审比较多的人民陪审员的庭审，这个很重要，有利于提高实践操作能力，对大学生来说就是实习的过程，我们要提供这个平台。刚刚说到黄人民陪审员，他一年能参审90～100件案件，他从2005年第一次任命为人民陪审员到现在已经7年了，可想而知他已经达到了六七百件的案件审理量。我们参加的少的人民陪审员一年就只两三件，这太少了，这不是我提批评意见了，真的是太少了，人民法院有必要组织他们观摩庭审。第四，培训规格要高。一要选一些庭审经验相当丰富的法官、主审法官授课；二要安排一些有庭审经验的人民法院领导授课；三院长要在培训的会上做讲话强调，甚至要邀请人大的领导到场讲话，我刚刚说得规格要高就是这个方面的规格要高。人大任命的人民陪审员人大要加强监督，所以人大的领导应该到场，了解情况。

其次，从人大角度。一方面，要进一步加大对人民陪审员的考核力度。我认为每年每一个人民陪审员至少要参与两到三个案件的审理，我刚刚看了一下人大常委会的决定，这个决定当中有两条，第一条是本人申请辞去人民陪审员的职务，这个我在内司委接到过，我们第一批任命的人民陪审员王某，他前两年去当律师了，就不符合人民陪审员的有关条件，但他写了申请，按照人大的决定应由法院院长提请人大才能免去他的资格，由于程序没有到位，我们也没有履行免去其资格的程序。第二条是无正当理由拒绝参加审判活动，影响审判活动正常进行的，应依据规定免去陪审员资格。这是有依据的。如果说某人民陪审员一年一个案件都未参审，那人民法院就要把这个情况发到人大内司委，内司委就会跟院长提建议，于是我们就到主任会上进行考察,这就涉及人大的管理;同时,法院要为人民陪审员提供陪审案件,与其提前沟通,使其提前阅卷,以便案件审理;那么人大内司委也要加强监督,即参与人民陪审员审理案件的庭审观摩。这是我们的职责,我们人大内司委在时间允许的情况下,要观摩人民陪审员庭审案件,而我们过去做得不够,但是我们人大在安排人民陪审员的时候,已经充分考虑到了,所以我们推荐内司委的副主任邓某担任人民陪审员,这样我们可以及时了解人民法院的培训情况,参审情况等各方面情况,讲土一点,我们就是在这边安了个眼睛,这就是我们人大的本身用意。而我不行,我是人大常委会委员,不符合人民陪审员的条件。我们内司委除了参与人民陪审员庭审的观摩以外,还要参与一些人民陪审员的座谈会,也就是像今天这样的会,像今天这样的调研活动,还有每一年法院组织的年终座谈。我有两个身份:第一个身份是人大内司委主任,第二个是人民法院院长聘请我担任的执法监督员。

最后,从人民陪审员角度。第一,人民陪审员接到任命书后,要积极主动地钻研法律知识,即审判的业务,我刚刚就说了培训以后发了资料,不要把那个资料丢到一边不管了,还是要多看一看,这个培训资料实际上是别人辛勤劳动之果。第二,要积极地参与庭审,这个是最重要的。就像是开车,我拿到执照,而一年的实习期都没摸过车,尽管这个执照是中华人民共和国公安部颁发的,但实习过程中没摸过车,就生疏了。有些人没有拿到执照,但总是在开车,经验丰富,反而不会出事,就是这个道理。所以,要尽可能多地参与庭审,我最开始就说了,就是陪也要多陪几次,就经验丰富、老到多了,再就是要变陪为审,不要总处于一种"陪"的状态。刚刚有人说要变客为主,我认为是对的,准确地说要变陪为审,也就是说要尽快地进入角色,不要总是在陪上,而要参与到审的过程,达到习法明理、定纷止争、案结事了的目的。在结束我的讲话之前,就用一句话概况一下我的观点,只有熟悉了法律知识,丰富了庭审经验才能真正地变陪为审。

访谈人:今天很荣幸能听到Y县不同的人民陪审员以及各个有关单位领导,还有律师界的朋友的发言。从我们各个单位,像司法局、律师界的朋友们的发言中,我们也从另一个侧面看到了我们人民陪审员制度发展的概况。我总的感受就是我们这个制度还是有希望的,只要我们认真去做,人民陪审员还是可以发挥其作用的,还是可以做很多事情的。

(七)R区人民法院人民陪审员座谈会

访谈人:今天我们会议的主要议题是请我们R区法院的人民陪审员

发表一下个人的见解和看法，着重谈谈人民陪审员的选任、管理、培训以及参审表现等方面的情况，人民陪审员的作用发挥如何以及存在的困难，需要加强哪些方面的保障等。

曹陪审员：我从 2005 年参加陪审到现在，也是深有体会。我一般是在刑事案件中参审，平常是在开庭的过程中熟悉案件、掌握案情。有时候通过法官给我们讲述案件的重点，在此基础上以我们的经历来认定案件的性质。一般来讲，通过长期接触，我们跟法官有共识，得出的结论基本符合刑法的要求。有时候我们会和法官有不同意见，例如如果觉得某个案件的判决偏轻，我们会提出自己的看法，法官则会跟我们讲案件的重点所在。特别是 2010 年实行规范化量刑以来，法官会很详细地向我们阐释，从而使我们基本上能达成一致意见。只有个别案件，由于我们和法官的看法不同，有时候会提交到庭里去、到审判委员会去。由于我长期固定在刑事庭，自己也比较用心，我认为参加人民陪审员工作有助于自己掌握法律条文，特别是未成年人犯罪和教育方面的法律知识。有时候，我们陪审员会在庭下对被告人进行法律知识方面的教育。所以做了几年，对自己还是有所提高。

刘陪审员：我首先讲些题外话，我是自愿参加人民陪审员的。原先我本身对法律知识的了解是空白。比如说财务工作人员保管钱，他想着反正是自己保管钱，这个口袋拿到那个口袋，自己拿去炒股都无所谓，单位要钱的时候马上补上去，他不认为这是挪用公款。原来我的认识和他们差不多。参加陪审以后，我对国家、干部等方面和政治腐败等问题有了更深的认识。我原来对公安的印象很差，总认为他们的工作不能让群众满意。但当我 2010 年二三月份到了 R 区人民法院参与刑事审判以后，我的观念彻底改变了。我参加陪审工作，不管是法官还是刑警队，从我们进 R 区法院的门起，对我们就是客客气气的。特别是在开庭的过程中，在调查环节，通常是法官问完之后，再询问我们左右两位陪审员有无需要补充的问题，很尊重我们，我就感觉我们陪审员的地位提高了很多。此外，在庭审过程中，法官往往会给我们解释量刑的标准。比如自首，自首不是单方面的，自首有很多情节，具体到投案主体的认定等他都解释得清清楚楚。通过参与陪审，我认识到 R 人民区法院的法官真的不简单。有一次和吴庭长一起庭审，从早上一直审到晚上七点多，中午的时候，吴庭长问我们累不累，不累就继续开庭；而吃完晚饭以后，他还先送我们回去。我们很感动，将心比心，法官对人民负责，也关心我们，我们很能体谅法官的艰辛，也钦佩他们的敬业精神。此外，还有一个故意伤害案件，法官在庭上询问我们以后,综合我们的意见,促使被告人和被害人在民事赔偿方面达成了和解,被害人当场写了谅解书,被告人也当场作出承诺,那个案件当庭就结了。最后还想特别再谈一个案件,当时那个案件被告人有三十几个人,光卷宗就有25厘米厚,案卷有四十多本,如果让我去读这个案卷,只怕我一个月也读不完。而主审法官还要精读案卷,抓住重点,真不容易。案件最终合议的时候法官还问我们有哪些不同意或者是不理解的地方,给我们答疑解惑。因此,我参加陪审之后,自己的法律意识得到了明显的增强,会随时随地提醒自己触犯法律的事不能做。我原来在法律方面是一纸空白,但现在我对法律知识、社会制度方面都深有体会,有些心得体会还有助于完善人民陪审员制度、提高人民陪审员的参审能力。从我到R区人民法院参审起到现在,我觉得这些法官真不简单,对社会的稳定和和谐起了很大的作用。我经常以法官为参照,提醒自己在社会、生活等各方面都要稳重,要学法懂法用法,从身边的事做起,尽量把矛盾平息下来。他们是我的榜样,也是我今后生活的方向。

王陪审员:我是2005年H省第一届人民陪审员,在省里参加过统一培训,在这里资历可能算老的。我在民一庭、民二庭、行政庭都担任过人民陪审员,就是没有到过刑事庭。由于在民事庭陪审的比较多(包括新来的法官,我基本上都陪审过),我感触最大的就是,法官非常的和蔼可亲,非常尊重我们这些陪审员。由于法律本身是一个非常细又非常严肃的专业学科,而我们人民陪审员只是一个很普通的公民,我最初当人民陪审员时脑子里一片空白,觉得能做好调解工作的都是高水平人才。例如能调节好夫妻闹离婚或者遗产继承纠纷的人都是高水平。我刚到法院时连那种水平都不具备,但是法官非常尊重我们,每次都问我们有什么看法。我们陪审员则站在人民的角度上看问题,向法官提出问题。有时候我担心想法太离谱,我就写出来,问法官这个可不可以讲。他认为这个可以提,就会让我提;如果他觉得这个与本案无关,反而会把这个法律关系搞得非常复杂,所以为了保障案件审理的清晰,我们人民陪审员就不能乱提问。我们人民陪审员要注意这一点。总的来说,我们的法官非常尊重我们,每一次都要问我们的看法。现在我们配合得非常好。另外,我们不一定都从法律的角度上提问,因为不可能达到那么高的水平;我们有时候可以依据生活常识常理向法官提出我们的看法,或者向当事人提出问题。最后说下合议,不是每一个案件都要合议,有的案件很简单,例如张三跟李四写了一张借条,借了钱,这个东西很明了,我们就不合议,由法官判,我们一般都与法官保持一致的意见。但只要稍微复杂一点的案件,或者案件涉及第三人的，基本上都要合议。合议中法官都会非常尊重我们。现在报酬的情况是如果上午有个庭就是 30 元，下午也有个庭就是加起来 50 元，与文件标明的单次开庭 50 元不一致。除了我们几个，其他人民陪审员这件事也说过好多次，这个问题我不再多说了。还有一点想谈谈，人民陪审员受伤了怎么办。有一次我在法院里面被摩托车撞断了腿，撞断后我就在家休息了一个月，还打了石膏，人民法院对此是否有一定的补贴？但是不管怎样，我还是很感谢 R 区法院，上上下下的领导也好，法官也好，对我们人民陪审员都很尊重。我在这里也学到了很多知识，刚开始来的时候确确实实什么东西都不懂，但现在我觉得自己能紧跟法官的思路走，慢慢自己的思路就清晰了，这对我们是很大的提高，我就讲到这里。

余陪审员：对于这个陪审工作，我非常热爱、非常积极，可以说是从未缺席过。举例来说，今年 7 月份我一个乡下的婶婶去世了，要去乡下吊唁。而第二天有陪审工作，我花了两百块钱租了个车，和我妻子回去吃了个饭就赶回来了。我不愿意增加法院的麻烦，也是对法庭的程序负责。自 2005 年参加陪审工作以来，我自己有很多的体会。首先，增强了我的法律意识，增加了我的法律知识，特别是我从民一庭到民二庭，各种案子都审过，了解了很多法官审案子的思路。没来之前，觉得法官高不可攀，并且和普通老百姓一样对法院的印象不是太好；到了法院以后，跟法官相处非常融洽。从 2005 年到现在，已经六七年了，亲身感受到法官能依法办案。其次，陪审过程中，法官尊重我们并征求我们的意见，我们的意见有时会融入案件的最终裁判中。我为什么这样说呢？一方面，很多法官庭审前会先给我们看起诉书、证据目录等，让我们对大概的案情有所了解，心里对案子的审理等有个底；另一方面，在庭审、合议的时候，法官鼓励我们大胆地提出自己的看法和意见。由于审案各个方面都公平公正，我们人民陪审员也乐意配合；而且我认为既然接了这个案子，就要对人民负责，要尽量慎重。此外，我对参与调解非常积极，因为我原来在地方上经常做调解工作，后来到街道也是从事调解工作。举例来说，去年我、钟庭长以及我那个搭档一起审理一个校园伤害案，案子并不大，但是涉及赔偿问题。被告是个学生，八九岁的小孩子不懂事，下了课在操场里追打，不小心撞伤了另外一个学生，被告要负责赔偿原告的医药费用等。把程序走完以后，我们就进行调解，双方都愿意调解。被告的爸爸把赔偿款备好了，但就是觉得气，觉得原告起诉自己，伤了自己的面子，认为对方是原告自己是被告就低人一等，于是就犟起来了，拒绝赔偿。最后我们通过做调解工作，把事情给被告的爸爸解释清楚，告诉原告和被告都是平等的，让他放下了心理包袱。后来通过做工作被告的爸爸提出了一个条件，说自己愿意赔偿但对方必须要撤诉。他为什么一定要求要撤诉呢？因为他担心这个官司会给自己年幼的儿子留下阴影。如果可以通过撤诉来调解解决，就等于没这个官司，被告就能保住面子，不需要转学了。家长都有这种想法，怕自己的儿女在学校里受影响、有阴影。之后我们合议庭人员又去做原告的工作，最终原告撤诉，被告的爸爸愿意按照协议和学校共同进行赔偿，被告没有转学，一直在原来的学校里读书。这案子对于我最大启发是什么呢？案件最终的处理要努力达到社会和谐。在学校里读书的学生天天相见，朝夕相处，家长的和解对所有的人都没有造成消极影响、没有留下阴影。案件的书记员夸我们厉害，做了撤诉。我说不是的，我觉得做这个调解工作，无论是法官还是我们陪审员，一定要带着情感去做，要有热心、耐心。这就好比做鲫鱼芋头羹肴，只能慢慢来，心急吃不了热豆腐，跟当事人把道理讲通，使双方都满意，心服口服地接受，这才是成功的调解。总之，我认为我们 R 区人民法院在这方面是做得比较好，特别是调解，基本上如果双方都愿意调解的话，民二庭的调解成功率达到了百分之九十九，这一点主要是法官和我们人民陪审员配合默契，大家都能积极按照上面的要求，促进社会和谐，把调解工作做好。我们吴庭长也在这里，他到民二庭后，我也同他审过案子，我跟吴庭长开玩笑说你原来在刑事庭开庭与民事庭有什么区别，他说有区别，刑事庭审案语言语气有不同，可以说得重一点；而民事庭不能把刑事庭的那套照搬过来，语言要和气点。他说的这些，我深有体会。

　　钟陪审员：我介绍一个案子，是我第一次参加行政审判的案子。一位当事人不服国土局的土地证发放行为，他起诉到法院请求撤销土地证。这个案件由两个法官和一个人民陪审员组成合议庭进行审理，在审理过程中，人民陪审员就从普通百姓的角度指出来，行政机关的行政行为有缺陷，给这个行政对象，也就是原告，造成了困惑和不便，尤其是这个行政机关在收到我们法院的这个起诉状副本后 10 天之内没有按照行政诉讼法的规定，向法院提供作出这次具体行政行为的相关法律依据等，也没有向法院提交延期提交这些资料的一个书面申请，这就显示出这个行政机关依法行政的意识不强，对司法程序的尊重根本不够，这个人民陪审员站在老百姓的角度提出这样一种观点。我们当庭撤销了国有土地证，撤销了这个行政机关的行政行为。判决之后，相应的行政机关很快纠正了自身的错误，促进了行政机关依法行政水平、服务质量的提高和进步。我就补充介绍这么一个案子。

张陪审员：我是2010年到R区法院参加人民陪审员工作的。谈点自己的感想。第一，我觉得我们区、市领导都非常重视我们的工作，我们一来就对我们进行了培训，各个庭长简单地跟我们讲了各个庭的情况和各个方面的工作。2010年8月份又把我们送到市中级人民法院去培训，我觉得这个培训对我们陪审员的素质以及法律观念有一个很大的提高。而且，人民法院给我们每个人民陪审员都订了一份《人民法院报》，使我们能间接地了解全国人民法院的工作情况，并学习各地人民陪审员的一些经验。有人在那里讲你去当人民陪审员不，我一想退休了坐在家里又没事，年纪大了到人民法院来听听庭审也是一种学习的方法，所以就欣然同意了。后来我回去就笑，人民陪审员不是要R区人大通过吗，我就想我退休了还要被发任命书，觉得很好玩。当然通过人大任命这个程序确确实实能加强陪审员的神圣感，让我们人民陪审员认识到人民陪审员是法律、法院赋予我们的职责，也让我们人民陪审员牢记参加陪审工作的主要职能，参与司法、见证司法、监督司法、支持法院司法工作，这四个方面我们要把握好。陪审员毕竟不是法官，但有人讲我们是"编外法官"，不知对不对？我们必须把握好这四个方面的主要职能，不要越权，但是又要积极地参与，我觉得这是我们人民陪审员要做的。我们R区法院行政庭新上任的法官、庭长的学历都很高，都是研究生毕业，素质高，年富力强。为什么要加强行政庭的力量呢？原来党政机关基本上都在我们R区，后来随着社会的发展，很多省级单位、市级单位迁出去了，再加上"民告官"的意识增强了，所以相应的行政案件逐年增多，工作量还蛮大。行政庭的几个法官年轻有为，对我们非常尊重。每次在庭审的过程中，先听完原告和被告方的意见之后，都问我们还有没有什么要提问的。原来我也是做行政工作的，所以对行政工作比较了解，比如有时原告对领导小组认知不清晰，总觉得领导小组只是个小组，其实领导小组高于各个部门，是综合的部门，所以我就跟他们进行解释。我们基本上都是在听了双方的辩论之后，以我们的视角作出一个判断。在合议的时候，法官也还是首先征求我们的意见，问我们有什么看法，我们也很直白地把我们的直觉思维讲出来，看他们怎么样评，然后一起评议。一起评议的时候也有分歧，观点不一致，但会遵循一条原则，就是不偏离法律，按照这个思路来进行合议，最后取得一致意见。我们当人民陪审员，不仅做好陪审员，还要做好联络员、调解员，做好宣传工作。我们一方面要尽量维护法律的尊严，另一方面要跟原、被告双方加强交流，了解他们的一些想法。现在涉及拆迁的事情最多，矛盾非常突出。讲实在的，现在政府的许多行政命令的确缺乏法律依据，有好多事情讲不过去的。但我们必须要维护，想方设法跟拆迁户做工作，跟他们讲以大局为重。对我们而言，我们是来学习的，我们愿意做好人民陪审员的工作，在庭审中可以了解社会上方方面面的知识和各类房产、土地、政府的行政法规等。我提两个建议：一是法院里面引进一个激励机制。根据人民陪审员参审案件的多少、处理事情的多少进行奖励。二是补助标准问题。我们机关公务员的退休工资比企事业单位的要高得多，我们在C市参加培训时，和其他各个区县的人民陪审员交流沟通中了解到，各个区县的补助标准都比我们R区高，当然就会有想法，有想法也正常，不是为钱，但是对于陪审员付出的劳动要给予必要的肯定，希望法院领导能够考虑这个实际情况，尤其像距离远的人民陪审员，可以适当提高交通费用补贴。总之，我们人民陪审员能够尽量地、尽职尽责地把陪审工作搞好，有什么不好的地方也希望各个庭的领导以及法官能够跟我们交流，能够给我们指出来，我们也虚心接受，这是个学习的过程，不存在矛盾，我们共同努力才能把R区法院的工作搞好。

王陪审员：我觉得每个庭有每个庭的特点，我们人民陪审员的水平也是参差不齐。虽然法院把我们人民陪审员同法官一样看待，看得相当重，让我们参加你们的团聚会、总结会之类的，但是我觉得应该允许我们参与各自庭室的半年或一年的工作总结会议，就像培训一样的，这样对我们人民陪审员的提高很大。同时也给予我们人民陪审员一个年中或年终的交流会，总结下各自的经验。人民陪审员在一起探讨下、总结下，也是个促进和谐和提高水平的机会。

余陪审员：我是2010年参加陪审工作的，我觉得此生能够成为人民陪审员是一件很荣幸的事情。第一，在那个神圣的位置上，我们虽然不是法官，却可以参加审判工作。第二，参加陪审改变了我以往对法院的偏见。之前大家都经常讲"法官帽子两边翘，吃了原告吃被告"，讲法官是怎么样腐败；而当我到法院以后，法官并不是人们所讲的那样。我现在常常和身边的人解释法院不是大家想象的那样子，法官不可能无原则地给当事人干什么事情。他们就会问我你是怎么知道的呢？我就会说因为我是人民陪审员，和法官一起审过很多案子，不是你们所讲的那样。参审改变了我对法院、对法官的一些看法。第三，和法官一起，我学到了很多知识。我一直是和钟法官一起审案，钟法官是院里的标兵，跟标兵一起肯定是能够学到很多好的东西。我刚来的时候一点都不懂，一年参加过几次庭审以后，现在学到了很多的业务知识，现在思路看法都能够跟着法官走。还记得我第一次参审，那天我觉得好荣幸、好高兴。庭审之后我告诉别人我的参审经历，并且告诉别人人民陪审员是真正参与到审判中的，并不是徒有虚名的。他们问，你们讲话有用没用呢，我就回答那当然有用，不是没有用的。他们又问，那你是哪边的，站在哪边的？我说我们是讲事实、讲理由、讲道理的，要体现的就是公平、公正、公开，这也是我们参加审理的目的。我觉得人民陪审员最大的作用应该是宣传，其次就是协调。在协调过程中，我觉得案情很明显的案子，人民陪审员可参加可不参加，我认为有调解可能的案子人民陪审员必须参加，我觉得那样比只有法官要好些。因为陪审员没有那么严肃，可以站在双方当事人的角度上，来看待这个事情。所以在调解方面我觉得陪审员可以多起一点作用。我觉得我们人民陪审员本身的素质有待不断提交，特别是我，确实不太懂法律知识。但是我觉得，人民陪审员不管什么时候，不管在什么地方，都应该是一个办事比较公正、公平的人，学会客观公正地看待事物。我原来是个性子比较急躁的人，爱插嘴打断别人的谈话；在人民法院学习了一段时间，我觉得我能够比较平静地听别人讲话，法官讲的时候我们必须听，被告讲、原告讲的时候，我们也都必须听。我觉得参审对我自己的文化素质和修养都有很大的提高。

蔡陪审员：我谈一下我的体会。第一，我认为人民陪审员在调解中能起到很好的作用。由于我们老百姓都在一个圈子里面，所以老百姓都相信我们人民陪审员。老百姓常说"法官吃了原告吃被告"，我们声明我们的法官并不是"吃了原告吃被告"，以前的观点是错误的。现在的法官真是全心全意地办每一件案子，公平公正地办每个案子。我是2007年参加的陪审，直到2011年，调解过程中我也总结了几点体会：调解是安定团结的需要，是经济建设的需要，是稳定的需要，是公平公正的需要，是化解矛盾的需要，也是事了案结的需要。我们的庭训是公正、高效、廉洁、文明。作为我们的法官和人民陪审员也是往一处讲的。我认为作为我们人民陪审员，认真听原告讲，也认真听被告讲，以眼神与原、被告交流，也能用眼神让原、被告相信我们，这是肢体语言。和大家分享一个买房的案件：我们的审判长、主审法官是钟庭长，人民陪审员是余人民陪审员和我。当事人一个是长沙某置业有限公司，是出卖人，买方是李某，李某于2007年3月份把房子买了，同时一次性支付了468 988元，加上税就变成495 822元。房子买了四年还没拿到房子，在买房子的合同上有约定，如果没交房，违约金按规定计算是65 850元。李某要求被告赔偿违约金并及时交房；被告表示同意，但要减少两万块钱，扣除物业费，原、被告分歧较大。主审法官很有经验。法官说考虑到公司未能按期交房主要原因是有关部门批准的规划发生了变更，有一定的客观因素。这个案件确实是违约，但不是故意违约。我们开庭之后讨论了一下，主审法官就讲各退一步，海阔天空，他讲了很多，真的是全心全意地办好每个案子。主审法官钟法官当时就和被告律师讲，一次性付四万违约金给原告，同时办好房产证并交房。对此，原告愿意让步，但在违约金上不肯让步。此时，主审法官就休庭几分钟找我们商量，问我们怎么办，他说一定把这个案子办好。就找了我和余人民陪审员商量，说你们人民陪审员在老百姓这个圈子比较熟悉一点，你们多多帮助。法官讲的四万块钱，从调解方面来看，我认为既合情又合理。我认为，某置业公司只肯给两万元，再加两万元就是四万元，李某讲的是六万元，那也只少两万元，法官的专业性真是很强，我和余陪审员认为这个事有一定希望。我们从生活的角度来讲这个问题，来做工作，我就讲两害相权取其轻，互利互让做到最大的双赢。从法官的角度讲，也想做到双赢。我们的法官讲了，第一是把四万块钱给你，房子也过户。我就跟李某讲，你既可以拿到四万块钱违约金，又能拿到房子，这多好呢。而且我把我的经验告诉她，我比她早一年买房，人家说五年时间我已经赚了十万块钱了，我仔细算算还真是，我把房子每月1 700元租给别人，一个季度就是5 200多元，一年大概是两万元多，那五年就是10万元。我把这个经验讲给原告听，我说你现在马上拿了房子，得了四万元，好像比起那六万五千元少了两万五千元；可是一年租金就是两万元，如果继续拖着不交房子给你，已经拖了四年没拿到房子，再拖吃亏的是自己啊。经过协调，原告同意了，他的房子也拿到了，四万块钱违约金也到位了。我认为调解是一门学问，没有宽容，没有体谅，没有理性，没有全面的权衡，就不会有真正的纠纷的解决，要权衡利弊。作为人民陪审员，在促成当事人达成和解方面能起到一定的作用。法官做到了案结事了，我们作为人民陪审员，也在陪审中学到了法律知识。我们非常感谢人民法院领导，也感谢主审法官，也感谢中级人民法院。我们去培训了两次，一年一次；我去了两次，确实学了很多知识。

王陪审员：如果在庭审的过程中，遇到了专业的问题，合议的时候，法官会提出来，慢慢地向我们阐释清楚。正如我刚才讲的，人民陪审员不专业，有工人、有干部，有各种不同的层次。人民法院为我们订了报纸，此外我们通过看电视、上网等多种方式获取这些知识。

张陪审员：主要是我们参与了陪审工作，希望自己主动关心这些内容。如果我们没成为人民陪审员的话，也会关心，但是不会这样关心，虽然我们行政庭不牵扯到刑事庭或者是民事庭，但是我们仍然希望自己能够了解这些知识，自己会自觉去学习。

罗陪审员：我们现在作为人民陪审员就必须完全了解这种动态，就像法官刚才讲的，最高人民法院《关于适用婚姻法若干问题的解释》我们都随身携带着。我们自己必须努力学习知识，所以有了新的动态，我就马上掌握。

高陪审员：陪审员也有自己的位置，不可能在法官之上。要是我和法官各持己见，那怎么能统一呢？所以说我们人民陪审员有人民陪审员的位置，审判长有审判长的位置。

访谈人：感谢各位尊敬的人民陪审员，希望我们在今后的工作中，为共同推动我们的法治建设贡献力量。

二、个体访谈

（一）对 L 市人民法院高人民陪审员的访谈

【"我们作为人民陪审员主要还是要熟悉法律，不熟悉法律是不可能胜任人民陪审员这个工作的。"】

访谈人：您作为人民陪审员，除了参加庭审外，是不是还参与一些调解或执行工作？

高陪审员：陪审是我们主要的任务，不参加陪审的时候，人民法院这边有些事情需要我们参加庭外调解的，我们一样参加。去年有一次法院没有通知我过来搞陪审，我为了另外一个案件陪着原告过来，过来后刚好就碰到一个案件，当时那个副庭长看到我过来马上邀我进去调解。因为我农村工作经验比较丰富，调解比较在行，最后在我主持调解下，那个案件没有开庭（本来是打算下午开庭的）。所以说一般情况下，人民法院受理了，只要在我的辖区内，不用法院直接过来，能够调解的我就自己调解了。除了陪审以外的工作，庭外调解也是我们的主要职责。

访谈人：这种庭外调解也有法官参与吗？

高陪审员：一般人民法院受理案件后，如果不在当地开庭的话法官也不会过来。我们也是人民法院聘请的司法协助员，协助员就有这个职责去基层做调解。本来我自己也是我们村的人民调解委员会主任，还被 C 市政府授予了"十佳人民调解员"的称号，被法院执行局聘为执行监督员。我在法院有五个身份，还有就是 L 市法院队伍建设形象监督员。

访谈人：那您是以人民陪审员的身份还是以人民调解员的身份参加调

解呢？

高陪审员：要看辖区，如果是我管辖的区域内，那我就用调解员的身份，如果是跨村的话，超出我的管理范围，那就用司法协助员、人民陪审员的身份。今年四月出了一起交通事故，是我们 L 市安监局原来的局长，他开车时与郊区一个村民的摩托车相撞。这个事情是另一个村的，我不可能以这个支部书记的身份去进行调解，我受 L 市人民法院和我们乡党委书记、安监局领导的委托，以 L 市法院人民陪审员的身份出现，后来调解结果双方也都比较满意，调解书也是我写的。

访谈人：那作为人民陪审员，您在庭审之前一般都能看到案卷吗？都会提前让您阅卷吗？

高陪审员：按照人民陪审员制度的相关规定，法院必须在开庭前三天把案卷送给我们熟悉案情，如果没有把案卷送给我就让我过来陪审，我坐在上面也不知道法官在审理什么，那我作为人民陪审员怎么来维护法律的尊严？我们不可能懂所有的法律，很可能有些法律不记得了，需要把案卷拿过来后，看一下案卷，再把相关法律的书看一下，所以就要他们提前三天通知。

访谈人：庭审过程中您会对当事人或律师发问吗？

高陪审员：那是必须的，有些事情在法庭调查的时候是必须要调查的，人民陪审员也要调查。

访谈人：那在案件的合议阶段，您或法官发表意见是怎样一个顺序？

高陪审员：一般到合议阶段法官还是会首先征求我的意见，我们可以评议，对案件了解清楚以后，可以根据法律或人情、道理等发表一些意见。

访谈人：会引用一些村规民约吗？

高陪审员：是的。我们作为人民陪审员主要还是要熟悉法律，不熟悉法律是不可能胜任人民陪审员这个工作的。搞人民调解就不一定了，人民调解主要就是双方愿意就可以了。

访谈人：您每年一般参审多少个案子？

高陪审员：十到二十个的样子。因为我们有时候时间有限，人民法院这边要求我过来陪审，我那边要开个什么村民代表大会或者村上有个什么重大的活动，我就不可能参加。像现在我们村有七千多人，我不可能把全部精力投入这个（陪审）上面来，我有时间能够参审的，就过来了。我陪审可能比别的人民陪审员少一点。

访谈人：您参审的话一般都是到这个法庭，不会到别的法庭是吧？

高陪审员：不会。只是到人民法院去的，一般都是比较大的案件。

访谈人：如果要实行错案追究的话，会不会影响到您担任人民陪审员的意愿？

高陪审员：不会。我们只要参加了那个陪审，就会及时和法官进行沟通，法官宣判之前我们都会合议，合议时如果法官观点和我们的观点不一致时，我们都会据理力争。

访谈人：那如果和法官意见不一致的时候是怎么处理的呢？是你们说服法官吗？

高陪审员：是的，说服得了就说服，说服不了我们就休庭再找别的专业人士给我们作裁判。

访谈人：那有没有出现过两个人民陪审员和法官意见不一致，最后把案子报到院长那里再提交到审判委员会的情况？

高陪审员：没有。

访谈人：我就想问下您，调解员身份对您当人民陪审员做调解工作有没有帮助？

高陪审员：有一点帮助。

访谈人：有没有成功的案例，可以介绍一下吗？

高陪审员：就讲我刚刚讲的那个交通事故案例。

访谈人：那个案件没有进入诉讼程序吧？

高陪审员：没有。

访谈人：那您是以司法协助员的身份进行调解的吗？

高陪审员：不是，是以人民陪审员的身份。

访谈人：您当时介入的话是因为什么原因呢？是被邀请去吗？

高陪审员：是邀请，双方邀请。受害的一方是我们乡另外一个村的村民，我们那边每年摩托车出的交通事故就是几十起，交警大队知道我在这一块处理交通事故的调解，或者我到交警那边协助他们共同处理这些事情，或是交警大队没有处理好的话，我就把这个案件拉回来，我自己把双方当事人叫到我村上或到他家里去调解，交警大队知道我在这方面经验丰富，所以安监局老局长就要交警去调解，交警大队就要我调解。

访谈人：那交警大队知道您人民陪审员这个身份吗？

高陪审员：知道。

访谈人：我还有一个问题想了解一下，您有五个身份，村民都知道吧？

高陪审员：知道。

访谈人：如果村民们发生纠纷，他们会找您调解吗？

高陪审员：在我们本村内不存在利用这么多身份，两个身份就够了，我是支部书记、调解委员会的主任。

访谈人：那咱们老百姓知道人民陪审员是干什么的吗？

高陪审员：知道。

访谈人：他们对人民陪审员有什么看法呢？

高陪审员：对人民陪审员的看法，村民们肯定因人而异，主要还是对这个人民陪审员制度，包括我自己做人民陪审员的，不可能对这个陪审员有什么看法。

访谈人：您是自己申请做人民陪审员的还是组织推荐的？

高陪审员：组织推荐，自己也申请，还要考察，还要通过相关的考试，才能担任人民陪审员。对这个人民陪审员制度，我们村民印象还是很好，如果有人民陪审员参审，能够保证法律的公正，公正度在群众里面有一个公开化。我作为人民陪审员，对案件的审理都是全程参与，如果说没有人民陪审员制度，那就不可能使大家都知道这个案件是怎么审理的，这是第一。第二点是人民陪审员制度能充分发挥法律以外的人情理念的作用，更人性化，在这个方面，人民陪审员制度对审理案件有一定的帮助。

访谈人：请问人民陪审员的身份除了参加调解的便利以外，对你处理其他的事情有没有什么帮助呢？比如说处理一些私人的事情或是亲戚朋友的事情等。

高陪审员：这个不存在。别人求我去法院说好话，我都是说我们只能相信法律，我不可能作为人民陪审员帮你去讲什么。

访谈人：还是有人跟你提要求？

高陪审员：要求的人多，最后执行的时候也有好多人来找我，判决的时候也有人要我去说说情，我都是依法依程序办理。

访谈人：那些要求你去说情的人主要是看中你的能耐还是说因为你是法院的陪审员？

高陪审员：他主要不是看中我有这个能耐，主要还是因为我是陪审员，可能陪审员在人们心目中地位比较高，就想要我去法院融通一下得点好处。找关系的人多的是，即使我自己的弟弟在人民法院开庭我都是说我不存在给你打什么招呼的，有道理的我就支持，不符合的我就依法办事。

（二）对 T 县人民法院陆人民陪审员的访谈

【"作为人民陪审员参审，是一件非常荣幸的事。从我们工作经历讲，从事社区工作这么多年，一直是苦口婆心地做群众工作。但是作为人民陪审员，能够参与案件的审理与判决，与法官同职权，我觉得这是一种权利的体现。"】

访谈人：针对刚刚开庭的那起贩毒案件，您能不能简要地给我们介绍一下案情？

陆陪审员：今天上午审理的这个案子是一个典型的"以贩养毒"的案子，它突出了贩毒者和吸毒者反复无常的狡诈一面。就案情来看，公安部门所出示的证据都是相当扎实的，并且每一次讯问，被告都是如实陈述。但是今天在法庭上，被告的口风又再次突出了毒贩漂浮不定、反复无常的特点。共同吸食毒品的人，但凡在一起吸毒就肯定要跟上线联系，但从他们的通话记录来看，却没有这方面记录，他们都是对通话记录清除了以后，使用不同的号码联系，每次通话的记录中都没有相同的电话号码同时出现，因此被告人翻供是毫无事实依据的。同时，"以贩养毒"的危害对象是相当广的，因为我们作为基层人民陪审员和群众接触得比较多，我们知道毒贩在我们整个城区活动范围广，这导致吸毒者越来越多并且越来越年轻化，尤其以在社会上漂流的少女居多。她们吸毒以后没有经济能力，便开始走上卖淫等其他犯罪道路，于是导致犯罪的恶性循环。但是犯罪分子狡诈诡辩的一面并不影响事实的呈现和我们对案件的公正审理，不影响判决。

访谈人：您觉得这个案子在证据方面是没问题的？

陆陪审员：比较充分。

访谈人：法院是什么时候通知您来参加审议的呢？

陆陪审员：一般提前十多天通知。

访谈人：是不是案件的主审法官和您联系？

陆陪审员：不是，是政工室和我们联系。

访谈人：是发文件还是？

陆陪审员：是电话联系的。有通知，但是通知不是当时给我们的，而是我们事后拿的。法官跟我们联系上以后，就会直接把案情告诉我们，因为我们都和法官比较熟。

访谈人：那这样的话，通知以后你们还会抽时间过来看下案卷吗？

陆陪审员：一般会抽时间过来看，除非事情非常多，实在忙不过来，这种情况也存在。

访谈人：通常案件合议时，法官和人民陪审员的意见会有分歧吗？

陆陪审员：有时候在量刑这一块，我们还是有一点分歧的。

访谈人：近三年您参审了多少案子？

陆陪审员：我参审两年多一点吧，每年大概3到4起。

访谈人：平均每年参审3至4起案件会不会影响到您的本职工作呢？

陆陪审员：这个还是有影响的，因为开庭的时间确定以后就不能改了。像刚才开庭期间，就有很多电话打过来，对一些工作就会产生影响。

访谈人：人民陪审员的补助都能按时按量发放吗？

陆陪审员：补助是按时发放的，但就现在的经济水平来说补助偏低。说实在的，县城里打个的士都要5块钱，通知我们以后，看案卷就要来回各一趟，开庭还要来一次，有些案子还不是一次就能结案的。

访谈人：补助是按每个案件的开庭次数结算的吗？一个案子大概补助多少呢？

陆陪审员：是按一个案子一笔钱结算的，一个案子50元。有些案件开庭次数确实比较多的，可能就相应增加点补助。

访谈人：您感觉这个补助还是偏低了？

陆陪审员：肯定偏低了。

访谈人：在您上岗之前参加培训了吗？是在哪里培训的？培训几天？觉得效果如何？

陆陪审员：参加了培训，就在人民法院，法官给我们培训，第一次培训是三天，很充实的三天。效果还不错。

访谈人：除了参与刑事案件的审理，有参与过民事案件的审理吗？

陆陪审员：民事案件也审过。

访谈人：民、刑案件都是通过政工室来通知你们的？

陆陪审员：对，都是一样的。法院成立了一个人民陪审员管理办公室，专门管理人民陪审员的。

访谈人：民事案件中，您觉得人民陪审员在调解中发挥的作用比较大还是审判中发挥的作用比较大？

陆陪审员：人民陪审员在民事案件的调解中还是能发挥一些作用的。这里的人民陪审员来自各个阶层，都是搞基层工作的，当事人认为到法院以后由法官和人民陪审员一起做一些工作，是能够接受的。

访谈人：除了法庭上的调解，法庭外有调解吗？例如庭前调解、诉前调解。

陆陪审员：我没有参与这个，但是我们社区有几位人民陪审员参与过。

访谈人：您当了将近三年的人民陪审员，跟法官的关系也比较熟了。有没有当事人知道您在这里做人民陪审员，想通过您找法官说情？

陆陪审员：没有，包括我们这里的律师，也没有这种情况。

访谈人：那有没有社区的老百姓向您咨询法律问题的？

陆陪审员：这个不好严格区分。因为我本身就是人大代表，也是社区书记，有人来咨询法律问题也很正常。但那种专门冲着陪审员身份来咨询的情况是没有的。

访谈人：您在选任的时候是自己申请的，还是法院"邀请"您来的？

陆陪审员：就是法院在网上发布通知，要求社区推荐，我当时是被社区开会推荐过来的。

访谈人：推荐有没有名额限制？

陆陪审员：是有名额限制的，我们这里 16 个社区，也只有 5 个名额。

访谈人：有普通老百姓主动提出申请的吗？

陆陪审员：我们那里没有。

访谈人：他们为什么不申请呢？是没看到通知还是不愿意？

陆陪审员：首先是学历要求大专以上，我们这里多数民众可能达不到这个要求；其次是这个工作他们不是很清楚，对于他们来说这是一个新事物，因此积极性不是太高。

访谈人：您当了两三年的人民陪审员了，您是把这个看成一种公民权利，还是自身的一种义务呢？

陆陪审员：作为人民陪审员参审，是一件非常荣幸的事。从我们工作经历讲，从事社区工作这么多年，一直是苦口婆心地做群众工作。但是作为人民陪审员，能够参与案件的审理与判决，与法官同职权，我觉得这是一种权利的体现。从另一方面来讲，我认为这也是一种义务，人民陪审员制度尽管是个新事物，但是从外国的观念来讲也好，从一些其他的方面来讲也好，如果通过陪审员的工作能真正做到让人民当家作主，能够履行自己的权利与义务，对我们也是一种鞭策。

（三）对 T 县人民法院黄人民陪审员的访谈

【"人民陪审员是弥补有些法律上的漏洞的，涉及情理和法的关系的，有些东西合法不合理或合理不合法，人民陪审员可以提出一些实践方面的经验。"】

访谈人：您是哪一届的人民陪审员？是自己申请还是组织推荐的？

黄陪审员：第一届，2009年选上的，是镇人民政府推荐的。以前是我们政府的一个领导担任人民陪审员，他工作调动以后，我们这边就缺少一个人民陪审员，于是推荐了我，我们县人大的领导来考察了几次。

访谈人：考察的形式是什么？

黄陪审员：座谈，通过座谈问我一些个人情况以及对当人民陪审员有什么想法等。

访谈人：考察完后有没有培训？

黄陪审员：有的。

访谈人：一般培训多久？

黄陪审员：两天。

访谈人：培训的人是法官还是专门请的老师？

黄陪审员：有法官，有老师，也有领导。

访谈人：这些领导主要是哪里的？

黄陪审员：比如人大的副主任、人民法院院长等，我们培训是到县里，规格挺高的。还有科局级的领导，都有当人民陪审员的。

访谈人：您一年参与几件案子？

黄陪审员：有十来件。因为我在漆河镇工作，有一部分人民陪审员在偏远地方，来这里不太方便，所以我来的比较多，一接到电话就可以过来。

访谈人：一般谁打电话通知呢？

黄陪审员：法庭的法官。

访谈人：政工室不通知你们吗？

黄人民陪审员：不是他们通知。

访谈人：通知的形式是什么？

黄陪审员：比较简单，就是开庭前一天打电话给我们，说有个案子要请你做陪审员，看我们有没有时间，有时间就过去。我个人认为，目前的人民陪审制度只是一种形式而已。

访谈人：哪些地方让您觉得是一种形式？

黄陪审员：庭审过程中我们一般都是在旁听，很少提问，听完后签个名就可以了。

访谈人：为什么您来就是旁听一下而不发表自己的独立见解？

黄陪审员：我没发表意见主要是因为自己对法律知识不太理解，当时人民政府推荐我当人民陪审员时我的初衷就是想多学习法律知识，但在审案方面还没入门。我个人觉得法官判案肯定是依法的，不会偏袒原、被告哪一方，所以发表意见的情况很少。

访谈人：除了抱着一个学习的态度外，您觉得担任人民陪审员还应该发挥什么样的作用？

黄陪审员：人民陪审员是可以弥补有些法律上的漏洞的，尤其在涉及情理和法的关系问题上，有些东西合法不合理或合理不合法，人民陪审员可以提出一些实践方面的经验。

访谈人：您认为情理能否应用到案件审理当中并且发挥作用？

黄陪审员：应该是有作用的，但我没使用过。我参加的主要是离婚案子，现在基层法庭一般是照本宣科，按法律条框来办案，不会太讲情理。

访谈人：在陪审过程中，法官会问您是否有意见吗？

黄陪审员：离婚案件一听就知道夫妻双方谁对谁错，案情比较简单明了，法官就直接判了，我们没什么可说的。

访谈人：如果单独由您处理，说不定也能拿出一个处理意见出来。

黄陪审员：应该跟法官判的差不多，八九不离十。

访谈人：人民陪审员这个身份给您带来什么好处没有？您怎么看待？

黄陪审员：是个好事。不是每个人都可以当人民陪审员的，这是一种荣誉，虽然不能解决我经济待遇上的问题，但还是有种自豪感。

访谈人：人民法院通知您来参加后，您会不会提前到人民法院了解案情或者阅卷？

黄陪审员：基本不会提前了解或阅卷，只是开庭当天不会迟到。

访谈人：庭前调解和庭后执行您会参与吗？

黄陪审员：不参与，就是参加开庭。

访谈人：有没有当事人为了赢官司找您跟法官打招呼？

黄陪审员：从来没有。

访谈人：每个案子是怎么给补助的？

黄陪审员：一个案子50元，一般一个案件开一次庭。

访谈人：您觉得50元值吗？

黄陪审员：不在乎这个。

访谈人：如果任期满了，单位又不继续推荐，您自己会不会主动申请？

黄陪审员：不会，推荐就去做。

访谈人：为什么不愿意？

黄陪审员：单位推荐我是认为我在某些方面有优势，看中了我某些能力。如果不推荐，我不会做，因为我本身工作也比较忙。

（四）对 T 县人民法院娄人民陪审员的访谈

【"陪审员不仅仅是一个监督者，还是一个调解者，并且大多数情况下，调解还是主要工作。"】

访谈人：您是今年七月份当选的吧？

娄陪审员：是的，我现还在参加培训，是在学习、实习的阶段。

访谈人：是由法官来培训吗？

娄陪审员：都是由法官来培训，发了两本很厚的教材，有些专业的法律知识我们也不懂，而且太难学了。

访谈人：那两本教材您都熟悉了吗？

娄陪审员：那还是记不完的。人民法院这边告诉我们，在陪审之前，一般是七天以前，要把这个案件以及相关法律条文熟悉一下，才能参加陪审。

访谈人：您觉得哪种培训方式最适合？法官讲课、自己看书或者是观摩庭审？

娄陪审员：观摩庭审和看书是最重要的，主要是看书里面的案例和陪审的相关内容，培训期间讲课讲不了多少内容。

访谈人：选任时是谁来考察的？考察些什么事项呢？

娄陪审员：由县人民法院等一些机关。考察我的个人情况、表现、能力，还有在单位进行问卷调查。法院也要问我自己的态度。

访谈人：您去观摩过庭审吗？

娄陪审员：观摩过。

访谈人：有没有告诉你们要提前去阅卷？

娄陪审员：对，要提前翻阅的。

访谈人：您在乎陪审补助的多少吗？

娄陪审员：不关心补助这个事情。我们是组织推荐的，代表当地的人民，所以钱多少无所谓，我本身是有工作的。这个工作主要不是为了钱而是一种义务、一种社会性工作，如果想在这方面捞收入肯定是不可能的。现在的情况是我们审一个案子补助 50 元，不一定一次开庭就可以结案，一个案子开两三次庭都是有可能的。有时候来回的车费远不止这一点补助，所以不能从钱的角度来讲。人民陪审员一般是有单位的，都还是把事看得比钱重。

访谈人：您觉得作为一个老百姓，要来参与法院的审判工作，这是在行使权利,还是在履行义务呢?

娄陪审员:应该是行使自己的权利,因为生活中有些问题不能私下解决,就必须走法律程序来维护自己的权益,而人民陪审员是中立的,既不代表官方,也不完全代表民众,可以多给当事人做一些思想方面的工作。

访谈人:如果不是组织推荐的话,您自己会主动申请当人民陪审员吗?

娄陪审员:不一定。

访谈人:根据您的了解,别人会自己主动申请吗?

娄陪审员:这个我不是很了解,如果从小就喜欢学法律的话可能会主动申请。当陪审员也会增加很多额外的工作量,并且做得好就好,做得不好反而会产生很多负面影响。

访谈人:您身边的朋友知道您当了人民陪审员以后,有些什么样的观点和看法呢?

娄陪审员:他们都不是很了解陪审方面的东西,有的甚至都不知道人民陪审员是干什么的,甚至就认为人民陪审员只是起监督作用,我当时也这么觉得,认为陪审是旁观的。培训以后才知道,陪审员不仅仅是一个监督者,还是一个调解者,并且大多数情况下,调解还是主要工作。

访谈人:您是在什么单位呢?

娄陪审员:学校,我是一名教师。

访谈人:您觉得您最擅长、最愿意办的案件是哪类?

娄陪审员:我最愿意办的还是青少年犯罪类案件。因为有些青少年对法律存在盲区,违法以后并不知道自己是违法的,不仅学生自己不清楚,甚至有些家长也觉得不是什么很严重的事情。那些财产纠纷案件在我看来难度还是比较大的。

访谈人:万一碰到一些您不太熟悉领域的案件呢?

娄陪审员:会提前通知我们审的是什么类型的案件,如果案件涉及的领域不熟悉的话可以申请不参与陪审,安排人民陪审员还是比较灵活的。

访谈人:作为人民陪审员,您今后打算怎样开展这个工作?对未来的工作有什么想法、预期或是计划?

娄陪审员:虽然观摩过庭审,但也没正式陪审过案件,我还在培训学习阶段。但我觉得当好一个人民陪审员也不容易,这其中涉及很多法律专业知识和对法律程序的掌握,而且是五年一届,不是说选上以后就能做好陪审员了,人民陪审员成长的周期还是比较长的。还有就是处理问题要有经验,现在庭审主要是做双方的工作,以调解为主,这就需要你有良好的人际关系和处理问题的能力,这种能力也不是一朝一夕能够形成的。

访谈人:如果您的本职工作和人民陪审员工作产生冲突,您会怎么处理?

娄陪审员:在当人民陪审员之前,人民法院会和我们单位进行沟通,如果是通知我陪审的话,以法律工作为重点。但单位的事情必须要我去做的时候,也可以申请不来参审,毕竟还有其他的人民陪审员。

访谈人:假设在合议的时候您跟法官的意见有冲突,您坚决不同意法官的意见,在这种情况下,您会怎么处理?

娄陪审员:那还是服从法官。有分歧的话,法官肯定有他的道理。法官是把法律条文作为判断依据,不会有问题。

访谈人:如果法官也存在徇私枉法的情况呢?

娄陪审员:意见分歧和法官职业道德是两个概念了。如果法官真的徇私枉法,我会当场离开或者跟领导汇报。

访谈人:非常感谢您接受我们访谈!

第三篇　律师访谈篇

（一）对 X 县某法律服务所郭主任的访谈

【"人民法院的审判资源十分有限，从这个角度来说人民陪审员可以节约审判资源；对法院的事实认定、审判程序、判定结果，人民陪审员都清清楚楚，人民陪审员的设立也是对法院工作的一个监督。"】

访谈人：您觉得人民陪审员的作用在哪？

郭主任：人民陪审员作为合议庭成员之一，他和法官的权力是一样的，对证据的认定，他要保留自己的意见，在这当中，他有权对双方当事人进行询问。关键是，人民陪审员一般不问双方当事人的情况，合议时他们怎么发表自己的看法呢？所以应该加强对人民陪审员的培训，丰富其专业知识。

访谈人：人民陪审员不发表意见的原因是什么？

郭主任：原因有两方面，一是他们法律专业知识的缺陷；二是这个事与自己无关，搞不好还得罪人！他认为审案是人民法院的事，不关他们的事，虽然这是不负责任的想法，但这个确实也难免。

访谈人：法院会不会有选择性地安排人民陪审员？

郭主任：会。根据案件的大小，案件的复杂程度，选择这方面专业知识稍微懂一点的陪审员。

访谈人：案件开庭以后人民陪审员会不会更换？

郭主任：那不会的，合议庭成员一般是不会更换的。

访谈人：有人建议采用人民陪审员错案追究责任制，如果一件案子审理结束以后，出现了错误，在追究时，人民陪审员也要承担和法官同样的责任，您觉得这样设置是不是合理的？

郭主任：这个体制不行，你不好对人民陪审员追究责任。因为人民陪审员的工作特别不同，有些人只陪不审。从领导角度出发的话，他认为人民陪审员制度是民主监督，使我们的司法公正得到持续。但实际上，人民陪审员制度形同虚设。

访谈人：我们在前几站调研也发现人民陪审员"陪而不审"的情况比较普遍。

郭主任：有的陪审员他认为他五十多岁了，六十多岁了，也干不了什么活。实际上有些人民陪审员是可以的。像S地区的一个当地干部，是个老支部书记，又是原人大代表、县人大常委会委员，他做了大量的调解工作，庭审前庭审后都是的。他是主持公道的。相对来说，他经验多一点。

访谈人：您是不是觉得人民陪审员主要优势是在调解方面？

郭主任：那也不是。他这样子，就是为了人民。只是他责任感强一点，基本觉悟、素质高一点。在他心中，这个就是公正的，就是法院采纳的。更重要的是人民陪审员的素质问题，像我今年代理的一个案子中的一个人民陪审员，他是政协委员，是灵龙超市的老总唐某。他发问时能提些关键问题，审判长审判员没有考虑到的，他考虑到了。他一发问，我感到惊讶，法官都没考虑的，你怎么都考虑进去了！这对于协助庭审起到一定作用。

访谈人：像唐老板这样的陪审员，多不多？

郭主任：比较少一点。这是人民陪审员的素质问题。

访谈人：您觉得怎样来提高素质呢？

郭主任：要进行专业的、常规的培训。

访谈人：是不是懂一点法律常识就行了？

郭主任：对！比如说起诉状、当事人基本情况、案由，这都是基本的常识。比如说诉讼法、物权法、合同法、民法通则等这些基本的东西应当要学一点。

访谈人：您觉得人民陪审员在审判过程中应当发挥哪些作用？

郭主任：人民法院的审判资源十分有限，从这个角度来说人民陪审员可以节约审判资源；对法院的事实认定、审判程序、判定结果，人民陪审员都清清楚楚，人民陪审员的设立也是对法院工作的一个监督。他应该发挥两个作用。第一，监督人民法院在合议期间是不是公正的；第二，案件事实是不是查明了，判决是不是公道的。

访谈人：您觉得人民陪审员的作用到底多大？

郭主任：从政治上讲作用很大，但是在具体的案件中和业务的处理上作用是不大的。

访谈人：您认为人民陪审员如何才能发挥更大作用？

郭主任：法官懂基本的法律知识，但人民陪审员不一定懂。所以说人民陪审员还是要进行一定的培训，要具备基本的法律知识。当然有的人民陪审员也懂一些基本法律，但在陪审案件中应该发挥的作用没有发挥出来，这是他们自身的问题。

访谈人：通过人民陪审员向法官求情的情形有没有？

郭主任：这个不排除，包括法官也不能排除，因为现实社会中，人之常情的事是有的。

（二）对 X 县某律所柳主任的访谈

【"（人大代表、政协委员）都是社会上有一定的声誉，能够团结一部分人，群众基础比较好的。像这些人（作为人民陪审员）参与到案件审理中，就能够起到一个桥梁的作用，而且作为民意代表，能够了解到审判当中的一些矛盾、特点和社会现象，有利于在群众当中去普及法律知识。"】

访谈人：您作为律师，请问您知道参与您承办案件审理的人民陪审员是怎么选定的？

柳主任：人民陪审员都是由人民法院指定的。人民陪审员的选定不像仲裁员，由当事人一人选定一个仲裁员，然后由仲裁委指定一个首席仲裁员。

访谈人：当事人和律师大概什么时候会知道有人民陪审员参审？

柳主任：两种情况，第一种情况是立案的时候，作为被告方，收到这个开庭传票，告知你合议庭组成人员。第二种情况，就是简易程序转为普通程序，这个要到开庭时临时告知你合议庭组成人员。

访谈人：据您观察，人民陪审员在庭审中主要起到什么作用？

柳主任：人民陪审员主要起三个方面的作用。第一，人民陪审员都是推选的一些人大代表、政协委员，那么这两种人都是社会上有一定的声誉，能够团结一部分人，群众基础比较好的。像这些人参与到案件审理中，就能够起到一个桥梁的作用，而且作为民意代表，能够了解到审判当中的一些矛盾、特点和社会现象，有利于在群众当中去普及法律知识。第二，有利于人民陪审员树立起法律意识、法制观念，因为很多人大代表都是处于基层，法律意识、法律观念比较淡薄，其在司法审判实践当中接触法律，能潜移默化地强化法制观念、法律意识。第三，这些人大代表和政协委员担任人民陪审员以后，还能起到监督审判员的作用，并且节约了司法资源，特别是基层法院，案多人少，所以我认为当前我们司法体制下的人民陪审员制度比较符合当前的国情。

访谈人：在具体的案件当中，您对陪审员的表现评价如何？

柳主任：作为律师来讲，我一般是代理当事人参加诉讼，在诉讼过程中发现有些认真一点的人民陪审员，有听不明白的地方还会问当事人，不认真的，问都不问。庭审过程后，其是否参与了合议庭的合议我们就不知道了，因为合议庭的笔录我们作为代理人是不能看的，他是否发表自己的看法，对法律的理解、对事实的认识正确与否、公平与否，我们不得而知。

访谈人：人民陪审员在合议庭中有独立的表决票，您会不会想办法去做陪审员工作，拉陪审员这一票？

柳主任：司法实践中当事人表达自己的意愿、阐明自己的诉讼主张都是找案件的审判员，找人民陪审员的几乎没有。

访谈人：我们在前一站遇到了这样一个问题，在庭审的时候，人民陪审员就问被告有没有被刑讯逼供或者说你有没有要翻供，人民陪审员担心被告人受到刑讯逼供，不知道您有没有遇到这种情况？

柳主任：没有。

访谈人：人民陪审员中人大代表的比例非常高吗？

柳主任：二十多个人民陪审员基本上都是人大代表、政协委员。

访谈人：人民陪审员参与审判到底有没有作用呢？

柳主任：客观讲，人民陪审员在案件审判当中对案件的处理是没有作用的，是出于形式的需要。我们这边人民陪审员流于形式，第一是人民法院审判员太少；第二就是人大代表、政协委员作为人民陪审员，既是他们了解司法审判的过程，也是人民法院和人大代表、政协委员之间进行沟通的桥梁，便于每年的人大会议通过人民法院的工作报告。

访谈人：那调解方面呢？

柳主任：在庭审中，只要当事人达成调解协议。到庭审后，人民陪审员就是服从于主审法官的观点，没有自己的见解。

访谈人：有没有在庭审后还调解的？

柳主任：更没有。

访谈人：法院有给当事人主动申请陪审的权利吗？

柳主任：没有，这个不是仲裁，没得给你选。

访谈人：有当事人申请过人民陪审员回避的吗？

柳主任：这个有。因为当事人如果认识这个人民陪审员，知道、了解这个人民陪审员是对方当事人的朋友或者认为他会对自己不利的，他就会提出来。上次七月份审了一个案件，当事人就申请人民陪审员回避。因为他们是楼上楼下的邻居。当事人以前跟他打过架，有家庭纠纷，虽然那个矛盾已经调解解决了，但还是很担心陪审员在这个案件中不公正，于是就申请这个人民陪审员回避。

访谈人：在您看来，人民陪审员应不应有法律适用的权力？

柳主任：作为人民陪审员，他不懂法，应当从事实上，通过听原告、被告双方当事人对一件事情不同方面的表述、阐述，根据自己的社会经验和对事件的认识来客观地表达自己的意愿。作为人民陪审员，应该独立地表达自己的观点，把他自己所认识的、了解的表达出来，也就表达了自己的观点。

访谈人：我们国家有没有可能或者应不应该走外国陪审团的道路？

柳主任：因为我们国家有点像大陆法系国家，英美国家是英美法系国家，制度和立法的本意就不同。当然，按照我们对法律的理解和从司法实践来看，按照美国那种陪审团审判方式可能更公正。对于同样一个法律规定，不同的法官会产生不同的理解，美国那种审判，用老百姓最低的道德上的、良心上的认识，根据他们在生活当中的感受、生活中累积的公平、正义的原则来衡量事情，相对来讲，更加公平。最好的法官就是按良心办事。

（三） 对 Y 县邓律师的访谈

【"人民陪审员制度必须存在，从政治上说，这是司法民主的体现，但实际上政治意义大于实质意义。陪审员塑造的是一个公正的形象。"】

访谈人：请问参加庭审的人民陪审员是否都是些老面孔？

邓律师：差不多是的。

访谈人：请问在开庭之前，您会建议当事人用人民陪审员制度吗？会有当事人主动要求人民陪审员参审吗？

邓律师：人民法院会主动安排，当事人不会主动提出，我们也不会主动提出。法院安排好后会通知我们合议庭成员有哪些。

访谈人：在庭审中提问的人民陪审员多不多？

邓律师：不算很多，但要看是哪些人民陪审员。有些人民陪审员从没有提过，有些却很喜欢问。

访谈人：陪审员喜欢问哪些方面的问题？

邓律师：事实问题。他们对于法律专业知识的了解比较欠缺。

访谈人：人民陪审员会不会提前了解案件或者和律师进行交流？

邓律师：我不知道，这是法院内部问题。

访谈人：您觉得担任人民陪审员需要何种学历？

邓律师：人民陪审员是不需要专业素质的，高中是一个普遍的学历，这样会使得挑选的范围也广一些。我觉得品德好就可以了，公道正派比什么都重要，道德素质尤其重要。

访谈人：人民陪审员很少发问，您认为主要是什么原因？

邓律师：有法律专业知识欠缺的问题，还有性格问题。另外，法官可能在有些时候已经问得很清楚了。

访谈人：人民陪审员参与审判对裁判结果是否有很大影响？

邓律师：没有什么影响。

访谈人：那您认为人民陪审员制度有没有存在的必要？

邓律师：很有必要。

访谈人：那您觉得人民陪审员的作用是什么？

邓律师：人民陪审员是普通老百姓就行了，他们按照普通人的标准作出判断。

访谈人：目前实践中，人民陪审员参审是指定的，并不是随机抽取的，您觉得要不要改变？

邓律师：要改变，但不可能实现，这只是一个梦想。我们可以预见未来是不可能实现的。

访谈人：若完全按照美国的做法来改良会不会好些？

邓律师：中国陪审异化，在中国，陪审是作为一个副业存在的，陪审员不可能完全投入到庭审中去。在美国也是副业，但他们是按户口随机抽取，社会条件和氛围都有影响，美国公民将其作为一项义务。我国目前的条件还是很不成熟，公民不配合。就如做生意的人，若是让他关门去参审，没有谁会愿意。国民素质和大环境都有影响。只要是涉及切身利益的，一般就难以解决。文化不一样，体制不一样。

访谈人：人民陪审员是否能做调解工作？

邓律师：在调解方面几乎没什么作用，就是听审。

访谈人：资深的人民陪审员是否会为当事人说情？

邓律师：不太清楚。

访谈人：您是怎么看待人民陪审员制度的？

邓律师：人民陪审员素质有些高，有些不高。我们这个人民陪审员制度必须存在，从政治上说，这是司法民主的体现，但实际上政治意义大于实质意义。陪审员的参加让庭审看上去更加公正，有些专家希望法院能设立一个像仲裁委员会一样的人民陪审委员会。

访谈人：您觉得如何发挥陪审员的作用呢？有什么改革意见？

邓律师：人民陪审员的作用主要是弥补法律人的缺点，为人要正派，这个很重要。在当地若能有一定的群众基础、有威信、有个人魅力的话，做起事来才会在群众中产生更好的效果。才会更好的发挥监督作用。基于我们的国情，有监督会更有效果。环境不改变，法律意识不增强，改一点是没作用的，要综合改革，配套措施也要改，不改变大环境，光要小环境改变是不可能的，那是妄想。可能经过几百年，会循序渐进地实现其作用，但现在是不可能的，想一劳永逸是不可能的。

（四）对 R 区某律师事务所张律师的访谈

【"人民陪审员就坐在那里，一个形式，没有真正地参与到案件中来。他既没有发问，也没有在评议当中体现他的声音，更没有在判决上看到他的身影，他根本没有话语权。人民陪审员，就是坐在那里，陪而不审；而法律层面又把他看得很高，设想与现实间差别太大了。"】

访谈人：请谈谈您对陪审制度的观察。

张律师：据我了解，人民陪审员是由人民法院组织选取的，每个人民法院有一个人民陪审员名单。我不知道他们的选取标准具体是什么，我从法院的一些公告上面看了他们的选取标准，比如说，他们要求人民陪审员为人正派，要懂得基本的法律常识，而我在实务中感觉不出来。强调陪审员要有一定的法律素养，这个很有必要，因为他是要参与庭审的，如果什么都不知道的话，那怎么行？按照我国现行的人民陪审员制度，陪审员享有一些类似审判法官的职权，如果说他没有那个能力的话，他确实很难干那个活。我有点怀疑法院是否真正贯彻了它的选任标准，因为我在实践中，感觉大部分人民陪审员没有起到真正的作用。而对于事实的查清和认定，人民陪审员其实可以发挥很大的作用。毕竟法官也是人，事实认定的经验不一定比这些人民陪审员更丰富，特别是涉及一些比较专业或者生僻的领域。现在的情况是，人民陪审员往往就坐在那里，陪而不审。此外，相关规定关于什么案件适合陪审，我们不好说什么，基本上还是契合实际的。但具体哪些案子要人民陪审员参与，现在还是法院在主导这个事情。即便你是当事人，事先也不知道，只有在开庭以后才知道是否有陪审员参与、具体是哪些陪审员参与。但这里面就有一个问题，你既然是要人民陪审员参与，又是法院主导，这个不太合适。涉及一些专业或生僻的领域，职业法官不一定很了解，但如果说人民陪审员有这样一个人才库，应该说是有优势的。这个有点类似于我们现在的仲裁员制度，仲裁委有分类明晰的仲裁名录。申请人是可以根据仲裁名录进行选择，而现在的人民陪审员制度它恰恰就不一样。我觉得个案遴选中可以借鉴仲裁制度。

访谈人：您倾向于由当事人来选人民陪审员？

张律师：在这个方式上，我觉得可以做一些探讨。我个人认为，应该增加更多的方式，特别是对于有些特殊的案件可以引用这种方式。现在基本上是由人民法院单方决定的模式，我认为可以改变这种模式。就是说，具体案件由哪个人民陪审员参审，可以由当事人参照人民陪审员名单，根据人民陪审员的专业知识来选择。人民法院只是一个组织者，案件最终的审理要借助这些人民陪审员，否则他参与进来有什么意义？如果说你能够借助人民陪审员某些方面的专业知识，弥补职业法官的缺陷，这样意义就很大。

访谈人：要实现由当事人在名单中选取人民陪审员需要在制度上进行较大的调整。

张律师：涉及程序上一系列的问题，如审理期限等都要作出相应的调整。至于人民陪审员的选取可以参照仲裁制度。仲裁一样会遇到回避等问题，它们会有相应的制度安排。我个人认为可以尝试改变法院单方安排的方式，引进一个由申请人（原、被告皆可）提出申请来选任或者确定，仲裁也是申请，最终由仲裁委批。

访谈人：那您觉得这种方式的优势在哪里呢？

张律师：我认为，人民陪审员制度的意义，在于发挥人民陪审员对于事实认定的优势。所以从这方面来说的话，由当事人有针对性地在人民陪审员名单里进行选择，可以充分体现当事人的意志。

访谈人：人民陪审员主要在事实认定上发挥作用，法律适用方面交由职业法官来处理，这和英美法系的陪审团制做法很相似。

张律师：我觉得这点倒是可以借鉴。将人民陪审员和法官的职权大致上分一下。从实践来看，你要求人民陪审员又懂法律又懂其他专业的知识不太现实。如果陪审员懂法律，那还要法官干什么？我觉得这个制度设计的初衷就是要取长补短。英美法系和大陆法系的人民陪审员制度侧重点不同嘛，虽然说中国大陆跟德国是比较接近的，实际操作中却很难达到目标。如果要求陪审员跟职业法官有同样的专业知识和素养的话，这就相当于选了一批法官，实际上很难做到。此外，从情理上也很难实现。人民陪审员的选任应强调来源的广泛性，他们可以来自社会的各个阶层，这样可以充分发挥各方主体的长处。

访谈人：您认为人民陪审员是该大众化还是精英化呢？

张律师：这确实是个问题。我个人认为，人民陪审员不需要精英化。

访谈人：正如您刚才所说，对事实认定一般人都可以做到，只要是正常人都可以。

张律师：这里面可能涉及一些专业人士，但这跟精英是不一样的。我不知道现在的精英怎么界定，譬如说，他搞机械设计的话，可能在工厂里面是个高级技工，涉及具体案子里面的一些机械知识的事实认定，他可以向当事人发问，更好地还原事实，查清事实，是不是？

访谈人：一般来说，我们所说的精英是强调行业内的精英，强调高学历等。

张律师：我认为那不需要，因为法律上还有鉴定制度或者专家证人制度。如果说案件审理需要某方面的权威专家的话，可以通过这些制度实现。我觉得人民陪审员制度应该更多地强调平民化。很多案子不一定非常专业，可能只需要一种朴素的社会生活常识、生活经验，需要一种朴素的生活常理。倘若选任时提出较高的学历要求，我认为是苛求了。况且，学历这个东西不重要，什么本科以上、大专以上不重要，现在社会的用人标准也是注重能力。人民陪审员在某个方面是不是有利于查清案件事实，是不是特定领域的行家，这个并不是某种学历就能够决定得了的。所以，学历这个东西不能够作为一个硬性的选任标准来衡量候选人员是否适格。

访谈人：如果要完善人民陪审员制度，应该如何进行呢？能具体地谈谈您的想法吗？

张律师：这可能需要一个理论上的调整，这是我个人的观点。关于人民陪审员制度，国家毕竟已经出台了相关的法律法规，它的理论定位类似于德国大陆法系的参审制。从我们实务操作以及和英美法系陪审团制度的优劣评判当中，无论是从查清事实还是从案件审结来说，我觉得分工模式可能更好一点。从实务来看，现行制度要求人民陪审员与法官同职同权，但在现实中人民陪审员往往没有行使他的权力，这很奇怪。

访谈人：为什么您觉得做不到呢？

张律师：这里面的原因挺多。第一，他本身对于陪审工作职权的分配就不清楚；第二，即使法律有相应的规定也并没有得到贯彻落实。根据我的实务经验，有的人民陪审员还问过当事人一两个问题，有的则只是坐在上面，没有说过一句话，这样的人民陪审员不起作用。而且据我们了解到的，人民陪审员在案件评议过程中，根本没有行使表决权。就是说，他没有参与案件的事实认定，更不可能进行法律适用了，根本就没有真正参与进来，这就是现状。

访谈人：您觉得为什么会这样？

张律师：往大了说，这与司法不独立、没有配套的措施等都有关系，而问题的根源则在于人民陪审员的遴选上就有问题。使人民陪审员真正有参与意识并有配套的制度作保障，以及主导这个事情的人民法院根据他们的相关权力真正贯彻实施陪审制度，应该会有些效果。但是实际上并没有出现原来法律设计所期待的现象。所以，要问现在为什么没有出现，我只能说我们从选任到配套措施、到法院的执行、到整个国家的法律体系，它都有关联，这不是一个简单的问题。像现在要探讨的司法独立一样，要从文化、人事安排等入手。你说司法不独立，司法部门也很冤，它也讲到它的很多难处。在实践当中，我们知道一些法律法规都是看起来很美，实行起来基本没有。英美法系为什么那么吸引人，虽然它的司法过程也有一些弊病，但是我觉得它至少大的方向是正确的。我们都不是傻子，五六个人组成陪审团坐在那里对事实进行认定，它肯定能起到一定的实质性作用，是吧？而且，那些人不说别的，至少在追求真相上不像我们的人民陪审员那么消极。

访谈人：您还有什么建议吗？

张律师：我们接触实务多一点，可能感触更深刻一点。我也很困惑，一直在想，建立这个人民陪审员制度有什么意义？从实践的案例当中看，我觉得没有多少意义，人民陪审员就坐在那里，只是一个形式，没有真正地参与到案件中来。他既没有发问，也没有在评议当中体现他的声音，更没有在判决上看到他的身影，他根本没有话语权。人民陪审员，就是坐在那里，陪而不审；而法律层面又把他看得很高，设想与现实间差别太大了。这里面肯定有很多问题，包括文化的问题，就是作为陪审员他们的心态是什么，是不是看重的就是一种荣誉，作为一个人民陪审员应该明白有哪些事情要做，真正参与到案件当中来，要尽职尽责。

不管怎么样，我们认为法律是一些解决纠纷的规则，在实践当中，往往规定的许多制度就是实现不了，出现了很多问题。现行的人民陪审员制度也不是一年两年了，探讨为什么出现了这些问题，实际上，只要像你们这样，在执业律师当中、人民法院之间、人民陪审员之间等认真做一些调研的话，一定会发现很多问题，一定会获得你们想要的问题的答案。

(五) 对 R 区某律所周副主任的访谈

【"人民陪审员的人员结构、层次固然重要,但是如何发挥他们的积极性,提高他们参与审判的热情更重要。一个再有能力、再有经验的人,这类人人数再多,他们进来了不认真参加审判,不去很好地合议,不去充分履行他们的职责的话,那就成摆设了,没有任何意义。"】

访谈人:请问您承办的案件中有陪审员参与的多吗?

周副主任:我参与的案子人民陪审员参审的情况不多,我们所里也不多。一般基层人民法院适用简易程序比较多。

访谈人:根据我们查档的情况,R 区人民法院的陪审率差不多高达百分之九十九点多。

周副主任:R 区人民法院是这样子,这是实事求是地讲。据我们了解的情况,R 区人民法院的陪审率是最高的,R 区人民法院的人民陪审员人数可能也不是蛮多。

访谈人:有六十多个人民陪审员。

周副主任:我们经常看到几个老面孔在那里。各个庭室的人民陪审员比较固定,像我们律师办案子一般可能会固定化,办理某一类的案子比较多,他们到人民法院去开庭可能就会觉得老是这几个人民陪审员,有一些人民陪审员他们都认识了。总的来说,除 K 区和 R 区两个人民法院,其他的人民法院陪审率不是很高,这是目前的第一个现状。第二个现状,大家传得比较多的一个说法:"陪而不审"。"陪而不审"的现象确实很严重,至少我们在面上看起来很严重。人民陪审员在庭审结束以后到底有没有进行合议,我们不是很清楚,但是从有些案子来看,感觉很少有人民陪审员和法官进行合议的环节。"陪而不审"从一些点可以看出来,比如在法庭上,陪审员基本上插不进嘴,也不想插嘴,他不想去发问。陪审人员参审主要是体现在法官发问环节,其他时候人民陪审员不可能有更多的表达机会,但是在法官发问环节,人民陪审员他们不怎么讲,他们只是跟着看看。

访谈人:这会不会是因为他们欠缺法律方面的知识呢?

周副主任:我觉得人民陪审员不应该受制于法律知识,之所以请人民陪审员参审,是因为想借助他们法律知识以外的其他知识。比如一个涉及建筑工程的案件,如果有个人民陪审员是建筑工程师,就可以发挥他的特长,帮助法官将案情查清楚。这是一种互补。不能因为人民陪审员法律知识不够而减少发问，减少参与度。当然，事实上可能也是因为我们法院在安排人民陪审员参审案子的时候，缺少一个统筹的调配，比如某类型的案子你要选有相关社会经验、知识技能的人民陪审员参审，这样会更好，更有利于发挥人民陪审员的特长，帮助法官、帮助合议庭把案件事实查清楚，这样才能促进案子得到公平公正的审理，这也是人民陪审员制度一个根本的价值取向。所以，"陪而不审"可能确实是人民陪审员觉得自身法律知识缺乏造成的，但是我认为这和人民陪审员法律知识完不完善没有必然联系，他们应该发挥个人所长，发挥他们在各自领域的专业特长和社会经验。

访谈人：针对这些问题，您觉得应该如何去改善它呢？以后的发展方向应该怎样？

周副主任：应该是需要比较专业的人民陪审员。当然社会上一般的案子比较多，应该要考虑社会需要，搞专业的人民陪审员并不一定符合现在司法实践的需要。你们在人民法院调阅了一些案卷，可能也了解到，大部分是离婚类、房产类、人身损害赔偿类、交通事故类等常规型的案件，所以我觉得适当地发展那种一般社会经验比较丰富的，具有各个方面专业技能和专业知识的人，让他们充实进来。人民陪审员的人员结构、层次固然重要，但是如何发挥他们的积极性，提高他们参与审判的热情更重要。一个再有能力、再有经验的人，这类人人数再多，他们进来了不认真参加审判，不去很好地合议，不去充分履行他们的职责的话，那就成摆设了，没有任何意义。对于陪审，国家总要花费一定的资金，这个补助费用不是很多，各个人民法院对这一块也可能存在财政方面的困难。因此，怎么样才能调动人民陪审员的积极性，让他们充分地参与进来，利用他们的社会经验、常识常理来帮助人民法院实现案件审理的公平公正，让更多的社会力量知晓案件，确保审判的公开就显得非常重要。在我们国家，审判除了做到公平公正，还应该做到公开；也只有公开才能确保公平公正的实现，需要提倡监督，人民陪审员就是代表社会力量进行监督，他们作用发挥好的话将大有作为，关键是怎么样来调动他们的积极性。要对人民陪审员进行更深层次的、更有效的培训，培训不能流于形式。我们之前了解到的培训可能就是给人民陪审员发一两本教材让他们自己看看，这么说可能不全面，但至少我们看到的现象是如此。补助不是太高，人员安排上也不存在对口，没有统筹，我们总是看到那几个人民陪审员在庭上审案，总是那几张老面孔。要促进人民陪审员参与审理、进行合议的积极性，就要充分发挥他们的作用；他们以前从来没有发挥过作用，他们觉得没意义，去和不去是一样的，无非就是坐在庭上。因此，要充分展现他们的作用、实现他们的价值，比如通过他们的努力，改变法官作出的一个原本合法但不尽合理的判决，或者帮助法官澄清事实，正确适用法律，这就是人民陪审员的价值所在。如果我是人民陪审员，这样搞了一两次，我就会很有积极性。所以说，积极性并不一定要靠金钱、物质上的激励，因为担任人民陪审员的人往往也是有这方面的爱好，也是一群追求公平正义的人，让他们能够真正地发挥价值、作用，他们的动力会更足，今后参与度会越来越高、越来越有效。当然我们国家谈论比较多的是缺少立法上的保障，这也是需要完善的，这是个大环节，按照我的理解，这方面可能要做更多努力。

访谈人：经费保障是一个问题吗？

周副主任：我觉得经费保障倒不是个最重要的问题，以前完全没一点钱人民陪审员照样在做。钱不是最重要的，关键是怎么样让他们确实发挥他们应有的作用，让他们能够体会到做这个事情能够实现他们的社会价值，能够对这个社会有一定帮助，做这个事情有意义。

访谈人：或者说他们担任人民陪审员本身就是一种公益。

周副主任：是啊，他们担任人民陪审员本身就是出于一种社会效益，出发点是为了促进整个社会的公平公正，他们要是能够在这些方面发挥点作用该多好啊！而不是天天找一两个人来人民法院组成合议庭，只是形式上组织一下，这有什么意义呢？在法庭上就是个摆设，说得不客气一点，有的人民陪审员坐在上面就是嚼槟榔、抽烟，这有什么用呢？只会影响到整个法院的形象。怎么样想方设法设置一些配套措施促进他们真正发挥作用，监督他们如何行使权力，这才是至关重要的。人民陪审员的权力已经有所规定了，他们可以参加庭审、参加合议等，如果没有做到，现在确实不太好追究他们，他们只是一些社会人士，本身也不太懂法律。所以应该设定一些责任条款，不说严格追究他们的法律责任，但应该对他们有所约束，或者说制定一些有倡导性的约束条款，给他们一点压力，让他们更加主动地去做好陪审工作。我们常说，没有责任的义务都是一纸空文。

访谈人：根据我们实地调研了解到的情况，您说的带有一定普遍性。

周副主任：这些是客观事实，大家有目共睹，不存在杜撰。人民陪审员在履行陪审职责的时候，可能不太自信，或者有些法官对陪审员不太尊重，这从某种程度上更加打击了人民陪审员的积极性，对人民陪审员重视程度不够就体现在这一点上。今后要想方设法对他们的工作、社会地位更加重视。

(六) 对 R 区段律师的访谈

【"人民陪审员要有人格公信力，大家对他知根知底，觉得他是社会上靠谱的人、有威信的人，道德高，说话水平行。因此，人民陪审员主要不是数量问题，是质量问题。"】

访谈人：请谈下您对人民陪审员制度的看法？

段律师：我有以下几点看法。人民陪审员制度是不错的，有"人民"两个字。但是实际工作中效果不是很理想。第一，这个制度设计比较粗糙。关于准入制度，除了年龄要求，具体实质性的条件，比如赋予了什么权力，如何保证权力行使没有规定清楚。人民陪审员要能说话、会说话、敢说话，至少要达到这样的水平。国家对人民陪审员的具体制度设置方面很粗陋。第二，有些人民陪审员在案件当中"陪而不审"。在整个案件中一言不发，甚至也不参加调解，就是法官一个人在调解。具体案件中，一些人民陪审员的素质有待提高。第三，人民陪审员应当随机产生。可是据我个人经验发现，基本上开庭时遇到的都是那些老面孔。一方面可能是人民法院没有随机抽取的相关软件，另一方面有些人民陪审员因为时间问题或者路程远等原因不愿意来。我听说某县人民法院有三十多个人民陪审员，可是真正常来出庭的人民陪审员只有十几个。

访谈人：人民陪审员参与案件审理是否会促进公正司法？

段律师：人民陪审员参加案件审理是否会影响案件公正，我觉得取决于证据是否被依法采纳，人民陪审员参审不一定会左右公正性。陪审员主要作用在事实认定方面，法律方面他们搞不清楚。

访谈人：您有没有印象很深刻的人民陪审员？

段律师：一个新疆的人民陪审员蛮不错的，法院还有一个退休的老法官也很不错。其他的就不敢恭维了。

访谈人：您觉得现在需要做好哪些改善工作呢？

段律师：我觉得对随机抽取人民陪审员的原则应该做硬性要求，并且要在判决书中表明人民陪审员的意见，比如认同还是不认同。现在实际上有些案件陪审员没参加合议，只是在判决书中签名。人民陪审员选的面比较广泛，在遴选中应该体现代表性。要选择社会上比较有名望的人，如人大的、政协的。

访谈人：您觉得人民陪审员需要何种学历？

段律师：人民陪审员的学历在大专以上比较合理。选出来的人民陪审员应该明白事理，知其然并知其所以然。倘若他谈不出什么问题，唯唯诺诺的话，那就失去意义。有些人民陪审员问的问题没有意义，法官对此有意见，觉得人民陪审员给自己制造麻烦。有些人民陪审员在合议的时候提出一些和案件无关的社会传闻，让法官哭笑不得。

访谈人：如果是两名人民陪审员和一名法官组成合议庭，有没有可能架空法官？

段律师：那不会，人民法院对案件的处理会进行审查。我们国家司法制度的设计不是人民陪审员完全说了算。如果人民陪审员和法官审判意见不同，肯定还要由审判委员会决定。实际上整个司法过程在法院内部透明度比较高，这很好。况且，人民法院安排两个人民陪审员的比较少，一般都是安排一个人民陪审员参审。我们在案件中没见过两个人民陪审员参审的情况。有意见相左是好事，合议中就是要各自发表意见。

访谈人：人民陪审员很少发表意见，您觉得为什么会这样呢？

段律师：制度问题，制度设计不周全，没有给人民陪审员充分的权力。制度写了人民陪审员的权力，但是如何保障没有写。如何保障人民陪审员的陪审权，事实认定、证据认定、法律适用等方面都有缺陷。此外，人民陪审员素质不高。在合议庭谈案件，谈不准，谈不透。

访谈人：人民陪审员在庭前阅卷吗？

段律师：刑事案件和民事案件不同。刑事案件阅卷比较少，民事案件，开庭以前也没什么可看的，一般情况下，人民陪审员可能都不阅卷。负责的人民陪审员可能阅卷，可能看案情材料，基本都懂一点；对刑事案件可能看起诉书，那么多材料肯定没时间去看。经费上能否保障也是问题，比较大的案子要看三四天，人民法院是要付钱给人民陪审员的。法官阅卷，是工作义务。法律对人民陪审员参与阅卷似乎没有强制规定，只说了和法官有相同的权力。但权力具体是什么，具体做什么，有什么义务，责任是什么，没有说清楚。

访谈人：人民陪审员是不是对调解有帮助呢？

段律师：从来没有看过人民陪审员单独调解。其实人民陪审员更了解民情，加上不是法官身份，也许比法官调解效果更好。所以人民陪审员要有人格公信力，大家对他知根知底，觉得他是社会上靠谱的人、有威信的人，道德高，说话水平行。因此，人民陪审员主要不是数量问题，是质量问题。

访谈人：您认为人民陪审员应该着重强调和法官同职同权，还是强调和法官不一样？

段律师：人民陪审员应该代表民意。人民陪审员可以下基层走走，确保判决结果和民意基本相符。人民群众的期望值和判决不一致，往往是因为证据上有问题，法官对社情民意了解不够。尽管人民陪审员对法律如何适用不太擅长，但他们没有办案压力，也许一年就办一两件案子，有充分的时间和精力，可以保持中立的身份更好地把案子解决。并且，执行中也要有人民陪审员参加。人民陪审员和法官不一样，应该更多参与诉讼，并对案件的社会效果进行回访，了解人民群众对案件的看法，为什么有的当事人不服。再审中也可以引入人民陪审员，很多案件为什么当事人始终不服，但是法院对事实认定方面又谈不出什么意见，法律事实和客观事实有一定距离。当然，人民陪审员首先基础要好，然后进行培训；如果基础差，也难以培训。人民陪审员培训了之后还应该考试，给几个案子要求给出想法。考试内容可以相对简单，考些基础的东西。

访谈人：您觉得人民陪审员的奖惩是不是不是很到位？

段律师：如今是市场经济时代，既然享有一样的权利，就该承担一样的责任。提高人民陪审员的待遇，建议给人民陪审员底薪。人民法院给人民陪审员一个任务，给他三五天时间，要他做哪些事情，要有成果出来。不能光拿钱不办事，法院没有很多钱。法官要审查案子，确认事实，做很多事情。现在的人民陪审员无非就是开庭的时候来一下，对法官没有什么帮助。

访谈人：您觉得人民陪审员制度以后该如何发展？

段律师：人民陪审员应该在目前框架下完善。事实上我们难以借鉴欧美的经验，我们应该走自己的路。

（七）对R区某律师事务所C市分所戴律师的访谈

【"（人民陪审员）肯定应该精英化。法官队伍本来专业性就很强。既然坐在那里，赋予了司法权力，判决书下来就有法律效力；那么不是精英就不该坐庭上。如果要大众化、平民化，涉及司法制度的改变，除非改成人民陪审团。"】

访谈人：请问您对人民陪审员制度的直观感受是什么？

戴律师：我认为人民陪审员制度是个非常好的东西，可以同时借鉴东西方的法治精神，但是现在的人民陪审员制度确实存在人民陪审员参与陪审但并未起到陪审作用的问题。人民陪审员由于不敢讲，只充当了一个花瓶或者摆设。我觉得应该从各方面建立激励机制。前段时间我在湘潭的一个案子开庭,有个湘大法学院的教授当人民陪审员,法官担心工资待遇给不了,影响人民陪审员参与的积极性,但教授就说,我参与陪审就是为了追求公正,就是为了积极支持法治事业,我又不图钱。目前基层人民法院可能实施的比较好,因为它案多人少,可以发挥人民陪审员的作用,缓解案多人少的压力。开庭时经常有人民陪审员出现,陪审率比较高,但客观地讲,在案件审理过程中人民陪审员真正发挥了多大作用,不敢恭维。人民陪审员在庭审过程中通过法官提问的方式完全可以了解和把握案件事实,对案件争议事实进行归纳。而现在人民陪审员很多时候扮演的是人民"陪衬员"的角色,在庭上不是积极地投入案件,没有去分析案件焦点在哪里,只把自己当陪衬,凑数的。总之,人民陪审员发挥的作用不是特别明显。我估计庭审后的合议中他们的作用也不是非常明显,可能只是在合议笔录上签字。这是我的感觉,我们的当事人对人民陪审员的感受恐怕和我们的感受也差不多。整个审理过程从头到尾,都是主审法官在组织、在问话、在归纳案件争议焦点等,人民陪审员可能从来没发过言。当然R区人民法院,陪审员做得比较好,有些人民陪审员原来是老法官或从事过法律工作,庭审中就能比较积极介入案件,可以真正发挥人民陪审员的作用。有些企业或者政府机关的退休人员,这些人毕竟不懂法律、没有司法工作经验,这些人员真的只是一个陪衬。如果要改变现状,人民陪审员的素质要提高。当然,要充分发挥合议庭的作用牵扯到我们国家司法是否独立的问题,就连审判员都很难完全根据证据反映的事实,客观公正地审理案件。

访谈人:您觉得为什么有的人民陪审员积极性不高呢?

戴律师:应该还是认识问题,关于人民陪审员存在的意义、作用、价值等认识还不是很明确。我觉得应该在聘请人民陪审员的时候加大培训力度。此外,要完善遴选机制,公开、公平、公正地选取人民陪审员,要不然我们都不知道他们是怎么选出来的。我建议我们人民法院在送达立案通知书时,同时附上人民陪审员制度简介和人民陪审员的通知单,这样当事人拿到法律文书时就知道人民陪审员是怎么回事,能为人民做什么。人民法院的网站上可以公示人民陪审员的个人资料,以便人们查阅。现在虽然经常是由一个法官和两个陪审员组成合议庭,但这两个人民陪审员基本上是听法官的,合议庭变成独任庭了,法官一个人说了算,人民陪审员陪着法官承担责任,反而不是法官一个人的责任了。一旦出了什么问题,法官可以说两个人民陪审员一起签了字的。我觉得人民陪审员自身素养要提高,知法懂法,要具备一定的法律知识、有人格魅力且具备相关的生活经验。

访谈人：您认为人民陪审员应该平民化还是精英化呢？

戴律师：我赞同人民陪审员精英化。因为来自各个领域的精英分子会更加注重自己的声誉。我希望社会各方面的精英能够入围，通过公开公正选拔，最后形成一个80%是精英、20%是平民的人才库。开庭前再从中抽取，这样更公正些。如果需要抽两个陪审员，精英和平民各抽取一个。法官队伍本来专业性就很强。既然坐在那里，被赋予了司法权力，判决书下来就有法律效力；那么不是精英就不该坐庭上。如果要大众化、平民化，涉及司法制度的改变，除非改成人民陪审团。我的理念可能和最高人民法院有点冲突。我认为要想真正让人民满意，应该从法律制定上体现人民的意志、代表人民的利益、体现公平正义。法院根据法律审理案件，如果源头公正，人民会满意。

我去年参加了湘潭大学中美陪审员制度论坛，之后去美国考察了美国的陪审团制度。我认为人民陪审员可以更好地维护当事人的合法权益，更好地维护法律的尊严，更好地体现法律的公平公正。担任人民陪审员的人层次不同，可以通过一定的培训提高他的履职能力。此外，要再给予其一定的补贴，并保障好他们的人身权、财产权等。人民陪审员制度的培养，必须要给予其一定的土壤，必须给它一定的环境和空间。我将来老了不做律师了，我愿意抢着去做一个人民陪审员，这是一种荣誉。有些人民陪审员还应该有年龄限制，年纪小的做事还是有些不像样。

访谈人：现在法律规定，人民陪审员要年满23周岁，您觉得这样规定合理么？

戴律师：不合理，我觉得人民陪审员的年龄在30岁、35岁到55岁、60岁之间比较合适。担任人民陪审员需要一定的社会经验。现在23岁出来刚大学毕业，没有这个社会阅历，能做什么，能陪什么？此外，还要考虑男女比例的搭配，同时也可以选用不同的人才。不是非得要学法律的，比如理工科的，他们逻辑思维强、对事物的分析能力强，他们也可以啊。法律是种工具、是种武器，关键是要以事实为依据，法律为准绳，事实认定是非常重要的，把事实抓住了，法官适用法律就好办了。与此同时，我建议在一审过程中不设人民陪审员，在二审或者再审中设人民陪审员可以更好地发挥监督作用。现在这个人民陪审员制度用乱了，会让人民陪审员觉得不被信任，觉得仅仅是一种摆设。有时候人民法院使用人民陪审员就是为了达到陪审率的考核指标，这样是不对的。此外，人民陪审员要从他的来源、考核制度、薪金等方面保证他的独立性，是人大要我来陪审的，我代表人民。我不受聘于你法院，你也不能指定我陪审，我是按照法定程序遴选出来的。

访谈人：您认为在我们现有制度框架下，我们要如何进行改革呢？

戴律师：首先人民陪审员的选拔和任命是源头，是根本性问题。我觉得不能把那些没有从事法律工作的人纳入陪审员队伍来。我觉得可以参考仲裁制度搞，仲裁员的要求比较高，比如对职称、专业领域的要求。队伍组成后，派出人民陪审员组成合议庭。当然，不能够考虑如同仲裁委员会那样让当事人去选择人民陪审员。但人民法院要针对案件的特殊性，从专业角度考虑选派人民陪审员。其次，人民陪审员应该有考核制度。在整个审理、合议过程中，对陪审员应该有具体要求，应该怎么做，甚至应该有个言行规范，包括庭上的穿着，如果和当事人无异是不行的。法官穿法袍就显得很威严，人民陪审员穿便装甚至休息服和法官坐一起，有损合议庭的威严。再次，人民陪审员应该有相应的报酬。现在虽然有补助，但是太低了，人民陪审员报酬可以和案件质量挂钩。最后，还可以对人民陪审员评优评先，同时也接受大家监督。

当然，如果能够大胆突破，可以允许律师做人民陪审员。由于律师是一个很大的从事司法实践的群体，可以壮大人民陪审员队伍，提升人民陪审员整体业务水平，同时也是对人民法院这一块能力的补充。有审级制度的约束、检察院的监督，不会影响司法公正。况且，律师的名字写在判决书上面，是否公正，业务水平到底如何，直接关系到律师的形象问题。现在基层人民法院任务非常重，有些"老黄牛"法官一年要处理一百多案件，很需要人民陪审员。解决人民陪审员"陪衬"这个问题可以考虑公开合议庭笔录。

访谈人：根据我们的调研，很多普通老百姓还是倾向于人民陪审员应该精英化，和法官水平不要差太多。

戴律师：精英化的话，从他的专业角度给法官以帮助。大家为什么对仲裁还比较认同，并且越来越认可，就是因为仲裁质量比较高。我们做仲裁案子我们知道，律师作为代理人在举证的时候会避重就轻。"屁股决定脑袋"，如果有专业人士主持审理，可以一针见血指出问题，让你无法回避，对案件审理肯定是有帮助的。当然，不完全是法律的精英，可以根据不同的案件类型配备相应的行家。

访谈人：您的观点大有裨益。按照您这种思路，马上就能起效。我国设立这个制度，政治意义大于司法意义，重在强调人民参与司法的象征意义。河南的改革是变相的美国陪审团，大的刑事案件有20个人旁听陪审，然后由人民陪审员自己合议、独立发言、达成合意。

戴律师：这就像"快女"，大众陪审团当评委，法官不能无视他们的合议结果。考虑到整个司法制度的目的是让人民群众满意，这可以有多种渠道实现，比如说案件的公开审理制度、人民检察院监督制度、人民监督员制度、人民法院形象执法监督员制度等。最高人民法院下文件说律师不能做形象执法监督员，怕我们干扰法院办案，这种考虑是正确的。不做没关系，可以让其余人民群众去做。也可以仿照人民检察院，判决下达之前征求民众意见。

访谈人：律师群体当人民陪审员，如果能够很好自律，确实能够真正参与。

戴律师：可以他律。我觉得没有哪个律师会有很大的私心，都希望让人家看到自己是有水平的。我认为做律师也要有责任心，我的辩护词是要给当事人看的，是否把这个案子办透，对证据分析把握是否到位，我站他的角度维护他的合法权益。这关系到律师形象问题，是否专心为当事人办案。我们律师是要让我们的当事人满意的。角度发生变化，假如律师作为人民陪审员，也要经得起历史的考验。

访谈人：您讲的对于改善我国人民陪审员制度很有帮助。美国的陪审团制度只是对重大案件才适用，真正判决结案的比例只有5%。

戴律师：参审率这个考核方式有问题，只看到有多少人民陪审员参加审理，但他的作用发挥得如何没有注意。要采取科学的方法进行考核。

访谈人：只在乎参审率，不在乎参审度。不过据我对人民法院审判的了解，他们审判的时候需要考虑的因素也很多，需要考虑政治效果、社会效果、法律效果的有机统一，还要考虑上级领导的看法。

戴律师：我们律师业务水平不比法官差。社会主义法律工作者有个基本要求，不能动摇国家的制度。人民法院办案要综合考虑社会效果、政治效果，纯法律观点在这里不合适。对于省高级人民法院要强调所谓的政治效果、社会意义，因为它带有地域性，甚至时间性；省高级人民法院从大局角度看，必须促进依法行政，这绝对有别于基层。

第四篇　其他主体访谈篇

一、对公诉人的访谈

(一) 对 Y 县人民检察院李副检察长的访谈

【"有时候，法院和检察院提出的调解、和解意见，当事人会持怀疑的态度，他不会全信，而如果是人民陪审员还有我们人民监督员提出来的，他们反而更加信服。"】

访谈人：请问您对人民陪审员制度有什么看法？

李副检察长：这个制度很好。一方面，可以解决人力不足，特别是基层人民法院案多人少的问题。现在像 Y 县 60 万人的县，法官太少了，通过人民陪审员参与审判可以解决这方面的问题；另一方面，人民陪审员参加庭审，参加法院的其他工作，也可以促进人民法院的审判公开，让人民群众更加了解人民法院的审判工作。同时这个制度也是法律宣传的一个部分。虽然人民陪审员的法律专业知识没有法官的强，但他具有法官所不具有的特点，比如社会经验可能就相对较为丰富，通过他们参与案件，就可以充分发挥其优势。另外，职务犯罪的庭审，只要是能够把手头工作推开，我都会参加庭审。通过参加观摩庭和其他案件的庭审，我感觉到人民陪审员参与进来后，的确对审判工作有很大的促进。

访谈人：您觉得人民陪审员的权力是越多越好还是一般就好？

李副检察长：个人认为，人民陪审员参加具体案件的过程中应当享有和审判员同等的权力。若他要履行职责又没有权力的话，就履行不到位。通过媒体、杂志了解到很多人民法院是为了凑数，因为人数少，组成不了合议庭，所以才叫上人民陪审员。但是，我们县法院的人民陪审员制度做得很出色，他们虽然有二十多个人民陪审员，但根据我们的了解，基本上每一年所有的陪审员都要参加案件的审理。人民陪审员在办案过程中也有他的优势，比方说，在调解方面，有利于化解矛盾。有时候，法院和检察院提出的调解、和解意见，当事人会持怀疑的态度，他不会全信，而如果是人民陪审员还有我们人民监督员提出来的，他们反而更加信服。因为当事人认为人民陪审员是比较特殊的法官，因而他们从感情上更加认同，更能接受。当然这并不是说法官说的就没用。所以，人民陪审员在这方面确实发挥了很大作用。

访谈人：您觉得人民陪审员是否需要具备像法官一样的法律知识，是否需要精英化？

李副检察长：如果人民陪审员都精英化了，那还要法官干吗？我认为人民陪审员应做一些区分，一部分从事民商案件的审判，一部分从事刑事案件审判，而不是临时性的，轮流审案。当然，同一部分里面的人是随机挑选的。让他们了解相应的专业知识，包括法律、审判业务、程序问题，若要求人民陪审员熟悉了解所有的专业知识，那是不可能的，也是不现实的。像英美法系的陪审员很多根本不懂法律，然而案件通过审理裁决后就不公平吗？所以，专业只是一个方面，毕竟还有法官在做这方面的把握，而对于人民陪审员，我认为他们只要了解相关方面的知识、熟悉审判程序和业务就可以了，不一定要精英化。

访谈人：能不能像美国一样，在职能方面把人民陪审员区分开来，人民陪审员只做事实认定，法律问题就留给法官？

李副检察长：那就变成英美法系了，我觉得不适合中国。

访谈人：人民陪审员和法官同职同权比较好发挥作用些？

李副检察长：对。英美法系的陪审团制度有其优点，有其先进之处，但是在我们目前这个中国特色社会主义制度之下，我觉得那种制度没有生存的余地，不适合。

访谈人：您觉得原因在哪里？

李副检察长：这个是体制性的问题。中国有自身的特点，这么大的地盘这么多的人口，若按英美模式走，社会会乱套的。它的法官是从事多年律师以后没有污点，在社会上有很高威望，然后通过考试、选拔才能担任法官。美国这种模式和体制跟中国根本就是两码事，在中国实行不了。所以，把西方的那些制度搬到中国来是没用的，是根本不可能的事。我们中国目前的司法制度和体制的问题，是一种改革的问题，我们该做的是怎么把它不完善的地方做完善。必须在宪法体制下完善，这个根基动了的话，那就地动山摇了。社会主义法治领域，首要的是坚持党的领导，而且我们在党的领导下、在人民代表大会制度下产生一府两院，这也是我们中国的特点和特色，在这种体制下，你只能按照这个规则运行，你不能违背这个规则，因为它经过了几十年的发展，已经适应了中国社会生活的方方面面，它有它的优点。

访谈人：您觉得人民陪审员制度还是适合我国国情的？

李副检察长：我们不是陪审团，我们的陪审员就是人民陪审员，而且我们检察机关有人民监督员，加深自身监督，也基本上和人民陪审员的程序差不多，而且我们现在已进一步规范了。

访谈人：人民检察院的人民监督员是你们自己任命的？

李副检察长：人大任命的。

访谈人：也是人大任命？

李副检察长：我们是要市一级的人大常委会任命，这样做是为了加强检察机关内部监督。比方说，在某市范围内，选定了100个人民监督员，对所有的职务犯罪案件以及其他的检察工作进行监督。而在Y县，一般的案子都要被监督，如果我办的案子要被监督的话，我不知道是哪个监督员来监督，这就是加强自身内部监督，这也是检察机关的一个改革吧。我们人民监督员还要由市级以上来选任，原来我们是一届三年，从人大代表、政协委员以及社会各界人士里面提出人选，由人大进行考察，检察长提请人大任命，就像任命检察官一样的程序。

（二）对R区人民检察院公诉科戴科长的访谈

【"现在这个制度更多的只是在解决案多人少的问题。个别案件有人民陪审员参与讨论的情况，大多数案件还是由人民法院的法官来决定。"】

访谈人：在您的印象中人民陪审员在庭审中发问吗？

戴科长：在法庭调查中人民陪审员基本上还是有提问题，有些也没有提问题，有的喜欢问，有的不喜欢问。

访谈人：在刑事案件中，人民陪审员是不是会同情被告人一些呢？

戴科长：这个不是同情的问题，有的人民陪审员疾恶如仇，针对手段特别残忍的被告人，听说在参加合议时他们会要求重判。合议他们肯定都参与，而且也起了一点点作用。虽然庭上不问，他们认真参审后，对判决的走向还是有一定的参考作用。

访谈人：请问刑事案件中，人民陪审员的参审率高吗？

戴科长：蛮高，95%以上。

访谈人：在具体案件中是否让人民陪审员参审，是法院决定的，还是当事人申请？

戴科长：这个是由人民法院来决定的，不能随便决定，因为合议庭组成人员是由法院决定的。

访谈人：人民陪审员在庭审的过程中，他的倾向性明显吗？您有些什么样的印象呢？

戴科长：人民陪审员制度好是好，但也有一定的缺陷。好在哪里呢？第一，现在基层人民法院案件确实非常多，像我们R区人民法院刑事案件就多，当然民事案件还多一些，有的法官曾经一个人一年办了一两百件案子。如果说每个需要组成合议庭的案子全部都由法官组成的话，那法官根本就忙不过来，人民陪审员参审可以缓解案多人少的问题。第二，大部分的人民陪审员都具有一定的专业知识，而且很认真负责，对办案有一定的参考作用。但是作为人民陪审员来讲，它不属于法院的一个机构，也不算法院的人员，他到底有多少话语权？这个确实值得研究。他的话语权有多少，愿不愿意参与到案件审理当中来，是认真参审还是走一下过场？这可能各自看法不同。此外，人民陪审员的费用还是由人民法院给的，这也意味着人民陪审员可能受到更多的限制。我个人觉得现在这个制度更多的只是在解决案多人少的问题。个别案件有人民陪审员参与讨论的情况，大多数案件还是由人民法院的法官来决定的。甚至出现过这种情况，有的案件讲是讲人民陪审员和法官一起组成合议庭审理，实质就是独任审判，法官一个人审判，和简易程序一样。所以这方方面面跟人民陪审员的选任、管理以及机构的设置等都有关系。

人民陪审员制度不只是拉一些退休的老头子、老太太来走过场，有些专业人才如国防科大法学院的老师，责任心强一些，可以发挥一定的作用。前几年问题还突出一些，特别是20世纪90年代末、21世纪初期，你们可能不了解，有的人民陪审员带着毛线在庭上打毛衣，有的开庭时睡觉等，后来慢慢地逐步解决了一些问题，在选任制度等方面逐步地完善，但总体来说，目前框架下不可能让人民陪审员来主持庭审。

访谈人：他只是陪衬一下？

戴科长：人民陪审员真正只是一个"陪"，真正的"审"很少。重点是在"陪"而不是在"审"。

访谈人：这确实是个问题。

戴科长：真的是体制问题。他又不是法官，没有裁判权的，就算是有一些意见和专业知识，但肯定没有法官的法律素养强，加上没有话语权，很难落到实处。要说人民陪审员的作用，一方面该制度可以解决案多人少的问题；另一方面，人民陪审员能起到监督作用。至于司法审判方面，我个人认为人民陪审员没有起到多大作用。实质参审的人民陪审员有是有，但很少，以他们的专业知识当不了法官。

访谈人：目前存在的问题是，人民陪审员到底该有多大的话语权？他的法律素养不如法官，那很可能导致他在开庭、在合议的时候不敢问、不能问，也就出现了"陪而不审"的消极现象。

戴科长：我觉得人民陪审员制度最应该在选任上做好工作。法官的专业知识是有限的，不可能各方面都通晓，我们遇到很多刑事案件，涉及金融证券、医疗事故、房地产纠纷等，这些方面的知识我们也不懂，如果能储备一些通晓该领域的专家型人民陪审员，这对于解决我们的案件、对我们的审判会起到一定的作用。平时遇到一些疑难复杂的专业问题我们会去咨询老师，假如储备了这样的人才力量，由他们专家来陪审，在法律方面由法官进行研判，在专业方面人民陪审员能够引导我们了解案情，了解相关方面的一些知识，那就能起到很好的补充作用。我们也希望能看到这种情况。

访谈人：现在有两种观点比较对立，一种观点强调人民陪审员要平民化，就是条件放低，学历要求也不要太高；另外一种则强调要精英化，对学历，对法律知识都有一定的要求，要提高门槛。您倾向于哪一种观点呢？

戴科长：我倾向于第二种。首先，法律是非常严肃的，它不是我们平时拉家常凭感觉办事；其次，法律专业性很强，虽然你看着都懂，但是真正牵涉到法律里面的知识还是比较深奥的，像我们搞法律的和不搞法律的还是不一样的。审理案件涉及很多法律专业知识，倘若平民化的话，根本就是凭感觉来裁判，就算他认真参与陪审，他也是凭感觉，法律的严肃性、专业性都无法保证。当然平民化和精英化各有利弊，我倾向于专业陪审员，因为法律毕竟是个严肃的问题，你不能凭个人感觉判两年、三年或五年。

访谈人：我们在律师事务所采访的时候，有人提出来一个很新鲜的观点，让职业律师当人民陪审员，您怎么看呢？

戴科长：我觉得律师不适合，律师当人民陪审员太超前了。但我并不是不相信律师，就目前来说，律师是一个职业，他的职业倾向性比较明显。律师是律师，而人民陪审员是平民法官，人民陪审员和法官做的是一样的事情，如果让律师做人民陪审员，那也太不靠谱了。坐在庭上审案的是律师，坐在当事人席上的也是律师，他们私下的交情无法查清，如何保证司法公正。

访谈人：您认为人民陪审员制度还有存在的必要吗？

戴科长：人民陪审员制度并不只是采用一个模式，可以根据案件的类型来确定具体的模式。比如说平民大众犯罪、未成年人犯罪、偶然犯罪，可以请妇女儿童权益保护组织的人员来参与。对于重刑案件或者专业性比较强的案件，最好不要平民陪审，还是要专家、法官来组成合议庭更合适。

访谈人：根据案件的类型来确定具体的模式。

戴科长：对，分类型。平民化陪审也可以，人民群众参与司法必须了解司法，要保证独立，另外也要保证案件的公正。无论如何，要保证案件受到公平审判，当事人的权益受到公正地对待。

访谈人：您如何看待河南人民陪审团这种模式呢？

戴科长：这是一种探索，体现了司法的民主化。但讲得过一点，我觉得那是在作秀，因为这不符合我国当前的制度和大环境，也不符合当前的司法实践。司法需要探索，需要体现司法为民、法律公正的探索。但是河南这种探索我不看好。

访谈人：您觉得起不到作用？

戴科长：起不到作用，完全是作秀。目前我国没有完全实现司法独立，社会舆论或者网络舆论围观司法的情况比较多，虽然独立审判是宪法规定的原则，但还需要很多相关制度进一步的完善。现在突然冒出这个东西（河南探索的大众陪审团模式），显得突兀。现在个别案件表现的甚至是舆论在"杀"人，是司法围观、舆论围观等。有正义感确实没错，但河南这种大众陪审团模式会导致司法独立受到很大的挑战。例如张军醉驾案，其中解释醉驾的问题，严格按照法律来讲醉驾是一定都要判刑，目前司法实践当中也是这么操作，我们也在摸索哪些醉驾是可以不起诉或者是免予起诉的情况。但是他那句话一出来，被网友骂得狗血淋头，是吧？

二、对司法行政人员的访谈

（一）对L市司法局周主任的访谈

【"（人民陪审员）学历虽然不是主要的，但也是有一个限制范围的，文化程度太低了，那判断是非的能力都没有，肯定是不行的，人民陪审员毕竟是有独立的一票。"】

访谈人：请问L市人民陪审员的选任情况是什么样的？

周主任：我们去年搞了一次人民陪审员的选任，当时是和人民法院联合下文的，选任的条件具体我也记不太清楚了，但有一个条件是，文凭是高中以上并非得是大专以上，并没有对学历进行硬性规定，从事两年法律方面的工作即可。流程是，先公告，列了几个基本条件：28岁以上；从事过法律相关的工作。再自愿报名，我们根据报名的名单，到各个乡镇去走访，并调查这些人，也就是一个考察的过程。去年通过这种方式我们选了50个人民陪审员。

访谈人：刚刚您谈到自己报名，是不是发了公告后，有兴趣且符合条件的人就可以自己报名，相当于自己申请？

周主任：是的。

访谈人：那基层组织可以推荐吗？

周主任：基层组织也可以推荐。

访谈人：主要是自己报名还是基层组织推荐呢？

周主任：这个好像没有清楚的界限，当时好像自己申请的较多。因为，像我们乡镇的人民陪审员，大部分是来自人民调解员，也等于说，自己申请和组织推荐是相辅相成的。人民调解员对解决邻里纠纷还是很擅长。选任人民陪审员，一般都还是倾向于有一定法律基础和实践经验的人。

访谈人：在司法局和法院关于人民陪审员的分工方面，司法局是负责哪一部分呢？

周主任：这个好像有一个规定，就是说由人民法院会同当地司法行政机关对选任的人民陪审员进行审查，我们主要就是负责这个。按照人民陪审员制度的政策，两个单位统一发文，对人选共同进行考察并拟定名单，然后报人大批准和任命。

访谈人：那培训和考核呢？

周主任：那个主要是人民法院负责，我们主要是负责选任这一块，这是有规定的。

访谈人：在选任的时候，你们会不会考虑人民法院的需要，比如在法院案多人少的时候，主要增加一些有时间有精力的人？

周主任：这肯定是一个因素。

访谈人：人民法院审一些特殊案件的时候，有可能需要一些专业技术人员参与，那会考虑这些吗？

周主任：选任是涉及各个行业的，都会有一些。

访谈人：学历的话，制度规定是大专以上。像你们的话，是放宽到了高中是吧？

周主任：如果一定要学历的话，选拔就比较难了，像很多来自基层的人民调解员，学历可能就达不到。

访谈人：为什么放宽到了高中而不是初中呢？

周主任：初中的话，文化素质和文化涵养就太低了。学历虽然不是主要的，但也是有一个限制范围的，文化程度太低了，那判断是非的能力都没有，肯定是不行的，人民陪审员毕竟是有独立的一票。

访谈人：我们今天听到人民法院的人也谈到一些问题。人民陪审员制度的宗旨就是，想要监督人民法院和人民司法。但考核培训和经费支持等都放在人民法院，那就会存在本来是要人民监督人民法院，结果却成了人民法院来控制一切。那在管理上面是不是应该将人民陪审员从法院拿出来？您对这个问题是怎么看待的？

周主任：如果从科学的角度来看，应该要分出来。西方也实行三权分立，这是最起码的。像中国特色有些方面不好，在很多事情上有的人既是裁判员又是运动员，那裁判肯定还是有失偏颇的。

访谈人：在以往的选任工作中都遇到过哪些困难？解决这些困难，需要从哪些方面进行改善？

周主任：人民陪审员是五年一届，我是 2008 年才到司法局的，2010 年正好赶上选任。但就我参加的这一次选任而言，还是比较顺利的，大家对参加陪审很踊跃，包括刚从学校毕业的和在企业从事法律相关工作的人，还有个体经营户，都很积极。困难这方面我倒还没感觉到什么。

访谈人：那比如说，我是一个学校的教师，我自己对参加陪审比较踊跃，而一个案子可能要开好几次庭，这样的话，我的工作单位会不会对我有意见？

周主任：这种问题好像还是不会有。因为我们一般都会提前公告，可以让他做好调整。但是，还真有学校的老师来参审，而且还是法制副校长。你说的这个问题，他们当时表态都很好，说只要提前告知了，他们都会调整好。

访谈人：发出选任公告以后，来申请的人有多少呢？

周主任：这个可能还是要问人民法院，但按我们当时考察的情况，至少有一百多人，所以说，选拔面还是比较宽的，择优选任。比如，有一个地方我们考察的就有七八个，但只能选两个。

访谈人：他们这么热情地参加选任，主要是抱着什么心态呢？

周主任：在我看来，大家觉得人民陪审员还是比较神圣的，光荣的。

很多陪审员本身职责都是调解纠纷的，陪审员工作也可以促进自身工作开展，而且还可以树立自己在当地的威信，同时加强法律意识。

访谈人：那人民陪审员选出来以后，司法局和陪审员之间还有什么关系吗？

周主任：没有了。

访谈人：免职的时候法院也不会告知司法局吗？

周主任：这个不会，因为我们主要是参与选任，一旦选任之后就是由法院管理了。

访谈人：有没有出现人民法院和司法局一起选出人选了，但人大不通过的情况呢？

周主任：实际操作中应该是不存在的。

(二) 对 T 县司法局邹主任的访谈

【"（人民陪审员）为什么要参与调解，有时候专业法官因为某些原因不便于与当事人说话，人民陪审员和当事人沟通更为方便。而为什么要参与执行，立案难、执行难，是社会对法院意见很大的原因，人民陪审员参与执行便于'做工作'，能够监督法院工作，使纠纷彻底解决。"】

访谈人：您现在还担任人民陪审员吗？

邹主任：现在没有了，5年了，我的任期已满。

访谈人：您当人民陪审员时，参与审判与您从事的行政司法工作会有冲突吗？

邹主任：于我来说冲突不大，对其他人员来说有些工作时间上的冲突。我们司法局事情相对较少，时间相对充裕些，所以冲突很少，有冲突时就跟单位说明下情况，有时候会有点矛盾，像其他人民陪审员可能这个问题突出一点。

访谈人：您对自己的陪审员工作满意吗？

邹主任：不能说满意不满意，学法律主要在于学以致用，理论与实际相结合，同时也趁此机会向人民法院里的法官学习一下。正因为这样，在当人民陪审员的这五年期间，我认为这对于我的法律功底、庭审技巧及各个方面的能力都有很大提升。

访谈人：您现在作为管理人员，对于人民陪审员"陪而不审"的问题怎么看？

邹主任：就"陪而不审"来说，我认为主要有两个问题：第一个问题是我们要求人民陪审员至少应该是精通法律的，如果没有法律功底，对问题发表看法就不能切中关键点，仅是一些很浅显的观点。第二个问题是有个别主审法官、承办人员在案件审理过程中也存在一些问题，这个问题也与我们人民法院现行的管理制度有关系。办案人员接了案子以后就会与主管领导"沟通"，主管领导发表看法，只要大体状况是这样的话就可以判。如果我们人民陪审员没有一定的法律基础，证据的要素、庭审程序都不懂，量刑规范、原则都不知道，那陪审制该怎么运行。所以我觉得2005年全国人大关于人民陪审员制度的《关于完善人民陪审员制度的决定》本身出发点是好的，但是从现实法治运行情况来看必须要进行修订了，我们人民陪审员必须具有一定法律功底才能担任。

访谈人：制度设置的初衷是挑选老百姓来参与审判。

邹主任：我们的人民陪审员是跟法官一样，只是没有当审判长的权力，我是"准法官"肯定要精通法律。

访谈人：相比美国的陪审团制度，您更看重哪种模式呢？

邹主任：美国陪审团制度是凭着老百姓对案件事实的理解，从社会、国家的反映来推定这个案子有罪无罪，我们的人民陪审员制度和它的区别很大。要我来说，刑事案子还是要实行美国那种陪审团制。另外如果案件是在基层人民法院初审，人民陪审员对于民事、刑事、行政的案件都应该参与。这样会增进人民对法官的了解，从普通民众的角度来谈对这个案件的看法，取得的社会效果会好一点。

访谈人：今天上午我们观摩了一场庭审，人民陪审员在庭审中问了一个问题，就是刑事被告人有没有被刑讯逼供，问得很专业，事后评议时也跟我们探讨，我们觉得他很专业，他是经过培训的。如果说至少大专以上、精通法律的人才适合当人民陪审员，那您觉得专业知识方面能不能通过培训解决？

邹主任：不可能。毕竟法律基础专业课程有十多门。培训没有那么充裕的时间，所以最好还是选任法律专业的。给陪审员培训的时间是比较短的，有时候就在庭审过程中同步进行，以观摩为主。

访谈人：您强调要选任有法律基础的人，像医疗纠纷、交通纠纷等专业纠纷，是否可以选任医师、建筑师来参审，他们可否不需要具备法律基础知识？

邹主任：至少具备相应法律专业知识的会好一点，在庭审的时候才能发现问题。

访谈人：在T县选任人民陪审员时会不会考虑"专业"陪审？

邹主任：考虑了一部分。

访谈人：比如说哪一部分？

邹主任：行政执法类、未成年人犯罪，还有就是社会矛盾比较突出的案件，如医疗纠纷、交通肇事等。

访谈人：在选任方面司法局同人民法院之间怎么分工？

邹主任：选任人民陪审员方面我们没参与，每一批陪审员选定了后才要求我们司法局对其进行管理。现在人民陪审员管理才刚刚起步。

访谈人：您对陪审工作有什么建议？

邹主任：第一，人民陪审员应该不仅仅参与到案件审理之中，还要参与到调解甚至执行当中；第二，选任人民陪审员要充分体现各个方面的代表性，前提是有法律功底的，注重与专业性相结合；第三，法官自己在提高专业水平的同时要注意尊重人民陪审员，让人民陪审员脱离"陪而不审"的窘境或者在合议的时候让人民陪审员充分发表自己的意见。

访谈人：陪审员参与到调解、执行中有什么好处？

邹主任：我们作为人民陪审员，为什么要参与调解，有时候专业法官因为某些原因不便于与当事人说话，人民陪审员和当事人沟通更为方便。而为什么要参与执行，立案难、执行难，是社会对法院意见很大的原因，人民陪审员参与执行便于"做工作"，同时，能够监督法院工作，使纠纷彻底解决。

访谈人：您提到选任陪审员要具有代表性，但现在带"长"的人民陪审员比较多。

邹主任：行政官员比较多，之所以真正的市民、农民比较少，我个人认为可能与理念有关。如果让一位农民当人民陪审员，会牵涉到地域范围、交通费、误工费等一连串实际问题，农村有些人爱好法律，自学很多，但有些口碑并不好，不符合政治条件。还有农民人民陪审员的管理问题，通知直接发放到基层之后，到村支书处就下不去了，有些群众看不到。

访谈人：有些地方人民陪审员也很重视庭审调解和执行，人民陪审员很大一部分是人民调解员。我们这里有没有既是人民陪审员又是人民调解员的？

邹主任：有，主要是利用调解员懂一点法律，有一定调解技巧。

访谈人：这些调解员会不会被单位主动推荐？

邹主任：没有推荐，选任程序从前两年来看，主要是自己先报名。

访谈人：您担任了5年的人民陪审员，肯定跟很多法官认识。有没有当事人通过您向人民法院打招呼求情?

邹主任:肯定有,我只能跟他们表明我的立场。另外根据他们向我叙述的情况,提供一些咨询意见。

三、对人大常委会主管领导的访谈

(一) 对A县人大常委会内司委韩主任的访谈

【"现在陪审流于形式了,陪而不审……一个案件很明显判错了,人民陪审员不能对法官形成一种制约,更无法追究人民陪审员的责任。我觉得最大的缺陷在这里。"】

访谈人:人大内司委是如何开展人民陪审员工作呢?

韩主任:A县人民法院最近几年很重视人民陪审员方面的工作,根据省高级人民法院的相关规定,人民陪审员的数量必须要达到法官数量的一半以上。在人大会议上,按照法院提出的议案,由人大任命人民陪审员。

访谈人:请问人大在人民陪审员的选任、管理方面都起到哪些作用?具体是如何操作的?

韩主任:对于人民陪审员,我们主要是在经费方面通过财政预算给予保障。人民陪审员是兼职的,不是人民法院专职的工作人员,我们必须要保障他们的误工费、交通费、伙食费等,我们在人大会议上都给予了关注。在人民陪审员的选任方面,审议的时候,人大常委有候选名单,我们会提出意见和建议,明确人民陪审员要符合什么条件,确保选任出合格的人民陪审员。

访谈人:请问经费方面具体是怎么分配的呢?

韩主任:一般是给人民法院一笔固定的经费,我们主要审查财政预算里有没有这个经费。

访谈人:会不会审查这个经费的合理性?

韩主任:不会。我们的审查只是确保有这笔经费,经费的多少一般情况下不会引起关注,至于人民法院具体是如何运用这笔经费并没有专门的规划,没有要求其进行单独汇报,审议只是个过程。

访谈人:人民陪审员审议程序是形式还是实质的呢?

韩主任:人大审议只是程序上的选任,具体把关还是由人民法院负责。

访谈人：司法局会介入陪审的选任、管理吗？

韩主任：司法局没有介入，主要是人民法院在负责。司法局和法院是完全分开的，司法局属于行政机关，人民陪审员方面司法局完全没有管，也没有进行监督，实际上，它也不好管。

访谈人：人民陪审员从选任、使用、管理、培训、考核等，甚至包括经费的落实、陪审员的退出机制，都完全由法院负责，会不会存在一个监督缺失的问题呢？

韩主任：确实有缺陷、有瑕疵，但问题不是很多。

访谈人：人大有没有对法院人民陪审员工作进行监督呢？

韩主任：关于人民陪审员这方面没有建立具体的机制。人民陪审员有基本的法律素质，有一定的工作能力，工作比较热心，比较年轻，素质普遍比较高，在实际工作中没有什么问题，没有群众提出质疑。群众代表、案件当事人对人民法院有什么意见一般情况下都会通过上访的形式反映到我们这里。我们A县选任的人民陪审员这几年也确实发挥了他们的作用，到目前还没有群众来反映人民陪审员有什么问题。

访谈人：人大在任命过程中重点审议哪些内容呢？

韩主任：首先，考虑人民陪审员的权力结构和来源层次，不能够集中在某几个部门；其次，考虑地域分布；再次，考虑人员的基本素质比如文化程度、专业等，最好每个专业都有。考察方面我们人大常委会没有参与，乡镇人大主席团倒是参与了。法院一般在地方上会要求各个乡镇上报候选人民陪审员名单，由人大主席团先进行考察把关，不是人民法院一家说了算；并且，有关单位在推荐候选陪审员的时候也会把关。因为人民陪审员一般也是有关单位的工作人员。

访谈人：我们在查阅人民陪审员花名册的时候发现，人民陪审员要么是公务员，要么是医院、学校等企事业单位的领导，普通的农民或者市民比较少。

韩主任：农民的素质普遍太低，但我们A县也选了一些农民人民陪审员，尽管只有几个。今后我们在选任的时候一定会注重多选拔一些基层的农民、职工的代表。

访谈人：这种现象的出现和我们对人民陪审员学历的限制有关吗？

韩主任：我们对学历没有设限，没有要求陪审员必须具有多高的文化程度，但我们选任的人民陪审员文凭都比较高，法律素质都比较高。我们一般也不会去否定法院提交上来的候选人民陪审员名单，这些人符合担任人民陪审员的基本条件，我们审议一般都会通过。

访谈人：有些担任人民陪审员的领导很可能都是单位的"一把手"。

韩主任：是啊，"一把手"工作都忙得很，他参加不了陪审。有些案件需要人民陪审员参审，可能要审理一天，甚至还要更长时间，并且开庭可能不止一次，要好几次，这确实是个问题。

访谈人：人大、人民法院对这些人民陪审员有没有一个督促制约机制以保障他们来参审呢？

韩主任：没有。我们也不好出面干预，这些都由法院自己规定。

访谈人：根据您的工作经验，A县人民陪审工作现在还存在哪些困难？

韩主任：人民陪审工作方面：第一，经费上应该说是存在困难的，它毕竟要消耗社会资源；第二，人民陪审员权利的行使和义务的履行在我国尤其是在基层法院还存在重大的缺陷。"陪审"实际上成了"作陪"的，他既没有行使好自己的权利，又难以尽到自己的义务。我国法律明确规定了人民陪审员的权利和义务，在义务方面要加强约束，在权利方面要加强保障。现在陪审流于形式了，"陪而不审"。法官一个人说了算，人民陪审员很少发表意见，有些人民陪审员一言不发，一年到头在那里"陪"，开完庭就走了。同时，在发生错案的时候，很难追究陪审员的责任。一个案件很明显判错了，人民陪审员不能对法官形成一种制约，更无法追究人民陪审员的责任，我觉得最大的缺陷在这里。第三，按照2005年全国人大常委会通过的《关于完善人民陪审员制度的决定》，人大在财政预算方面有这样一个项目，但是它的经费问题无法确定、落实。司法行政机关根本不会关注这个问题。实际上，只有人民法院一家管理人民陪审员的选任、管理、培训、考核等问题，这是现状。

（二）对X县人大内司委杨主任的访谈

【"（制度）要求人民陪审员要广泛、普及、普遍，不能有些地方有，有些地方没有。但是从审判这个角度来说，考虑到交通、诉讼费用等方面的原因，一些偏远的山区、交通不便的地方的人民陪审员就很少参加，甚至没有参加。"】

访谈人：请问您，人大主要是做哪些方面的人民陪审员工作？

杨主任：人民陪审员制度是由来已久的一项制度，是一项比较重要的诉讼制度。它从广泛的人民群众中选取素质比较高的人来参加审判，这些人，有各级人大代表、有各行业的精英、有农村里一些德高望重的人，他们这些人在很大程度上涉及了民意，反映了民意。在中国历史上对民意是比较重视的，对吧？以前有些说法就是要平民愤，顺民意等。把人民陪审员拉到审判中来就是最大程度达到听取民意、尊重民意的目的。从我们人大这一块来说，主要工作是负责对人民陪审员的遴选，人民陪审员需要经过人大常委会的通过和任命。一般情况下，人大的联工委和人民法院的政工科一起，从各个层面挑选一些合格的人作为考察对象。然后，我们再通过人民代表大会常委会来任命，正式成为人民陪审员。一般是这样的一个过程。

访谈人：人民陪审员最初的考察名单是人民法院提出来的吗？

杨主任：这个最初的名单不是他们人民法院提出来的。我们 X 县的好像是由联工委去摸个底，候选人主要是人大代表和各行业的精英人士。

访谈人：主要是人大代表？

杨主任：主要部分是人大代表。

访谈人：我在人民法院看到了一份人民陪审员名单，总共 31 个人，其中大部分是农村的，城市的比较少，这个是出于什么考虑？

杨主任：我们国家还是个农业大国，主要的人口还是在农村，正如我前面说的人民陪审员制度要听取广泛的民意，因此，这个是按农村人口比例来的。我们现在有三十几个人民陪审员，原来是八九个，后来按照去年最高人民法院的相关规定（其要求人民陪审员的比例必须达到法官人数的二分之一）增加了十几个人。我记得去年我们是按照人口比例来增加的，D 镇和 H 镇（我们县除了 J 镇第二大的乡镇）就增加了三个，小乡镇就增加了一个，基本上是按照人口比例来增加的。另外，考虑到城区比较方便，所以城区附近的比例就高一点，人民陪审员就多一点。就我们现在法院的布局，下面的法庭大部分都取消了，合成了一个中心法庭，就是 H 镇中心法庭，所以以 H 镇为中心，周围的乡镇配备的陪审员就多一点。城区以 J 镇为中心多配备了一些。这样分配主要还是为了方便审判。一般人民法院开庭是早上八九点的样子，要是路途远了他就赶不到，要是前一天来的话，住宿也不方便。

访谈人：村里的村支书在当地都是很有权威的，他们来参加审判是不是有助于审判工作？

杨主任：有，特别是有助于调解工作。在农民案子的审判工作中有一两个农民人民陪审员，他们特别能把握住当事人的心思、理解农民的想法，因而能站在农民的角度设身处地地想问题，进而达到调解的良好效果和目的。

访谈人：来自农村的人民陪审员专门参与陪审农民案件？

杨主任：这个也不一定。据我了解，这要根据案子的情况来选取合适的人民陪审员。毕竟农民人民陪审员在业务上有一定的缺陷，一般是人民法院里快退休的老法官，他的专业水平很高，一般就搭配一两个农民人民陪审员进来，让他们来表达一下农民的意思和民意，这样科学合理一点。如果有两个农民人民陪审员的话，毕竟他们在法律专业上不过关，在合议时实行的是少数服从多数，和主审法官的意见不一样就会产生矛盾，要是讨论不能达成一致意见，很可能就会提交到审判委员会去讨论，这样诉讼成本就上来了。他们是老百姓，没受过专业培训，专业水平不够，表达的往往是自己很直观的一些东西，而不是从法律上考虑问题。所以我们 X 县人民法院这一块还是做得很好，搭配得好，就是说，一个案件会选择性地搭配。

访谈人：我们近期在人民法院查阅相关资料，一年的民事案件 1400 多个，参加陪审的人民陪审员却主要集中在十几个人身上。我想请问一下，对于人民陪审员是否参加陪审有什么奖惩制度？是否考虑尽量安排人民陪审员都能参加陪审？

杨主任：参审主要是法院的工作，我们人大主要负责监督，人民陪审员只要正确履职就行了。上级要求人民陪审员要广泛、普及、普遍，不能有些地方有，有些地方没有。但是从审判这个角度来说，考虑到交通、诉讼费用等方面的原因，一些偏远的山区、交通不便的地方的人民陪审员就很少参加，甚至没有参加。只能够根据工作的需要，所以也不是刻意地安排一些多参加、一些不参加。主要是从工作方面考虑。

访谈人：对于不经常参审的人民陪审员，人大在任命之后有没有行使过罢免权？

杨主任：目前为止我还没有经历过这方面的事，一般来说，人民陪审员不是一个很有含金量的职务，它也不是一份工作，它也就是一个兼职工作。就是有案件的时候，人民法院通知你来陪审，而且在案件中一般起主导作用的还是主审法官，因为关系到对于案件的全面了解，对于法律的把握。所以实际地来说，人民陪审员主要还是个"陪"字，"陪"字大于"审"字。主要就是反映民意。因为人民陪审员只有一个误工费（30 块钱一天），可能外加一顿中饭，也没什么待遇，很辛苦的，有时候自己随便去挑一个红砖也有 100 块钱一天，所以说当个人民陪审员也就是名字好听，就是份荣誉，可以和法官同台审判，参加审判，觉得很威风。

访谈人：请问第一届人民陪审员是 2006 年任命的吗？

杨主任：应该是在20世纪80年代就有了，也就是《刑事诉讼法》和《民事诉讼法》出台以后。我在人民法院工作了17年，我记得我参加工作的时候，我们刑事庭有三个老人民陪审员，两个男的一个女的，都是六七十岁的老人。他们中两个是社区的，一个是农村的。

访谈人：人大任命人民陪审员最初是从什么时候开始的？

杨主任：这个我倒搞不清楚，因为我到人大工作只有六七年。

访谈人：是不是有的人民陪审员已经连任两三届了？

杨主任：有连任的，原来没有免职的话自动续任。

访谈人：您认为人民陪审员应该精英化还是平民化？

杨主任：我觉得人民陪审员制度一定程度上是在效仿西方的陪审团制度，不过我们有中国特色，陪审团几百人、几十人那种，控制不了。中国人做事讲究中庸之道，喜欢在自己的把握之下，既把西方体现民意的制度引进过来，又能把握，确保主审法官主导审理，法院最终有决定权，所以我觉得人民陪审员不需要专业化。人民陪审员首先要有一个道德规范，用老百姓的话讲，就是一个有良心的人，一个有公正心的人，这是一个最基本的要求。其次，还要具备法律程序方面的基本知识，对于法律有一个基本的了解，不能有一些违背法律本意的理解，不一定要精通，精通的话他就去当法官了。人民陪审员的意见正确的话应该被采纳。审判员负责指导，主要是"导"，引导陪审员从法律方面来思考问题、来看问题。人民陪审员自身对法律业务不是很精通，但法官从法理角度给他们指导一下，他们一般就能够接受了。

访谈人：您觉得人民陪审员要不要有任期？

杨主任：我觉得人民陪审员有任期可能会好一点，而且最好是和人大同步，即五年一届。因为包括人大代表、村支书等，都有一个任期的。当然，如果中途没有变更的话，好像也不妥，因为有些人可能现在在家，过两年又出去打工了，或有其他的变化。

访谈人：请问您觉得现在人民陪审员制度还存在什么困难，还有哪些工作需要改进，以后改革的方向在哪里？

杨主任：我觉得困难方面主要是人民陪审员的待遇问题。人民陪审员搞陪审，从经济角度来说是划不来的，待遇比较低。我觉得人民陪审员的待遇应该还是要有基本的补贴。因为他被任命为人民陪审员，他就要抽时间来考虑这些问题、学习这些东西，应该给他一定的报酬。至于平时陪审的话，补助少又是另外一回事。另外一个就是人民陪审员工作经费问题。我觉得人民陪审员的工资和工作经费等应当纳入当地的财政预算。现在陪审经费是每年 5 万块钱，还是我在常委会上帮他们争取的，之前的经费是 2 万块钱。后来我提出意见，今年陪审员增加了二十多人，经费也应该相应地增加，最终确定人民陪审员人均两千五百多元。

访谈人：您觉得在人民陪审员的管理方面还有哪些问题吗？

杨主任：管理主要是队伍建设方面，一些必要的培训、教育，其他的也没什么了。人民陪审员制度经过这么多年，应该有一个比较成熟的管理模式了。

（三）对 Y 县人大内司委曾主任的访谈

【"人民陪审员参与案件的审理，除了与法官有一样的审判权力以外，它更重要的一层含义是监督法官的审理过程，案件的当事人对人民陪审员会从这个角度来理解，因此社会效果与法律效果要好。"】

访谈人：请问人大在陪审员这一块做了哪些工作？

曾主任：人民陪审员制度恢复以后，大概 2003 年、2004 年就开始任命人民陪审员。

访谈人：2004 年是第一届。

曾主任：第一届的人民陪审员大概是五六个，其中有两三个参与陪审的案件比较多。如黄人民陪审员，上一届他参审了几百件案件。

访谈人：几百件？

曾主任：对，一届为五年，去年换的届，他被继续选任为人民陪审员。黄人民陪审员是参与案件审理最多的，刑事、民事的都有。这是上一届的情况。这一届是从 2008 年开始任命考察的，按照最高人民法院的规定，人民陪审员的人数要占到审判员人数的二分之一，我们县有 41 个审判员，按照这个比例，我们人大要任命 21 个人民陪审员，现在已经达到了 23 个。

访谈人：担任人民陪审员一般需要什么条件？

曾主任：一般的条件是大专以上文化水平。

访谈人：其他条件呢？

曾主任：首先他本人要有热情，愿意从事这方面的工作，自愿报名，我们人大跟法院一起组织考察，我们人大专门有个联工委，负责法官以及国家机关人员的任命。我们人大内部操作的规则是：不管是两院任命审判员也好，任命检察员也好，任命人民陪审员也好，都是由我们的内司委与联工委一起去考察。第二届的时候新任命了 18 名人民陪审员，加上原来的 5 名，共 23 名。我们考察的对象有 24 个，有 24 人报名当人民陪审员。经过考察后我们确定了 22 还是 23 个，然后提交人大常委会主任会议研究。我们考察组将考察的情况向主任会议报告，由主任会议提交人大常委会任命。这个任命过程中，不是说任命 18 个就只有 18 个人来参选，而是从 22 个还是 23 个里面来选，先考察再考试，最后在其中确定 18 个。

访谈人：还需要考试吗？以前没有听说过。

曾主任：除第一批的那 5 个没有考试外，其他的都是通过了几轮筛选才确定的。最开始考试的时候总共有四十多个人，考试后留下了二十来个；第二轮删了没有及格的，留下的大概是 22 个还是 23 个，考试及格的才由人大常委会任命，任命是在 22 个里面选 18 个。我是考察组的成员之一，我们的邓主任就是这 18 个人选当中的一个，他通过了考试也通过了任命。这 18 名人民陪审员任命以后，首先要培训 2 天，由我们人民法院组织。要求每个人民陪审员上岗后，每一年最少参审一个案子，多的就不说了，一年要达到几十个。我们邓主任去年、前年参与陪审的案件比较多。在这方面，我们县的人民陪审员运作方式都比较正常。去年我们又任命了 3 个人民陪审员，这 3 个是第一批 5 个当中最好的，黄人民陪审员是去年又重新任命的，因为他上届已经搞完 5 年了。

访谈人：他是连任的？要再颁发任命书吗？

曾主任：对，他也要重新通过考试，还要通过考察。根据过去的情况又任命了 3 个，到现在为止，原来的 18 个加上后任命的 3 个就是 21 个，所以我们这里人民陪审员的总数就是 21 个。人民法院对这项工作非常重视，每年都要开座谈会，年中要开一次，年末还要开一次。

访谈人：全县的人民陪审员都到会吗？

曾主任：是。再加上我们的执法监督员，我是人民法院聘请的执法监督员，我以执法监督员的名义参加座谈，我们人民法院每一年组织两次座谈会，年终要总结一下，人民法院每一年开总结大会的时候，都要我们（执法监督员）参加，也要人民陪审员参加，这些活动开展得都很正常。我们也要求人民法院对我们人大任命的人民陪审员加强培训，而我们人大也要加强这一块的监督考察。在座谈会上我是这样说的：不允许人大任命的人民陪审员连一个案件都不参与审理，如果发现这种情况，就报请人大常委会解职，挂个虚名那不行。任命以后就要上岗，上岗之前要加强培训，我们要求他们到市里、省里去培训。人民法院要加强培训的力度，要加强人民陪审员的管理，要加强人民陪审员上岗的管理。说实在话，我们人大这一块还在完善的过程中，还是有些不完善的地方，导致个别的人民陪审员参与陪审的案件还是少了。据我们了解，后面任命的 18 个当中，一个案件都没有参加的是不存在的。最少的是一个人民陪审员一年只参加一两个案件的审理，那太少了，我们说平均起来要求达到 5 件，当然我们要鼓励人民陪审员更多地参与案件审理，像黄人民陪审员他们一年达到了五六十件。

访谈人：请问，人民陪审员的选任考试都考些什么？

曾主任：考试题目是我们人大联工委从考试题库里面调取的，实际上就是法律知识考试，若考试不及格就不能参与人大的任命。

访谈人：报名的四十多人是单位推荐报名的还是自行报名的？

曾主任：自行报名的有，单位推荐的也有。自行报名的多，单位推荐是分战线的，比如说教育战线要推荐几个（即教育局等相关的单位推荐几个）、党政机关、人大、政协、卫生部门、电力部门都有推荐。

访谈人：人民陪审员的名额大约占法官人数的一半，那么它名额分配是人大按照各个战线来分还是先由人民法院提出一个具体要求，然后人大再做？

曾主任：名单分配搞了几个轮回，报名是在人民法院政工室，然后制作册子过来，我们人大内司委看是自行报名还是单位推荐，然后根据他们的年龄、学历和表现这些情况来进行考察，考察完毕以后再考试，就是这样的程序。

访谈人：是否先分给每个战线的有关单位一定的指标，然后剩下的指标再给自行报名的人？

曾主任：我们没有分配名额，先报然后再看哪个战线少了，比如说教育战线没有人，其他的战线多了，就调剂一下。就让那个没有的单位推荐一个出来，多了的就要删一些出去。

访谈人：这些比例是怎么确定的，包括城市、农村以及各行各业的代表都有吗？

曾主任：还是要以最后考试、任命为准。同时还要保证每个基层、每个法庭辖区内都要有人民陪审员。同时还要考虑地域等综合因素，方便他们陪审。

访谈人：参加考试的是否都要有大专学历？

曾主任：这是一个前提，但那是第二学历不是第一学历。我们农村的村主任、村支书的学历不可能达到那么高。

访谈人：为什么对人民陪审员有比较高的学历要求？

曾主任：这是考虑到人民陪审员的素质，若没达到这个要求的话，培训的力度就要加大，培训的费用较高。我们搞一次人民陪审员的培训要花费很多的物力、财力。事先有个好的基础，上岗后能发挥的作用好得多。县一级培训每年有一次，第一届培训了5次，市一级的培训比较少，省一级的培训更难了，一年就一个指标。

访谈人：自己申请担任人民陪审员的多不多？

曾主任：自己主动报名的还是比较多，积极性比较高，单位推荐的还是少。

访谈人：民众对人民陪审员制度的了解情况怎么样？

曾主任：我们这里的县人民法院工作做得好，在换届的时候，任命人民陪审员之前，人民法院都会主动与我们人大取得联系，共同制定宣传公告，在Y县的有线电视上打了公告，所以有四十多个人报名。很多的人想参加，但因为年龄学历等条件限制了。我们人大任命的人民陪审员，除了不能担任审判长外，与人民法院法官是一样的待遇。当初报名的时候，很多人说人民陪审员实际上就是法官了，很多人想当法官，而真正的法官门槛比较高，要通过国家司法考试与公务员考试。现在改变了过去只陪不审的状况，过去很多时候法官不会征求陪审员的意见。案件审理过程中有人民陪审员参加的案件与没有人民陪审员参加的案件相比，实际审理效果是比较好的，很多当事人更加信服有人民陪审员参与审理的案件结果。

访谈人：您觉得为什么会有这种效果呢？

曾主任：这个也是我和邓主任平常在办公室商讨的一个问题。人民陪审员参与案件的审理，除了与法官有一样的审判权力以外，它更重要的一层含义是监督法官的审理过程，案件的当事人对人民陪审员会从这个角度来理解，因此社会效果与法律效果要好。

访谈人：考察主要集中在什么方面？

曾主任：全方位的考察。第一，任命以后培训，培训的内容是多方面的。在管理方面，Y县人民法院对我们人大任命的都进行了考察，所有的人民陪审员都参加了。去年陪审的普通刑事案件达到90%，开庭前20天就会通知人民陪审员了解案件的情况。我们法院年初年终都会安排总结、表彰，去年表彰了几个人民陪审员，这个管理运作方面比较符合标准。第二，人民陪审员的作用。首先，监督作用。人民陪审员不仅解决了人民法院人手不足，案多人少的困境，还实实在在地起到了监督作用。我认为，有人民陪审员的参加使得阳光度、透明度加大，提高了群众对司法的信任度。我参加的几个案子，也实实在在地觉得法官比较用心。其次，提高了庭审调解结案率。现在要求少判决多调解，这个制度充分利用了人民陪审员在群众当中基础好、有威望的优势，有利于案件的调解。人民陪审员支持协助法院工作，为当事人双方进行调解，调解结案率自然就高了。最后，有利于法与情理的结合。人民陪审员制度确实营造了法律与情理相结合的平台。

访谈人：为什么这样说？

曾主任：因为人民陪审员都是社会上的各界人士，结合了我们不同的风俗。这三个方面的作用是比较突出的。不足的方面有：第一，对提高人民陪审员素质要加大要求。具体工作中素质高的话就会主动地去阅读案卷、了解案情。第二，经费投入不足。从这个角度来说，财政虽然比较紧张，政府也应该拿一点出来，包括我们县里的领导与人民法院的领导都应该提高对人民陪审员制度的经费投入。我们对每年经费的预算估计，不是很高也不是很低，2011年是8万，去年是6万，平均每个人三千多，有些地方一年可能只有上万元，经费不是很高，有待我们的领导对这个制度的重视。我们中院开会谈到，有些法院没有把人民陪审员的监督作用体现出来，而是完全把人民陪审员当成了审判员使用。第三，培训力度不够。我觉得各级都要对培训加大力度，如果不懂法律去当人民陪审员是很费事的，只有加大培训力度才能真正达到人民陪审员制度的要求和发挥人民陪审员制度的作用。第四，立法不够完善。总的来说，人民陪审员制度在不断地提高与完善中，我们觉得还是很不错的。

访谈人：人民陪审员一方面有自己的本职工作要做，另一方面又要做陪审工作，您觉得如何才能协调"工陪"矛盾？

曾主任：存在通知了不来的情况。很难做到全部到位，最主要还是在选拔的时候要求他们对这项工作感兴趣。提前半个月通知人民陪审员，有足够的时间安排好工作，一般是会来的。一旦出了公告而人民陪审员来不了，会影响到人民法院的工作。

访谈人：您作为人大领导，同时又是人民陪审员，您是怎么协调二者工作的？

曾主任：确实很难，人民法院提前通知，我会尽量安排好，有时候确实存在矛盾，主要还是看本人重不重视，重视的话一般情况下还是能调过来的。

访谈人：单位对人民陪审员这项工作支持吗？是否配合这项工作？

曾主任：我们这边的单位还是做得挺好的。实际工作当中存在着矛盾，如果我这段时间很忙，就找其他人民陪审员。我们说的那些陪审案件比较多的人是有他们的特殊情况的，比如说黄人民陪审员，他已经退休了，有时间，而且他对法律的兴趣很高，他原先也做过法律方面的代理。人民陪审员由人大任命以后，到底是由人民法院管理还是由人大管理确实还不明确，在实际工作当中还要进一步完善。

访谈人：您觉得人民陪审员除了调解、监督、解决案多人少的作用外，还有什么其他的作用没有发挥出来？你们是怎样定位这些作用的，哪个为主，哪个为辅？

曾主任：调解作用和监督作用体现的还是比较好的。

访谈人：主要还是监督作用吗？

曾主任：调解、监督作用都起到了，还有就是看人民陪审员对这个工作的认识，只是挂块牌子是发挥不出这些作用的，对制度认识到位了，发挥作用就会好些。

（四）对R区人大伍主任的访谈

【"人民陪审员应该重视质量而不是数量，宁缺毋滥，讲究专和精。"】

访谈人：人大在选任和管理人民陪审员方面起着很重要的作用。在选任方面，具体是如何确定名额的呢？要考量哪些因素？

伍主任：我们根据案件数量来确定人民陪审员的名额。案件数量多，我们就会多配置一些人民陪审员。目前我们区人民法院一年要审理六千多个案件，合议的达到三千多件。我们区目前有七十多名人民陪审员。去年我们更换了一批，还留存一批。我刚接手工作，前面留任多少我不清楚。从选任条件来看，我个人觉得还是应该提高人员素质。因为法律规定人民陪审员和审判员行使同等权力。但实际情况是，人民陪审员容易受审判员影响。有些专业性人才，或者群众中有威信的人士可以纳入进来。此外，从经费保障来看，目前是以补助的形式，每一个案子补助多少钱，这一块已经纳入政府预算了。目前我们区里对这一块有保障，不过补助确实不多。

访谈人：具体名额分配是如何操作的？按照行政区划还是按照其他标准分配？

伍主任：据我的了解，没有分那么细。基层单位或者社区推荐过来，我们基层人民法院进行初审。我们同级司法行政部门进行再次审查，然后报到我们常委会，根据人民陪审员的任命条件进行相关任命。没有具体要求哪个行业配多少人，我们要根据法院具体案件来定。到目前为止，来我们这备案的人民陪审员有的基层工作经验丰富，和群众打交道比较多；有的在政法系统工作过，有法律工作经验。

访谈人：主动申请当人民陪审员的多吗？

伍主任：主动申请的可能还不太多。一方面，我们的宣传工作可能不到位，群众不太了解；另一方面，人民政府补贴有限，相关待遇不高。因此，主动申请当人民陪审员的情况比较少。

访谈人：人民陪审员中来自党政机关单位的多吗？

伍主任：有，但是比例不高。党政机关的干部方方面面接触广，也许在审判中能起一定作用。要是纯粹的平民百姓，放在合议庭和法官一起审理案件，他们发表的意见可能会和专业背景出身的法官有很多矛盾。由于合议庭实行少数服从多数的原则，如果人民陪审员是多数的话，也许会引发错案。

访谈人：有人提出可以把律师作为人民陪审员。你们认为呢？

伍主任：我觉得不太妥，律师的立场不一样，可能会影响案件公正性。人民陪审员应该站在中立的立场。

访谈人：在选任的时候，你们会优先考虑哪些因素，比如社会责任感、道德标准等，你们优先考虑哪一点？

伍主任：我们根据人民法院上报的候选名单进行审查。首先，我们会考虑专业性，比如是否学习过法律。其次，我们会考虑学历，学历很重要。法官判案涉及很多相关知识，需要人民陪审员具备一定的素养。此外，我们还要考虑他的社会经验、政治立场，甚至年龄。目前法律规定，人民陪审员需年满23周岁，对上限没有规定。我个人认为这个底线要求肯定没有问题，对上限也应该进行规定。我曾经遇到一位73岁的老大爷，非常热情，非要当人民调解员或者人民陪审员，或者从事派出所的相关助理工作。我考虑到他这么大的年龄，审理一个案子可能会情绪激动，万一他身体不适出现了意外，谁来承担责任？不过我也许过多考虑这个情况了。对那个老大爷，我也做了很多工作。我告诉他如果有热心，可以去相关社区服务。

访谈人：我们R区如何对人民陪审员进行日常管理的呢？

伍主任：基层人民法院负责管理工作。具体而言，在一个案子里实行随机抽取原则。当然，目前人民法院还没达到可以随机抽取的水平。并且，随机存在一定的问题，比如喊来的人民陪审员，根本不懂这一块，完全不了解案情。实际操作中，往往根据案件涉及的相关专业来选择人民陪审员，哪个人民陪审员对该领域比较熟悉，就选择他，采取选配的方式。此外，中级人民法院和高级人民法院会对人民陪审员进行培训。

访谈人：对人民陪审员的考核是怎样进行的呢？

伍主任：我们人大常委会主要看报审的材料。通过基层单位的推荐，基层法院和基层司法行政机关按照相关程序审查，应该来说，最终报审的候选人员素质还是有保障的。我们目前主要还是材料审查，偶尔遇到特殊情况，例如某个候选人具备大专法律文凭，但是他年龄未满23周岁，这时我们就到单位去走访，如果觉得他其他条件都可以，便等他年龄符合条件了再选用。此外，负责这一工作的目前只有一个人，很多事情不可能一一核实，所以我们采取抽查的形式。对那些确有疑问的，去抽查、去调查。我个人认为已经经过三个单位的审查和把关，特别是人民法院的严格审查，选出来的人民陪审员的素质还是很不错的。

访谈人：很多地区人民陪审员中离退休人员占的比例比较大。R区怎么样呢？

伍主任：本地区离退休人员所占比例是15%，我还是建议不聘用这些人员。我不太赞成聘用70岁以上的人做人民陪审员，毕竟人民陪审员是要坐在法庭上审案的，人民陪审员也要考虑形象问题。我们去年选拔的可能都在68岁以上。离退休人员在家没事干，有些身体好的，他愿意来干这个事情，年轻人觉得报酬少，积极性不高。但是我个人不赞成68周岁以上的来干人民陪审员。

访谈人：从我们调研的情况看，还存在陪审专业户的现象。您是怎么看待陪审专业户的？

伍主任：可能还是存在。根据我的了解，很多人不愿意参与社会性事务。基层单位推荐一些人，也是为了达到比例，规定必须配置一定数量的人民陪审员。很多人积极性不高，通知了很多次都不愿意来；有些人反正没事，又有点补助，就愿意来，渐渐成了陪审专业户。这个问题比较大，需要从立法上完善制度。基层推荐你做人民陪审员，自己又报名，就应该参加陪审活动。如果报了不来参加，我觉得不太好。现在对人民陪审员不来参加陪审没有什么限制性条款。国家规定了人民陪审员的权利和义务，但是没有规定相关的责任。他如果犯了错误也不会被追究。有些干脆是"不陪不审"，连培训都不愿意参加。

访谈人：那您是如何看待"陪而不审"的问题呢？

伍主任：我也旁听过，根据我掌握的情况，我觉得百分之八九十的情况是陪而不审。从参与到最后审判，人民陪审员参与了，但他可能无法从专业角度发言，就是从人之常情，道义上讲出一两点。造成这样的情况，可能主要是因为他没有这个能力去审。就目前来说，这个情况是比较多的。经常参与审理的人民陪审员，思想意识里，法官一般都是正确的，心理上对法官的威严有一种敬畏心理，思想也就容易受法官左右，不会发表其他意见，不敢发言。他自己内心深处觉得喊他过来当陪审员无非是看一看，是人民法院给民众一个交代，让老百姓参与司法活动。

访谈人：看起来问题还不少，您认为这个制度是否有继续存在下去的必要？如果有，制度的优势又在哪里？

伍主任：我认为有存在的必要。人民陪审员制度可以弘扬民主法治，促进司法公正。一方面，可以促进我们法官更好地行使审判权；另一方面，可以教育群众遵守法律，起到普法的作用。发挥作用的同时存在这样那样的问题不可避免，我认为该制度还是很有存在的必要，我们应该更好地发挥它的作用。你们是专家，可以在这块多探讨下，怎么样更好地让人民陪审员参与到工作中来。

访谈人：您认为人民陪审员制度需要从哪些方面进行改善？

伍主任：第一，要加强素质。目前该制度对学历没有很高要求，最好是大专，高中也不限。我认为范围可以扩大，从社会各界选，才能根据所掌握的知识阅历，弥补法官某些地方的不足，提出一些技术性指导。不是说一定要达到什么比例。人民陪审员应该重视质量而不是数量，宁缺毋滥，讲究专和精。第二，任期一般是 5 年。我们人大常委会主任曾说，他虽然只搞了一届，发了 50 份任命书，但他有点怀疑这任命书有没有价值，制度规定人民陪审员要通过人大常委会才能任命。五年任期满后，任命书是不是自动失效，是否需要重新任命？继续留任的是否该办理续期？我们的制度没有规定。第三，关于待遇问题，目前采取财政补贴的形式。每件案件，C 市区也才 50 元到 100 元，而参审案件付出的体力、脑力又很大，加上交通费用等，这点补助实在很有限。况且担任人民陪审员属于兼职，要提高待遇，增强吸引力。此外，怎么样赋予权力，也应该怎么样约束权力，这还需要法律继续完善。

图书在版编目(CIP)数据

谁的陪审？——人民陪审访谈录/廖永安，刘方勇主编．—北京：中国人民大学出版社，2018.4
ISBN 978-7-300-25649-8

Ⅰ.①谁… Ⅱ.①廖… ②刘… Ⅲ.①陪审制度-研究-中国 Ⅳ.①D926.2

中国版本图书馆 CIP 数据核字（2018）第 050085 号

谁的陪审？
——人民陪审访谈录
主　编　廖永安　刘方勇
副主编　王　聪　陈道勇
Shui De Peishen

出版发行	中国人民大学出版社
社　　址	北京中关村大街 31 号　　　　　　邮政编码　100080
电　　话	010-62511242（总编室）　　　　010-62511770（质管部）
	010-82501766（邮购部）　　　　010-62514148（门市部）
	010-62515195（发行公司）　　　010-62515275（盗版举报）
网　　址	http://www.crup.com.cn
	http://www.ttrnet.com（人大教研网）
经　　销	新华书店
印　　刷	北京中印联印务有限公司
规　　格	165 mm×238 mm　16 开本　　　版　次　2018 年 4 月第 1 版
印　　张	16.5 插页 1　　　　　　　　　　印　次　2018 年 4 月第 1 次印刷
字　　数	281 000　　　　　　　　　　　　定　价　55.00 元

版权所有　　侵权必究　　印装差错　　负责调换